哲学导论

【修订本】

沈湘平 著

中国社会科学出版社

图书在版编目（CIP）数据

哲学导论／沈湘平著．—修订本．—北京：中国社会科学出版社，2017.2
（2021.7 重印）

ISBN 978-7-5161-9965-7

Ⅰ.哲… Ⅱ.沈… Ⅲ.哲学 Ⅳ.B

中国版本图书馆 CIP 数据核字（2017）第 038289 号

出 版 人	赵剑英
责任编辑	冯春凤
责任校对	石春梅
责任印制	张雪娇

出　　版	中国社会科学出版社
社　　址	北京鼓楼西大街甲 158 号
邮　　编	100720
网　　址	http://www.csspw.cn
发 行 部	010-84083685
门 市 部	010-84029450
经　　销	新华书店及其他书店
印　　刷	北京君升印刷有限公司
装　　订	廊坊市广阳区广增装订厂
版　　次	2017 年 2 月第 2 版
印　　次	2021 年 7 月第 3 次印刷
开　　本	710×1000　1/16
印　　张	18
插　　页	2
字　　数	293 千字
定　　价	49.00 元

凡购买中国社会科学出版社图书，如有质量问题请与本社营销中心联系调换
电话：010-84083683
版权所有　侵权必究

目　　录

前言：从宫墙外望到初识门庭 …………………………（1）
　　日常生活中人们对哲学的印象／《哲学导论》的出场／
　　《哲学导论》的功能／

第一讲　哲学的出场 …………………………………………（1）
　一　人在世界中 ……………………………………………（2）
　　　在世是人最基本的状态／人在世与万物的差别／人体悟
　　　到在世的有限：渺小与短暂／人追求无限：伟大与不朽／
　二　人把握世界的方式 ……………………………………（7）
　　　人类把握世界的不同方式：神话、宗教、常识、艺术、科
　　　学／哲学作为把握世界的特殊方式／
　三　哲学的诞生 ……………………………………………（12）
　　　哲学始于惊讶／哲学意义上的惊讶：对真理的自由探索
　　　和对普遍性问题的惊讶／哲学与科学／

第二讲　哲学是现世的智慧 …………………………………（19）
　一　哲学是对智慧的追求 …………………………………（20）
　　　哲学就其本质而言不是知识而是智慧／哲学不仅是智慧
　　　之学，还是追求智慧的行动／
　二　哲学追求大智慧 ………………………………………（26）
　　　哲学智慧之"大"首先体现在研究对象的广与深／哲学
　　　智慧之"大"体现在功能上是使人成为人／哲学智慧的有
　　　用与无用／
　三　追求智慧的激情 ………………………………………（33）
　　　激情驱动人们追求智慧／哲学的激情建基于爱、体现为

关怀与牵挂／哲学的激情是冷静的激情／
四 智慧的生存境界 ………………………………………（37）
不同的生存境界／智慧的生存境界需要生活的磨砺／智慧的生存境界需要哲学的修养／智慧的生存境界"极高明而道中庸"／

第三讲 哲学是思想的功夫 ……………………………………（44）
一 以思想的方式把握世界 ……………………………………（44）
哲学专门从事思想的工作／以思想把握到的现实才是真正的现实／哲学以看似背离生活的方式关注现实生活／哲学是思维领域的奥林匹克运动／
二 思维的一般方法 ……………………………………………（50）
概念、判断、推理／推理的基本方法：形式逻辑的思维方法、辩证的思维方法、直觉的方法／
三 哲学思维的独特品质 ………………………………………（56）
哲学思维的怀疑品质：问题意识与普遍怀疑的方法／哲学思维的反思品质：对思想的思想和反思的"为我"性质／哲学思维的批判品质：日常生活批判、理论前提批判；精神批判、实践批判／哲学思维的超越品质：预见性、理想性和超脱的人生境界／

第四讲 哲学是人类文明精神的精华 …………………………（73）
一 时代精神的精华与文明活的灵魂 …………………………（73）
真正的哲学是时代精神的精华：哲学对时代精神的反映、凝练与塑造／真正的哲学是文明活的灵魂：哲学是民族的庙堂之神／
二 哲学就是哲学史 ……………………………………………（82）
哲学就是哲学史，哲学史是哲学的展开／哲学的诠释性特征／哲学的自我扬弃特性／
三 哲学的民族性与世界性 ……………………………………（88）
哲学的民族性与世界性的表现／哲学具有民族性的原因／哲学具有世界性的理由／哲学民族性与世界性的张力／

第五讲　东西文明及其哲学 ……………………………………（97）
一　五大文明及三大哲学传统 ……………………………（97）
古希腊文明与西方哲学传统／古中华文明与中国哲学传统／古印度文明与印度哲学传统／三大哲学传统特色比较：在世态度与思维方式／

二　东西哲学的历史 ………………………………………（106）
西方哲学史略／印度哲学史略／中国哲学史略／

三　东西哲学的相互影响 …………………………………（114）
西方哲学、印度哲学对中国哲学的影响／中国哲学对西方哲学和印度哲学的影响／

第六讲　哲学的基本问题、派别和学科领域 ………………（121）
一　哲学的基本问题 ………………………………………（121）
哲学的基本问题具有贯穿性、全局性、不可避免性／人与世界的关系问题是哲学的基本问题／哲学基本问题四个方面的基本内容／如何理解"思维与存在的关系问题是哲学的基本问题"／

二　哲学的主要派别 ………………………………………（126）
思想的战场／唯物主义与唯心主义／辩证法与形而上学／可知论与不可知论／经验论与唯理论／科学主义与人文主义／现代哲学与后现代哲学／

三　哲学的学科领域 ………………………………………（137）
西方哲学史上的领域划分／当代对哲学内容的把握／中国学科划分中哲学的二级学科：马克思主义哲学、中国哲学、外国哲学、逻辑学、伦理学、美学、宗教学、科学技术哲学／

第七讲　世界观与本体论 ……………………………………（144）
一　面向终极的追求 ………………………………………（144）
形而上学与本体论／本体论的终极性与超验性／自然哲学的宇宙论／始基、本原学说／西方哲学、中国哲学中本体论的奠定／一元论、二元论与多元论／

4　哲学导论

　　二　本体论的流变 ……………………………………（153）
　　　　西方本体论的演化／对本体论的批判与攻击／中国本体论思想的流变／
　　三　现代哲学视野中的本体论 ………………………（159）
　　　　科学主义哲学本体论的语言学转向／人文主义哲学本体论的生存论转向／马克思主义哲学本体论的实践论转向／

第八讲　知识论和认识论 …………………………………（165）
　　一　真理：追求与怀疑 ………………………………（166）
　　　　真理喜欢"隐藏"自己／对真理的追求／先验论与经验论／对真理的怀疑／
　　二　认识及其检验 ……………………………………（172）
　　　　不同真理观：符合论、启示论、融贯论、实用论、主观论、存在论／不同的检验标准：实证、经典、自明、实用、约定、否证、实践／
　　三　哲学认识论的现代走向 …………………………（179）
　　　　科学哲学—历史主义／现象学—回归生活世界／语言哲学—游戏／解释学—意义的理解／后现代主义—真理只是假象／

第九讲　历史观与历史哲学 ………………………………（187）
　　一　哲学的"历史性"转折 …………………………（187）
　　　　维柯的哥白尼式革命／历史哲学的"繁花盛开"／人对自身存在的历史性领悟／
　　二　历史哲学的历史 …………………………………（194）
　　　　思辨的历史哲学／批判的历史哲学／分析的历史哲学／唯物史观／
　　三　当代历史哲学新进展 ……………………………（202）
　　　　对存在的历史性的深刻追问而转向实践哲学／秉承"改变世界"的精神而走向社会批判／对叙述话语的关注而走向与文学的合流／

第十讲　价值观与哲学价值论 ……………………………（207）
一　哲学价值论的一般理论 …………………………（207）
哲学价值论的开创／价值的性质／价值的构成／价值评价／
二　哲学价值论的主要领域 …………………………（213）
价值论的伦理学传统／价值论的政治哲学维度／价值论的美学视阈／
三　哲学价值论的前沿问题 …………………………（222）
价值中立／风险与代价／个人主义与集体主义／价值共识／文化批判／

第十一讲　人性论与人的哲学 ……………………………（228）
一　走向人的自我理解 ………………………………（228）
对人的哲学理解贯穿哲学史：西方哲学史与中国哲学史／"人"是当代哲学的突出主题：哲学自身逻辑重心的转移与当代现实问题的焦点／
二　人性与人的本质 …………………………………（236）
人的天性／人与万物相区别的特性／人的本质／
三　自我及其认同 ……………………………………（240）
有我与无我／自我的特性／自我的结构／自我的认同／
四　人生意义与存在的勇气 …………………………（245）
有无人生意义／人生意义在于幸福／快乐主义幸福观与道德主义幸福观／幸福、德性与智慧同在的人生境界／存在的勇气／相信思想和智慧的力量／

主要参考书目 ………………………………………………（253）

中外重要哲学家简介 ………………………………………（256）

后　记 ………………………………………………………（270）

修订后记 ……………………………………………………（271）

前言　从宫墙外望到初识门庭

"到哪儿去找哲学？我不知道她住在哪儿。为了同她交往，我曾转了很久，去找她的住处。后来，我碰见一些披着小斗篷、蓄着大胡子的人，他们说，他们是从她那里来的。我以为他们知道，便向他们打听……他们不是完全不回答，以免暴露他们的无知，就是指一个又一个的大门。直到今天，我还没有找到她的住处。"[①]

—— 琉善（Loukianos，约公元120—180）

一

哲学是什么？这是很多对哲学抱有兴趣的人们为之迷惑的问题，更是每一个学习、研究哲学的人遇到的首要问题。不过，尽管在一个社会中能够系统而深入地进行哲学学习、研究的人很少，但在生活中很多人都形成有自己对哲学的种种印象。

在有些人的印象中，哲学就意味着清贫。在一般人看来，哲学总是离现实生活很远，没有什么实际用处，不能立竿见影地给人带来功利性的效益。这从大学中哲学专业远不及其他专业招生火爆就可以看出人们的预期。的确，东西方的哲学史似乎也有太多的证据表明：大多数哲学家物质上并不富有，甚至不少人一生潦倒、穷困不堪。

在有些人的印象中，哲学就意味着枯燥。在一般人看来，哲学著作往往是佶屈聱牙、晦涩难懂的。歌德曾经说"理论是灰色的"。在不少人的印象中，哲学无疑是最灰色的，缺少色彩和温度，是了无生气的抽象理论，哲学家或从事哲学工作的人也往往被想象成不苟言笑、刻板、乏味

[①] 《琉善哲学文选》，商务印书馆1980年版，第86页。

的人。

在有些人的印象中，哲学就是故弄玄虚。很多人认为哲学就是将简单的东西复杂化，绕来绕去把人弄迷糊了，其实很多所谓哲学问题不过是云里雾里、虚张声势。天下本无事，哲人自扰之！哲学家们也承认，"哲学，从其体系的发展来看，不是通俗易懂的；它在自身内部进行的隐秘活动在普通人看来是一种超出常规的、不切实际的行为；就像一个巫师，煞有介事地念着咒语，谁也不懂得他在念叨什么"[①]。

在有些人的印象中，哲学就是政治的附庸。在我们国家，相当长的时间里，尤其是在"文化大革命"期间，哲学的功能几乎被绑定在为政治意识形态提供解释和辩护。因此，很多人不假思索地认为哲学跟政治没什么区别。在我国目前的国民教育系列中，哲学也被列入思想政治教育的范围，中学从属于《思想政治》，大学（非哲学专业）从属于公共政治课。这也促使很多人形成"哲学就是政治"的刻板印象。

在有些人的印象中，哲学又是高不可攀的。有人认为哲学很神圣、神秘，端坐在精神世界的顶尖，那不是一般人能够涉足的领域，更不是一般人能从事的事业；哲学家也被想象为不食人间烟火的"世外之人"或小众异类。对于哲学和哲学家，一般人只能敬而远之。

当然，在有些人的印象中，哲学其实是很平常的，它就侧身于各类畅销书籍、电视讲坛、精彩段子、名言俚语和影视金句之中，用不着专门地学习，更不用煞有介事地对之进行研究。

德国哲学家雅斯贝尔斯（Karl Theodor Jaspers，1883—1969）说得好："哲学究竟是什么，以及它有多大价值，这是一个众说纷纭的问题。有些人可能指望它会产生奇异非凡的启示；有些人可能认为它是虚妄不实的幻想，而对之漠然不顾；有些人可能以敬畏的心情崇仰它，把它看作杰出人物的富有意义的劳作；有些人则藐视它，把它看成梦幻者不必要的忧虑；有些人可能持这样的态度：即哲学与一切人都有关，因而在本质上它必定是简单而通俗易懂的；还有一些人认为哲学是令人绝望的玄奥。事实上，就哲学这一名称所包含的内容来说，确有许多范例证明上述所有彼此对立

---

① 《马克思恩格斯全集》第1卷，人民出版社1995年版，第219页。

的意见都有其存在的理由。"①

但是,这些毕竟都只是对哲学的一些"印象"、"感觉"和"意见",它们并未揭示出哲学真切、本质的方面,甚至可以说,它们在很大程度上都误解了哲学。

对哲学产生种种误解的原因很多,其中一个重要原因在于,哲学对所有的人都是开放的。正如黑格尔(Georg Wilhelm Friedrich Hegel, 1770—1831)所说的,除了有人把哲学看得过于神秘之外,也"常有人将哲学这一门学问看得太轻易,他们虽从未致力于哲学,然而他们可以高谈哲学,好像非常内行的样子。他们对于哲学的常识还无充分准备,然而他们可以毫不迟疑地,特别当他们为宗教的情绪所鼓动时,走出来讨论哲学,批评哲学。他们承认要知道别的科学,必须先加以专门的研究,而且必须先对该科有专门的知识,方有资格去下判断。人人承认要想制成一双鞋子,必须有鞋匠的技术,虽说每人都有他自己的脚做模型,而且也都有学习制鞋的天赋能力,然而他未经学习,就不敢妄事制作。唯有对于哲学,大家都觉得似乎没有研究、学习和费力从事的必要"②。雅斯贝尔斯也指出,"几乎所有的人相信自己对各种哲学问题具有判断能力。他们认为,就对于科学的理解而言,无论是研究,训练还是方法,都是必需的;而对于哲学,人们总是武断地认定自己不必经过任何预先研究就可形成一种观点"③。

对哲学的种种误解——很多误解彼此之间又是自相矛盾的——只能依靠对哲学较为真切的了解才能消除。要对哲学有一个较为真切的了解就不能走马观花、宫墙外望,而必须学习哲学,接受一定的哲学训练。对于那些对哲学感兴趣,甚至有志于从事哲学研究的人来说,这一环节就更为必要了。可是,一当我们闯进哲学之门后,又会一筹莫展。因为迎面而来的是哲学源远流长的历史、异彩纷呈的流派、浩如烟海的著作、高深莫测的理论、捉摸不定的术语……有不少人被这种阵势吓住了,只好临阵退缩;更多的人是临渊羡鱼而不知什么是网和如何下网;有些人则胡乱地一头扎

---

① [德] 卡尔·雅斯贝尔斯:《智慧之路》,中国国际广播出版社1988年版,第1页。
② [德] 黑格尔:《小逻辑》,商务印书馆2003年版,第42页。
③ [德] 卡尔·雅斯贝尔斯:《智慧之路》,中国国际广播出版社1988年版,第2页。

进去，陷入重围，不得蹊径，结局往往是"出师未捷身先死"。所以，对于绝大多数并非哲学天才的人们来说，需要在踌躇于宫墙外望时找到一条登堂入室的有效路径——这也许正是各种哲学入门读物存在的价值和大学《哲学导论》这门课程得以出场的重要原因。

二

20世纪90年代中期以来，我国一些高校的哲学系相继开设《哲学导论》或《哲学概论》、《哲学通论》的课程以作为学生学习哲学的入门课。按照我的理解，就哲学入门课的性质而言，"哲学导论"的称呼更为贴切些。虽然"导论"、"概论"、"通论"都是针对哲学教育中马克思主义哲学、外国哲学、中国哲学的分立状况而言的，具有"超越"和"打通"的冲动。但是，"概论"和"通论"都有居于各门具体哲学课程之上的意蕴。也就是说，其逻辑和知识准备的起点都是以对各门具体哲学有所了解为前提的。这也许是目前很多《哲学概论》、《哲学通论》的教科书学生仍然看不懂、学不会的重要原因[①]。要知道，就大学而言，哲学入门课面对的是大学一年级的学生，大一的学生在本质上还是"高中后"。开设这门新课是为了学生能更好地了解哲学，如果结果实际上新增加了一门过于高级的课程，这就是帮了倒忙。对于非大学生的一般哲学爱好者而言，问题就会更严重了。《哲学导论》的应该定位就不同，它的假设前提就是学生对哲学还一无所知或知之甚少，而且"导论"没有让学生在这门课中对整个哲学有一个通透了解的抱负，它只是一个导引。就像宾馆门童的工作，负责热情接待进入哲学之门的人，并尽可能介绍一下"宾馆"的"历史由来"、"基本设施"和"服务项目"，目的就是让初学者从宫墙外望到初识门庭。在一定意义上，我们也可以说，《哲学导论》应该具有广告和指南的作用。

所谓广告作用就是《哲学导论》应该从"高中后"的青年学生的兴

[①] 与此相关，近年来有一系列西方哲学工作者所编著的"哲学导论（概论）"被译介出版，但无一例外的目中无"我（中国）"的西方中心主义缺陷，决定了它们本质上是"西方哲学导论（概论）"，只能作为我们的参照而非主体。同时，国内出现的诸多"西方哲学导论（概论）"则本质上不过是"西方哲学史导论（概论）"。

趣、欲望和生活实际出发，宣传哲学对于人生，特别是对于青年的重要性。这一点没什么可忌讳的。任何一个学科都是人类智慧的结晶，都有资格和责任宣传自己，使之广为人知并且后继有人。据说古代西方一位哲学家曾经对一个在交际场合一言不发的人说："如果你是一个傻瓜，那么你的表现是最聪明的；如果你是一个聪明人，那么你的表现便是最愚蠢的了。"《圣经》更有关于智慧呼叫的启示："智慧岂不呼叫？聪明岂不发声？他在道旁高处的顶上，在十字路口站立。在城门旁，在城门口，在城门洞，大声说：'众人哪！我呼叫你们，我向世人发声……因为我要说极美的话；我张嘴要论正直的事。'"（《圣经·箴言》8：1—6）在一个多少有点"存在就是被感知"的传媒时代，作为智慧之学的哲学应该理直气壮地宣传自己，把自己的优势广而告之。当然，"导论"之"导"并不是"引诱"和"诱导"。"诱"总有处心积虑地诱惑和欺骗的味道，是为堂堂正正的大智慧所不齿。"导论"的广告作用不同于一般世俗广告之处在于：君子引而不诱、导而不欺！

所谓指南作用就是《哲学导论》应该非常简洁地告诉每一个哲学的初学者：哲学有些什么独特的内容，应该怎样结合自己的兴趣进一步进入哲学具体学科、派别、著作的学习。或者说，经过《哲学导论》这门课程的学习，初学者应该获得一张在哲学王国进行漫游、探索的简易"地图"，生成关于哲学世界的基本图景。与一般的地图不同的是，"哲学导论"这张地图不仅要告诉你哪儿有什么景致，告诉你选择哪条路径是经验证明最为便捷的，而且还应该比较准确地告诉你这些景致之间的历史与逻辑的双重关系。在这一点上，"导论"与"概论"有相似之处。但依然要强调的是，"导论"比"概论"的定位更为"谦虚"，它不是高空的俯瞰，而是立足于初学者的实际，手把手地引路。

除开广告和指南的基本作用之外，《哲学导论》还试图渐次朝向如下目的：

一是尽量使学生在进入哲学之门之时就具有广博的视野和对哲学的高层次理解。一方面使学生不囿于某一国别、派别、部门的哲学，以尽量公正的态度面对和探究人类的哲学智慧；另一方面让学生初步学会博采众长而融会贯通，改变以往对哲学的一些误解。

二是提高学生的哲学、人文素养，促进理论思维训练。《哲学导论》

从生活、文化中导入，较为广泛地涉及人文科学、社会科学、自然科学的诸多知识和人类文明的精华，有利于提高学生的综合素养。哲学的求真、反思、批判、创新的品格也必将有利于提高学生的理论修养，促进其思维训练。

三是让学生初步领略哲学的风采与精华，学会度过智慧的人生。也许美国普林斯顿大学教授罗伯特·所罗门对他的学生说的话同样适合于我们："当初入大学的学生问及有关生活意义和宇宙性的问题时，回答这些问题的应当是哲学。但许多学生由于没有受过严格思维的训练，却又急于得到一个答案，于是就会诉诸一些廉价的替代品，即那些自我帮助的通俗哲学、舶来的怪异宗教、极端的政治等。……哲学与这些通俗的替代品之间的根本区别是质上的，即思想的性质和理解的彻底性。无论如何，我们都是借着思想而生活的，所以问题的关键不在于从事哲学与否，而在于是接受一种廉价的、没有挑战性的替代品，还是试图进行真正的思考。"①《哲学导论》就是试图引导学生进行"真正的思考"，其最终目的也是最高目的是希望有助于学生化知识为方法、化知识为德性，转识成慧，形成健康、通达的人生态度，逐渐感悟智慧的生存境界。

三

正是基于上述理解，我在自己所执教的大学哲学系开设了《哲学导论》课，也正是在课堂讲义的基础上，我撰写了呈现在大家面前的这本《哲学导论》。

作为大学教师，在教授哲学时每每为先贤大哲们的智慧所震撼，敬畏之情贯穿始终。面对琳琅满目的哲学世界，有时也如初学者一样踌躇不定，不知道如何才能更为有效地切入这个世界。事实上，我对这本《哲学导论》的路径也并非十分满意，还只能看作是一种冒险的尝试。德国哲学家胡塞尔（Edmund Husserl，1859—1938）曾经说："我并不想教授，而只想引导，只是想指出和描述我所看到的东西。我并不要求别的，只是

---

① ［美］罗伯特·所罗门：《大问题：简明哲学导论》，广西师范大学出版社2004年版，第5—6页。

要求允许我能像每一个以其全部的真诚经历了哲学式生存的命运的人一样,首先对我自己,因此也对别人诚实地讲述。"① 胡塞尔的这段"教授"可以说是我始终努力坚持的教学座右铭,也是写作本书的基本原则。

胡塞尔的学生、著名哲学家海德格尔(Martin Heidegger, 1889—1976)曾经说:"如果我们想为了更清楚地说明什么是哲学而喋喋不休地总是在谈论哲学,那就会在毫无结果的起步上停滞不前。但是,有一些东西是那些有志于哲学的人所必须知道的。"② 也许这本《哲学导论》通篇只是"喋喋不休"地说"那些有志于哲学的人所必须知道的",哲学 ABC 的东西,真诚地希望有志于哲学的朋友们能借此以初识门庭,而后进一步学习,终能登堂入室,以至有成!

---

① [德]胡塞尔:《欧洲科学的危机与超越论的现象学》,商务印书馆2001年版,第30页。
② [德]海德格尔:《形而上学导论》,商务印书馆2005年版,第10页。

第一讲　哲学的出场

尽管在很多人眼里，哲学是很深奥的，但大多数人都熟悉"哲学"这个词，甚至知道一些哲学家的名字，读过一些哲理故事，能说出不少哲学名言。不过，倘若要回答"哲学是什么"这样的问题，很多人就不免有些踌躇了。其实，即使是专门从事哲学研究的人们，对"什么是哲学"这个问题也众说纷纭、莫衷一是。乃至有人说，至今哲学家们没有对这个问题取得共识，这本身就是哲学的一个重要特点。哲学家黑格尔就曾经说过："哲学有一个显著的特点，与别的科学比较起来，也可以说是一个缺点，就是我们对于它的本质，对于它应该完成和能够完成的任务，有许多大不相同的看法。"① 英国哲学家罗素（Bertrand Russell，1872—1970）也有过类似的说法："如果有人问什么是数学，我们可以给它一个词典上的定义，出于辩论的需要，我们可以说数学就是数的科学。这样的回答不仅无可非议，而且能够被提问者相当容易地理解，尽管他可能对数学一无所知。对于任何一个具体知识科学存在的领域，我们都可以通过这种方式给出定义；但是，我们不能这样定义哲学。任何定义都会引起争论，因为它只是体现了某一种哲学态度。"② 在西方文化中，最基本的定义方法是属加种差，而哲学一度被认为是一切学科之母，因此，雅斯贝尔斯甚至断定："由于哲学不能由外在于它的事物来规定，所以不存在哲学的定义。哲学之上没有可以把哲学作为种概念而予以包容的类概念。哲学自己规定自己。"③

确实，要简洁地给出哲学的公共性定义几乎是不可能的，但这决不是

---

① ［德］黑格尔：《哲学史讲演录》第1卷，商务印书馆1997年版，第5页。
② ［英］罗素：《西方的智慧》（上），文化艺术出版社1997年版，第3页。
③ ［德］卡尔·雅斯贝尔斯：《智慧之路》，中国国际广播出版社1988年版，第113页。

哲学的悲哀。从一定意义上说，不同时代的哲学家们就是在不断追问"什么是哲学"这个问题的时候在自觉地进行着无休止的"接力"，从而使哲学得以不断发展，以至蔚为大观。对于"什么是哲学"这个问题没有一致的看法并不等于说哲学是不可捉摸的。我们可以从诸多方面去观照、逼近和刻画"哲学"。在诸多方面中，首要的是哲学得以发生的角度。或者说，我们多多少少必须从人们为什么需要哲学、哲学如何出场的角度去理解哲学。

一 人在世界中

天地万物，人居其间。人类生生不息，世代更替，创造了无数的人间奇迹。人类作为一个整体，确证着自己不同于其他万物的本质特征；作为众多个体，展现着无数精彩的人生。每个人的人生有成功，有失败；有喜怒哀乐，有酸甜苦辣；或大气磅礴，或静谧陶然；或万众瞩目，或桃李无言，都是不可复制的风景。但这一切的一切都有一个可以用纯粹经验的方法来确认的前提，那就是我们首先得活着。"死去原知万事空"，活着，一切才有可能。正如马克思（Karl Marx，1818—1883）所说，全部人类历史的第一个前提无疑是有生命的个人的存在。哲学家海德格尔一语中的：人必须"在世界之中存在"（In der Welt sein），即在世。在中国人看来，活着就是在世，所谓人生在世。从时间上说，所谓在世就是出世（出生）与去世（死亡）之间的状态；从空间上说，所谓在世就是"在世界中"。其实，"世界"是既指涉时间又指涉空间的概念。汉语中的"世界"本是从印度而来的佛教用语，过去、现在、未来曰"世"，天上、地下、人间曰"界"。因此，"在世"也就可以理解为"在世界中"了。任何事物都存在于一定的时间、空间中，人也不例外。"人不是抽象地蛰居于世界之外的存在物。人就是人的世界。"[①] 现实的人须臾也不能离开他所在的世界。也就是说，"在世"或"在世界中"是人最基本的状态。

我们所说的世界有着十分复杂的含义，在比较普遍地被接受的含义上，有广义和狭义之分。广义的世界就是指整个宇宙。中国古人认为：

[①] 《马克思恩格斯选集》第1卷，人民出版社1995年版，第1页。

"四方上下谓之宇，往古来今谓之宙"（《淮南子·齐俗训》）。这与来源于印度佛教的"世界"的含义基本一致，都是一个时空概念。狭义的世界一般指人类所居住的地球，尤其是生物圈。人所在的现实世界（人直接交往的世界）又可以分为三部分：自然、社会和人——当然，这只是一个作为起步的简单说法，随着学习的深入，我们将会发现，哲学家们对"世界"的理解有多么复杂和玄妙。一般而言，人们所说的自然界是特指人类所直接依赖的地球，它包括无机物、有机物、植物和动物，它们都是以自发的、无目的的方式存在着的。现代科学证明，我们所在地球起源于大约46亿年前，此后，随着物质的运动、变化和发展，逐渐从无机界中产生出生命，生命经过漫长的演化，直到三四百万年前才诞生了人类。有了人就有了人类社会，社会是人类活动的共同体，是人们交互作用的产物。人是社会的存在物，人不能离开社会。所以，当我们说"人在世界中"的时候，也就是指"人在自然中""人在社会中""人在人中"三者的统一。

　　人和人所在的世界都是存在着的，但他们存在的方式是不同的。人和所有的动物、植物都是以生命的方式存在，所以他们的存在可以称为生存，而非生物却仅仅是存在。人的生存又不同于一般生物的生存，他是以生活的方式生存的。生存与生活的本质区别在于：生存是一种本能地适应环境的生命活动，生活则是一种自觉的生存——不仅是自己意识到的生命活动，而且是创造生存意义的生命活动。马克思曾经形象地比较了灵巧的蜜蜂和蹩脚的人类建筑师。他说，蜜蜂建筑的精美蜂巢，使得人类的建筑师都感到惭愧。但是，即使是最拙劣的建筑师一开始就优越于最灵巧的蜜蜂。因为，人类的建筑师在建筑之前，已经在自己的头脑中把它建筑成了，而蜜蜂却不行。马克思还总结道：

> "动物和自己的生命活动是直接同一的。动物不把自己同自己的生命活动区别开来。它就是自己的生命活动。人则使自己的生命活动本身变为自己意志的和自己意识的对象。……有意识的生命活动把人同动物的生命活动直接区别开来。"[①]

[①] 《马克思恩格斯选集》第1卷，人民出版社1995年版，第46页。

比之于其他万物的存在，人的存在是被自己意识到的存在，这种意识就意味着人对自己在世状态的感悟与思考。由于包括人在内的世界是一个时空性的存在，人对于世界的感悟首先总是或者归根结底总是时间和空间方面的。一当人们作这种感悟与思考时，就会发现自己在空间上的渺小和时间上的短暂。当然，这种渺小和短暂是相对于宇宙、世界的伟大与不朽①而言的。

整个宇宙在空间上是无边无际的，在时间上是无始无终的。即使就人类目前能观测到的宇宙而言，空间上它的半径有200亿光年（光年是光在一年内走过的距离）之巨，时间上它已经存在了130多亿年之久。地球存在了46亿年，其空间体积相对于宇宙来说已然渺小；人类只存在三四百万年，不过是地球上物质演化这条长藤末梢的果实；每个个体的人则只能存在100年左右，相对于整个人类而言可谓微不足道，更遑论比之于地球和宇宙。可见，人相对于地球，尤其是整个宇宙来说，在空间上十分渺小，在时间上十分短暂。难怪中国古人感慨："人生天地之间，若白驹之过隙，忽然而已"（《庄子·天下》），又若"寄蜉蝣于天地，渺沧海之一粟"（苏轼《前赤壁赋》），所谓"飘飘何所似，天地一沙鸥"（杜甫《旅夜书怀》）。即使是对于人所身处的社会，个人也经常有一种"人在江湖，身不由己"的无力感；一种"多我一个不多，少我一个不少"的无意义感。确实，和我们所处的世界比较起来，人，尤其是个体的人显得有如九牛一毛，似乎无足轻重。

渺小和短暂是人在思考自己在世状态时最为直接的感受，这其实就是领悟到了世界的无限（伟大与不朽）与自己的有限（渺小与短暂）之间的矛盾。这种领悟必然使人产生敬畏和焦虑：敬畏于世界的无限，焦虑于自己的有限。于是就有了"前不见古人，后不见来者，念天地之悠悠，独怆然而泣下"（陈子昂《登幽州台歌》）的感叹；有了"怅寥廓，问苍茫大地，谁主沉浮"（毛泽东《沁园春·长沙》）的疑问。但是，人类认识到自己的渺小和短暂之后并没有从总体上走向一种消极与自卑。和世界

---

① 中国哲学认为天地具有"博厚""高明""悠久"的特点："博厚，所以载物也；高明，所以覆物也；悠久，所以成物也。博厚配地，高明配天，悠久无疆。"（《中庸》）

上的万事万物相比较，人没有足够强健的体魄和技能，例如，人的眼睛不如鹰锐利，人奔跑不如狮虎迅猛，人攀援不及猿猴敏捷，人的嗅觉不如犬类灵敏……甚至可以说，人是生物界最脆弱的一种。但是，能认识到自己的渺小和短暂恰恰是人的高明之处，因为只有人才能获得这种认识。法国哲学家帕斯卡尔（Blaise Pascal，1623—1662）有一段脍炙人口的名言：

> "人只不过是一根苇草，是自然界最脆弱的东西；但他是一根能思想的苇草。用不着整个宇宙都拿起武器才能毁灭他；一口气、一滴水就足以致他于死命了。然而，纵使宇宙毁灭了他，人却仍然要比致他于死命的东西更高贵得多；因为他知道自己要死亡，以及宇宙对他所具有的优势，而宇宙对此却一无所知。因而，我们全部的尊严就在于思想，正是由于它而不是由于我们所无法填充的空间和时间，我们才必须提高自己，因此，我们要努力好好地思想；这就是道德的原则。能思想的苇草——我应该追求自己的尊严，绝不是求之于空间，而是求之于自己思想的规定。我占有多少土地都不会有用；由于空间，宇宙便囊括了我并吞没了我，有如一个质点；由于思想，我却囊括了宇宙。"①

确如帕斯卡尔所启示的，是因为思想，人才可以脱离当下，骛及八方而思接千载，可以包举宇内而自豪地宣称"天地在我心""万物皆备于我"。当人们用自己的思维来认识和反思自己在世界中的状态时，就试图超越自身的渺小和短暂——有限性，以达到伟大和不朽——无限性。"身无分文，心忧天下"是有限之人试图把握无限世界在空间上的写照；"人生不满百，常怀千岁忧"则是有限之人试图把握无限世界在时间上的表现。中国古代著名学者刘勰（467—538）曾说："生也有涯，无涯惟智"；"器分有限，智用无涯"（《文心雕龙》）。可见，思想和知识是人超越自己有限性的重要途径。不过，思想的尊严还不止于对世界的认识和反思，还在于以认识、反思来指导生命活动，即通过人们的生命实践活动创造出一个意义的世界。世界不会自动地满足人，人决心以自己的行动来改造世

---

① ［法］帕斯卡尔：《思想录》，商务印书馆1985年版，第157—158页。

界。"一个种的全部特性、种的类特性就在于生命活动的性质,而人的类特性恰恰就是自由的有意识的活动。"① 这一自由的有意识的活动就是改变世界的实践活动。

在整个世界中,正是因为人的能动活动,才改变了"自然"原来的模样。亚里士多德(Aristoteles,公元前384—前322)有云:我们当尽力以求不朽!人们通过自己的生命实践活动所创造的空间上的伟大和时间上的不朽并不是自然意义上的,而是社会价值意义上的。也就是说,人们通过自己的实践活动可能并不能使个体的力量变得无限伟大,也不能使个体的生命无限地延伸。但是,人能借助实践的力量结合起来,使整个人类的力量增强,使整个人类获得不断的发展。当每一个个体为人类的进步做出杰出的(物质或精神)贡献时,我们就说他达到了伟大和不朽。或者说,人们是通过自己的生命实践活动创造价值,以超越有限而达到无限的。对于人的伟大与不朽的表现,古今中外的说法很多,中国古人叔孙豹的说法十分精彩,在中国的影响极大。他说:"太上有立德,其次有立功,其次有立言,虽久不废,此之谓三不朽。"(《左传·襄公二十四年》)可见,对于每个个人而言,自然生命的终结并不意味着价值生命的终结。相反,自然生命终结之时,有可能价值生命才刚刚开始。

从自然的存在方面看,人类及其个体注定是渺小和短暂的,而从价值存在的角度看,人又可以是伟大和不朽的。正如法国哲学家狄德罗(Denis Diderot,1713—1784)说过的:说人是一种力量和软弱、光明和盲目、渺小和伟大的复合体,这并不是责难人,而是为人下定义。丹麦哲学家克尔凯郭尔(Kierkegaard,1813—1855)认为,人生在世,"就是无限与有限、永恒与瞬间所孕育的孩子,因此它是持续不断地斗争着的"②。软弱与力量、盲目与光明、渺小和伟大、永恒与瞬间,进而是有限与无限,其辩证转换的中介、桥梁就是创造价值、赋予意义的人类实践活动。可见,人所在的世界,既不是莱布尼茨(Gottfied Wilhelm von Leibniz,1646—1716)认为的是可能世界中最好的世界,也不是叔本华(Arthur

---

① 《马克思恩格斯选集》第1卷,人民出版社1995年版,第46页。
② 转引自叶秀山、王树人主编:《西方哲学史》第7卷(上),凤凰出版社、江苏人民出版社2005年版,第448页。

Schopenhauer，1788—1860）认为的是可能世界中最坏的世界，人以自己的实践活动创造着真正属于自己的世界。

二 人把握世界的方式

人在世界中，首先要确认的就是人与世界的关系，并在自己的生命实践活动中创造意义，超越有限，追求无限。为此目标，人首先就要对世界进行把握——"把握"远不止于我们一般理解的"认识"，而有掌握、领悟、应对、驾驭的含义。在不同的时代和不同的层面，人们有着不同的把握世界的方式。从整个人类历史来看，人类把握世界的方式主要有神话、宗教、常识、艺术、科学、哲学等。

在人类之初，神话（Myth）是人们把握世界的重要方式。原始先民在自然力量面前，例如洪水、地震、人的生老病死等，感到震撼和不解。于是就产生了神灵的观念，相信神灵的存在和人的灵魂不死，对土地、山川、动植物、祖先及鬼魂产生崇拜，奉若神明；认为通过某种方式，例如占卜、祭祀等活动就可以通灵，从而借助神的力量达到人的力量所不及的目的。事实上，神话的产生，是人类思维的重大飞跃，它不仅表明人类试图以想象的方式解释世界，而且表明人们希望借助某种力量来超越自己的局限（有限）。这样，在人与神的贯通之下，人的生活就具有了跟整个宇宙联系在一起的意义（无限）。很多现代哲学家，例如卡西尔（Ernst Cassirer，1874—1945）、列维-斯特劳斯（Claude Lévi‐Strauss，1908—2009）都认为，神话是人类最原始，也是最基本的思维方式，具有隐喻的特性，人类的全部知识和文化活动都起源于神话。我们也看到，现在许多文学艺术创作乃至科技发明都喜欢到远古神话中寻找灵感。当然，尽管直到现在还有一些人相信神话，但用神话把握世界的方式的原始性和虚幻性是显而易见的，神话作为一种把握世界的方式已基本上成为明日黄花。马克思的如下断言不无道理："任何神话都是用想象和借助想象以征服自然力，支配自然力，把自然力加以形象化；因而，随着这些自然力实际上被支配，神话也就消失了。"[①] 在当今世界，神话越来越只是作为一种民俗、文学

[①]《马克思恩格斯选集》第 2 卷，人民出版社 1995 年版，第 29 页。

艺术的资源而存在。

原始神话一般都是"万物有灵"的物活论、多神论（polytheism），到了后来，随着国家的出现，社会分工的复杂化以及人类思维能力的极大提高，神话对世界的解释逐渐系统化、理论化，人们对至上神（Supreme God）的膜拜也越来越有严密的组织，这就形成了宗教（Religion）。宗教有着系统的教义、完备的仪式和严密的组织。在宗教的教义中，对世界的来龙去脉、人的生前与死后有一个系统的说明。一般而言，宗教都认为人生是痛苦的，痛苦的根源在于各种欲望，摆脱痛苦的途径在于禁欲修行以获得来世的幸福。宗教中至上的神是一切力量、智能、情感和价值的来源与标准，人通过信仰神圣而使生活具有了神圣的意义。"宗教是还没有获得自身或已经再度丧失自身的人的自我意识和自我感觉……宗教是人的本质在幻想中的实现……宗教里的苦难既是现实的苦难的表现，又是对这种现实的苦难的抗议。宗教是被压迫生灵的叹息，是无情世界的心境，正像它是无精神活力的制度的精神一样。宗教是人民的鸦片。"[1] 马克思这段精彩的论述广为引用，但如果没有良好的理论素养和历史情怀，很容易误解其中的含义。宗教能给痛苦、焦虑的心灵带来慰藉，其劝人向善的教义也有利于社会和谐，其博大、丰富的思想是人类宝贵的精神资源。在现代社会，宗教依然存在，并发挥着不可忽视的作用。但是，宗教的作用主要是依靠非理性信仰的方式达到的。在非宗教信仰者看来，宗教不过是精致的神话，理性往往只是作为非理性的奴仆，信仰的方式甚至是盲目和愚昧的。基督教教父哲学家德尔图良（Tertullianus，约160—230）的一句名言就是：正因为荒谬，所以我相信！

在现实生活中，常识（Common sense）是人们把握世界最基本的方式。常识是直接来源于人们的生活经验，在人们的生活中起着普通恒常作用的知识。常识是人类世世代代的经验的产物，是人类在最实际的水平上和最广泛的基础上对人类生存的自然环境、社会环境和一般文化环境的一种适应方式。[2] 常识往往借助长辈、权威之口，以不证自明的谚语、格言、箴言的形式，构成人的思想与行为的信念。常识的最大特征是经验

---

[1] 《马克思恩格斯选集》第1卷，人民出版社1995年版，第1—2页。
[2] 参见孙正聿：《哲学通论》，辽宁人民出版社2000年版，第58页。

性，但这种经验往往包含着很多地域、情感的因素，也包含着某些说不清、道不白的神秘的东西。不同区域、不同聚居区的人们拥有着不同的常识——地方性知识（local knowledge），这种常识又往往与神话、宗教意识混合在一起，成为一种禁忌、习俗与不言自明的规矩甚或是所谓的潜规则。在现代社会，常识也可能包含着很多现代科学的东西。从历时性来看，前一历史阶段属于尖端、前卫、科学的知识在下一历史阶段可能"飞入寻常百姓家"，成为一般性的常识。在一定意义上，常识是人们全部思想文化的基础。当人们纠结于各种烦琐无绪的观念、理论时，回归常识往往是一付豁然开朗的妙方。但总的来说，常识是各种知识的无批判的混合体。人们对常识的倚重往往采取一种实用的态度，自相矛盾地各取所需。常识对于人们的日常生活，尤其是社会成员中绝大多数人是十分重要的。但是，其混杂性、经验性、非批判性和由此导致的自相矛盾性表明，常识是需要被超越的。

当人们不满足于常识的功利和实用时，就会自觉不自觉地通过一系列的活动调整和升华自己的感受、体验以获得一种精神上的愉悦，从而凸显生活的意义。这种活动就是艺术（Art），例如音乐、舞蹈、雕塑、绘画、戏剧、文学等。艺术地把握世界的重点并不在于世界真的是什么、有什么实际用处，而在于使个人的感受强烈化、条理化，使个人的体验和谐化、深刻化，使个人的情感明朗化、丰富化，以求在想象的真实中获得真实的想象。在艺术的世界中，现实的有限与无限的矛盾被虚拟化、象征化，以游戏的方式，"瞬间体现永恒"的方式得到一种解答，人们从而达到一种精神上的自满自足。艺术使人陶冶情操、热爱生活。艺术强调感受——借助情感的力量给人以感染和震撼——而且是"我"的、个人的感受，因而它展示的是人们在世的特殊的、感性的、具体的丰富性和复杂性。当然，艺术把握世界的结果往往不具有普遍性，往往是"各美其美"，总是遭受着"美言不信"（老子）"可爱者不可信"（王国维）的质疑。

诞生于近代西方的科学（Science）既不满意神话、宗教的愚昧与荒谬，也不满意常识的混杂和自相矛盾，还不满意艺术的情感性和相对性。科学将常识的经验感受上升为技术性的实证，试图通过实证的方式透过世界多样性的表象，获得对世界的本质和规律的把握，生发出创造性的智能。确实，科学把握到了其他方式所不能把握到的世界的真相，获得了

"真知",而且运用这种真知发明和创造了这个世界本来没有的诸多智能事物。科学及其所带来的思想解放也对人类历史起着革命的推动作用。可以毫不夸张地说,没有科学技术,就没有现代社会,就没有人们的现代生活。在现代社会,科学似乎也逐渐成为人们一切活动的合法性根据和判断对错的标准。但是,科学通过对世界的不断"解码",在消除神秘和愚昧的同时,也使得整个世界逐渐"祛魅(disenchantment)"了。科学所把握的世界似乎是一个冷冰冰、没有人情味的纯粹世界,一个"可信"但不"可爱"的世界。因为,"科学虽然伟大,但它只能回答世界是什么"[1]。而且,仅仅推崇科学把握世界的方式,结果势必导致人的异化:"科学的纯洁光辉仿佛也只能在愚昧无知的黑暗背景上闪耀。我们的一切发现和进步,似乎结果是使物质力量成为有智慧的生命,而人的生命则化为愚钝的物质力量。"[2] 很多一旦离开手机、计算机就魂不守舍、手足无措的现代人对此一定会心有同然。

　　人们把握世界的各种方式既可能是历时态的,也可能是共时态的。对于同一具体事物以不同的方式把握,所得的结论可能是不一样的。例如,对于闪电、雷鸣这一现象的把握。在神话中,往往认为闪电、雷鸣是对一种妖孽或人间罪恶的震慑或惩罚。在古代中国,甚至想象出电母、雷公的"妇唱夫随"。在宗教中,闪电往往作为灵异显身的征象,在基督教中,电闪、雷鸣都是上帝的"动静":"他发响声震遍天下,发电光闪到极地。"(《圣经·约伯记》27:3)在常识上,人们往往认为电闪、雷鸣是天雨的前兆,而且看到闪电就本能地捂住耳朵,因为常识告诉我们:电闪之后必有雷鸣。艺术如电影、音乐、文学则渲染闪电撕破长空的迅疾与力度,雷霆万钧的气魄与震撼,很多文学作品还赋予了电闪、雷鸣以革命的寓意。在科学看来,电闪、雷鸣不过是云层的挤压,正负电子相撞产生的一种自然现象,其中并没有任何神秘的东西。而且,闪电和雷鸣是同时发生的,人们感受到的一前一后是因为光的传播速度比声音的传播速度更快。

　　人们通过各种方式去把握世界,目的都是为了获得与世界的贯通,以

---

[1] 《爱因斯坦文集》第1卷,商务印书馆1976年版,第3页。
[2] 《马克思恩格斯选集》第1卷,人民出版社1995年版,第775页。

使自己能安顿在一个确定的坐标中。就好像一个人来到一个陌生的地方，总是试图通过各种方式了解和确认自己的所在。或者说，人们把握世界的方式都具有一种编织的功能，试图编织一个温馨、安全的家园，让人们感觉到自己是"在家"的。这个家园这就是人类栖居的世界，其实是一个意义的世界。正如爱因斯坦（Albert Einstein, 1879—1955）所言："这个世界可以由音乐的音符组成，也可以由数学的公式组成。我们试图创造合理的世界图像，使我们在那里就像感到在家里一样，并且可以获得我们在日常生活中不能达到的安定。"① 就此而言，人们把握世界的方式其实也就是人们的生存的文化样式。哲学也是人们把握世界的一种方式，但它和神话、宗教、常识、艺术和科学把握世界的方式都不一样，它有着自己的独特规定性。

很多哲学家都对哲学异于其他把握世界方式的独特规定性做出过论述。罗素曾经这样说：

"哲学，就我对这个词的理解来说，乃是某种介乎神学与科学之间的东西。它和神学一样，包含着人类对于那些迄今仍为确切的知识所不能肯定的事物的思考；但是它又像科学一样是诉之于人类的理性而不是诉之于权威的，不管是传统的权威还是启示的权威。一切确切的知识——我是这样主张的——都属于科学；一切涉及超乎确切知识之外的教条都属于神学。但是介乎神学与科学之间还有一片受到双方攻击的无人之域；这片无人之域就是哲学。思辨的心灵所最感兴趣的一切问题，几乎都是科学所不能回答的问题；而神学家们的信心百倍的答案，也已不再像它们在过去的世纪里那么令人信服了。"②

卡西尔则认为：

"我们全神贯注于对种种特殊现象的丰富性和多样性的研究，欣赏着人类本身的千姿百态。但是哲学的分析给自己提出的是一个不同

---

① 《爱因斯坦文集》第1卷，商务印书馆1976年版，第285页。
② ［英］罗素：《西方哲学史》（上），商务印书馆2005年版，第11页。

的任务。它的出发点和它的工作前提体现在这种信念上:各种表面上四散开的射线都可以被聚拢来并且引向一个共同的焦点。""在神话想象、宗教信条、语言形式、艺术作品的无限复杂化和多样化的现象之中,哲学思维揭示出所有这些创造物据以联结在一起的一种普遍功能的统一性。神话、宗教、艺术、语言,甚至科学,现在都被看成是同一主旋律的众多变奏,而哲学的任务正是要使这种主旋律成为听得出的和听得懂的。"①

哲学作为把握世界方式的特殊性当然是相对于其他方式而言的,但是,这种区别不是三言两语就可以说清楚的。在某种意义上,整个《哲学导论》都是试图回答哲学作为把握世界方式的独特规定性。换言之,我们要用一本书的篇幅、一门大学课程的容量来具体理解哲学作为把握世界方式的独特性。在开始这门课程之前去罗列哲学独特性本身就是违反哲学的特性的。正如黑格尔所说:"哲学有这样一种特性,即它的概念只在表面上形成它的开端,只有对于这门科学的整个研究才是它的概念的证明,我们甚至可以说,才是它的概念的发现,而这概念本质上乃是哲学研究的整个过程的结果。"②

三 哲学的诞生

哲学不是从来就有的,也不是一成不变的。哲学本身的内涵和范围在历史上不断发生变化,而就其最初诞生来说,它与其他把握世界的方式也是混杂在一起的。人类先民的精神生活最早是从原始神话、传说、艺术和宗教开始的,通过这些把握世界的方式,先民们试图思考一些关于世界及自身的问题,并寻求这些问题的解答。原始神话、传说、艺术和宗教是哲学得以诞生的温床③。不过,如果人类的精神生活总是贪恋于温床的话,

---

① [德]恩斯特·卡西尔:《人论》,上海译文出版社1985年版,第91、281页。
② [德]黑格尔:《哲学史讲演录》第1卷,商务印书馆1997年版,第6页。
③ 在西方,直到亚里士多德时,"哲学"和"神学"两词还经常混用,亚里士多德还说,"凡爱好神话的人也是爱好智慧的人"。([古希腊]亚里士多德:《形而上学》,商务印书馆1996年版,第5页)

哲学的萌芽就将被窒息。所幸的是，真实的历史发展遵循着自己的必然性，人类的思维能力出现了新的飞跃，哲学终于诞生了。

人们为什么需要哲学？人类最早不是因为有了哲学才需要哲学，人们所需要的是一种对世界尽量深刻的把握。当人们匍匐于不可逆料的自然力量之下的时候，在敬畏之中有一种震撼；当人们仰望灿烂星空、俯察离离青草时，在惊叹之中有一种疑惑；当人们反观自己的存在和生命时，在感慨之中有一种不得自圆其说的痛苦……人们需要通过实践来证明自己的意义，但没有对世界的把握，实践就不可能成功，而一当去把握世界的时候，人们首先发现自己是何等的无知——无知不过是在世界无限性面前对自身有限性的自然体认。

人们当然不会满足于无知，总是力求达到有知。在现代社会，"科学告诉我们的是我们所能够知道的事物，但我们所能够知道的是很少的；而我们如果竟忘了我们所不能知道的是何等之多，那么我们就会对许多极重要的事物变成麻木不仁了。另一方面，神学带来了一种武断的信念，说我们对于事实上我们是无知的事物具有知识，这样一来就对于宇宙产生了一种狂妄的傲慢。在鲜明的希望与恐惧之前而不能确定，是会使人痛苦的；可是如果在没有令人慰藉的神话故事的支持下，我们仍希望活下去的话，那么我们就必须忍受这种不确定"①。当我们不再麻木不仁，且不再武断、狂妄、傲慢，而以一片赤子之心敏锐地面对这不确定的世界时，就会产生一种惊讶（wonder）的感受。②柏拉图（Platon，公元前427—前347）借他的老师苏格拉底（Sokrates，公元前469—前399）之口作出了一个名垂青史的判断：惊讶是哲人的感受，哲学始于惊讶，除此哲学没有别的起源。他认为，我们的眼睛使我们看到星辰、太阳和天空的景象，这就驱使我们去考察宇宙，由此产生了哲学，这是诸"神"赐予人类的最大的福祉。柏拉图的学生、哲学家亚里士多德也认为，正是由于惊异和惊讶，人们不仅现在，而且从一开始的时候起，就去进行哲学思考。按照亚里士多

---

① [英]罗素：《西方哲学史》（上），商务印书馆2005年版，第12—13页。
② 梯利认为，"只有以理性代替幻想，用智慧代替想像，摈弃超自然的动因作为解释的原则，而以经验的事实作为探究和解说的基础，这时才产生哲学。哲学要努力在一定程度上不偏不倚地，没有成见地说明事物，不受通俗神话的影响，不为直接的实际需要所牵制"。（[美]梯利·伍德：《西方哲学史》，商务印书馆2006年版，第7页）

德的说法，所谓惊讶就是从无知到有知的状态。因为彻底的无知无所谓对世界的惊讶，彻底的有知也不会对世界惊讶。哲学归根到底是产生于人们的实践活动，但直接地是缘于人们对世界的惊讶。

哲学始于惊讶也适用于具体的个人。每一个人都在世界上存在过，都经历过许许多多的事情，但如果他/她从来没有过一种对于世界的惊讶，认为一切都是如此平常，那么，这个人就永远没有机会进入哲学之境。也许，哲学家和一般的贩夫走卒的区别最初就是源于此。据《宋史》记载："陆九渊，字子静。生三四岁，问其父天地何所穷际，父笑而不答。遂深思，至忘寝食。"中外很多哲学家在幼年时都有过类似于陆九渊（1139—1193）的好奇心。德国著名哲学家康德（Immanuel Kant，1724—1804）有句名言："有两样东西，我们愈持久地加以思索，它们就愈使心里充满日新又新、有加无已的景仰和敬畏：在我之上的星空和居我心中的道德法则。"[1] 康德的话不仅印证了哲学始于惊讶的观点，而且还表明，惊讶始终是一个真正的哲学家支持其一生求索的力量源泉。海德格尔甚至这样传神地描述哲学问题的出场情景："在某种完全绝望之际，当万物消隐不现，诸义趋暗归无，这个问题就浮现出来了。也许只出现一次，犹如一声浑沉的钟声，悠然入耳，发出缓缓的回音。在某种心花怒放之际，这个问题就来临了，因为这时，所有的一切都变了样，仿佛就像它们是第一次出现在我们周围……在某种荒芜之际，这个问题就来临了。"[2]

其实，生活中的惊讶是无处不在的，例如听到突如其来的意外消息，看到特别出格的行为，人们都会有惊讶的情绪。但这些并不意味着哲学的诞生。哲学缘于对世界的惊讶，但并不是对世界中任何事情的惊讶都称得上哲学。称得上哲学意义上的惊讶至少需要具备两个条件：

第一，不是出于功利的目的，而是出于对真理的自由探索。哲学的惊讶不是命悬一线的惊恐，也不是对物质财富的惊羡，更不是对秀色可餐的惊艳。亚里士多德认为，惊讶驱使我们去求知，但哲学的求知仅仅因为它本身是匮乏的，而非"满足通常的需要"。他曾经说过：

---

[1] ［德］康德：《实践批判理性》，商务印书馆2005年版，第177页。
[2] ［德］海德格尔：《形而上学导论》，商务印书馆2005年版，第3页。

"古往今来人们开始哲理探索，都应起于对自然万物的惊讶……他们探索哲理的目的是为了想脱出愚蠢。显然，他们为求知而从事学术，并无任何实用的目的。这个可由事实为之证明：这类学术研究的开始，都在人生的必需品以及使人快乐安适的种种事物几乎全都获得了以后。这样，显然，我们不为任何其他利益而寻找智慧；只因人本自由，为自己的生存而生存，不为别人的生存而生存，所以我们认取哲学为唯一的自由学术而深加探索，这正是为学术自身而成立的唯一学术。"①

亚里士多德认定，只有这种单纯而自由的探索才近于哲学。

黑格尔明确认为，哲学是一种结果，是被产生出来的。哲学的产生"是以自然的阶段作为它加以否定的出发点的。哲学是在这样一个时候出发：即当一个民族的精神已经从原始自然生活的蒙昧混沌境界中挣扎出来了，并同样当它超出了欲望私利的观点，离开了追求个人目的的时候。"同时，不仅"思想自由是哲学和哲学史起始的条件"，而且"我们在哲学里所从事的，乃是思想，乃是我们内在的东西，乃是摆脱一切特殊性的自由精神。"② 雅斯贝尔斯则把哲学的惊讶看成是"心灵的内在骚动（inner upheqval）"，"在哲学思维中，人从实际需要所形成的束缚中醒悟过来。于是他不抱任何隐秘的目的而沉思冥想万事万物，天空、世界，并问道，所有这一切都是什么？它来自何处？通过对这些问题的回答，他并不期待获得任何实利，而只希望得到内在的满足。"雅斯贝尔斯最终斩钉截铁地说："哲学思想永远只能根源于自由的创造。"③ 海德格尔也指出，哲学发问"不会在满足紧急生计需要的圈子内提出来。这种发问本来就与日常秩序无关，它完全是自由自在的，完全并真正地立足于自由的神秘基础之上，立足于我们称之为'跳跃'的基础之上。因此，尼采说：'哲学……，就是在冰雪之间和高山之巅自由自在地生活'。"④ 中国古代哲人庄子（公元前369—前286）则乐于"独与天地精神往来"（《庄子·天

---

① [古希腊] 亚里士多德：《形而上学》，商务印书馆1996年版，第5页。
② [德] 黑格尔：《哲学史讲演录》第1卷，商务印书馆1997年版，第54、93、159—160页。
③ [德] 卡尔·雅斯贝尔斯：《智慧之路》，中国国际广播出版社1988年版，第2、9页。
④ [德] 海德格尔：《形而上学导论》，商务印书馆2005年版，第14—15页。

下》)的逍遥状态。

哲学的这种"先天秉性"似乎表明：哲学既是人追求自由的结果也是人自由状态的表征，甚至，一个民族、一个时代思想自由的程度就可以用哲学的水平来衡量；哲学的产生有其一定的历史条件，其中最为重要的条件是思想自由；哲学与功利的追求本来就是格格不入的，哲学是因为其"无用"才成之为哲学。确实，任何学科都比哲学更实用，但哲学是唯一的一门自由的学科。科学使人强大，哲学使人自由。学习、研究哲学和进行哲学思考是体悟、体验自由的最佳途径。

第二，不是对普通问题的惊讶，而是对普遍性问题的惊讶。并不是对任何问题的惊讶都称得上是哲学的——哪怕是完全非功利的惊讶。只有当人们在面对一个平常的事物看到了不平常，"对于现象常有不稳之感与陌生之感"[1]，悟到"看似平常最奇崛"的时候，才近乎哲学感悟。"哲学活动就是询问那超乎寻常的事物"[2]。在具体、个性的平常事物中看到的不平常乃是一种普遍性震撼，惊讶使世界变得好像是第一次出现在我们面前。当我们惊讶的是一个普遍性，而不是个别性的问题时，哲学才真正诞生了。黑格尔认为，"就哲学思想之为思维能力言，它有一普遍的对象在它前面，它以那普遍者为它的对象，或者它把对象规定为一普遍性的概念。""这种普遍的规定，那自己建立自己的思想，是抽象性的。"[3]

那么，什么样的问题才称得上是普遍性问题呢？像"我是谁？""世界是什么？""世界从哪儿来？""我从哪儿来？我到哪去？"这些"大问题"（big questions）在本质上超越了具体现实情境中的个体的人或事，它们就是普遍性的问题。哲学家康德曾把哲学大问题归纳为四个方面：我可以认识什么？我应该做什么？我能够希望什么？人是什么？当我们对这些大问题感到惊讶、兴致盎然时，哲学的思考就开始了。

从根本上说，哲学对普遍性问题的惊讶是对存在的惊讶。普通人是一定没有这种惊讶的。难怪很多哲学家和海德格尔一样认为，对普通人来

---

[1] 牟宗三：《生命的学问》，广西师范大学出版社2005年版，第12页。
[2] ［德］海德格尔：《形而上学导论》，商务印书馆2005年版，第14页。
[3] ［德］黑格尔：《哲学史讲演录》第1卷，商务印书馆1997年版，第93、94页。

说，哲学乃是一桩"蠢事"。"我们在惊讶中约束自己。我们仿佛是从存在者那里退回来——从存在者存在并且如是存在而不是别样存在这回事情那里退回来。惊讶也不全在于从存在者之存在那里退回来；相反，作为这种退却和自我约束，惊讶同时好像被拉向和系执于它所退出的地方。惊讶就是一种倾向，在此倾向中并且为了这种倾向，存在者之存在自行开启出来。"①（对初学者而言，理解这段话一定比较费劲，没关系，我们将在第七讲中对存在的问题进行比较详细的讨论）

事实上，在哲学诞生之前，人们的惊讶首先导致的是原始神话（宗教）和原始艺术的产生。原始先民通过音乐、舞蹈、绘画、雕刻以及各种各样的祭祀庆典活动来尝试着解释和把握无限的世界。正如前述，原始神话、原始宗教和原始艺术是哲学诞生的母体和温床，而哲学脱离这一母体的重要标志就在于它倾向于系统化地追寻普遍性的问题。

不过，在现代的人看来，对普遍性的问题的惊讶也未必就是哲学，因为科学也是探讨普遍性问题的。例如，当年亚里士多德在《形而上学》中列举的"日月与星的运行以及宇宙之创生"等哲学重大问题在今天都是科学的问题。罗素就曾经说过，"当有人提出一个普遍性问题时，哲学就产生了，科学也是如此。""提出普遍性问题就是哲学和科学的开始。"② 为什么会这样呢？根本的原因就在于，在哲学诞生的时候，哲学还是一个大全，包含着后来所谓科学的内容，科学只是到了近代才逐渐从哲学中分化出来。所以，尽管科学也起于对普遍性问题的惊讶，但并不能否认哲学也是起于对普遍性问题的思考。只是这也使我们得出了一个启示，那就是，在现代社会讨论"哲学究竟是什么"时，最主要的是与科学区分开来。

罗素如下的一段话，也许可以帮助我们在展开关于哲学的具体学习前粗略地了解究竟什么是哲学性的问题。

"世界是分为心和物吗？如果是这样，那么心是什么？物又是什么？心是从属于物的吗？还是它具有独立的能力呢？宇宙有没有任何的统一性或者目的呢？它是不是朝着某一个目标演进的呢？究竟有没有自然律呢？还是我们信仰自然律仅仅是出于我们爱好秩序的

---

① 孙周兴编：《海德格尔选集》，上海三联书店1996年版，第603页。
② [英] 罗素：《西方的智慧》，文化艺术出版社1997年版，第6、14页。

天性呢？人是不是天文学家所看到的那种样子，是由不纯粹的碳和水化合成的一块微小的东西，无能地在一个渺小而又不重要的行星上爬行着呢？还是他是哈姆雷特所看到的那种样子呢？也许他同时是两者吗？有没有一种生活方式是高贵的，而另一种是卑贱的呢？还是一切生活的方式全属虚幻无谓呢？假如有一种生活方式是高贵的，它所包含的内容又是什么？我们又如何能够实现它呢？善，为了能够值得受人尊重，就必须是永恒的吗？或者说，哪怕宇宙是坚定不移地趋向于死亡，它也还是值得加以追求的吗？究竟有没有智慧这样一种东西，还是看来仿佛是智慧的东西，仅仅是极精练的愚蠢呢？对于这些问题，在实验室里是找不到答案的。各派神学都曾宣称能够做出极其确切的答案，但正是他们这种确切性才使近代人满腹狐疑地去观察他们。对于这些问题的研究——如果不是对于它们的解答的话——就是哲学的业务了。"①

如果你曾经为这些或类似的问题沉思、出神，甚至着迷的话，你已经重演人类集体的历史，已经迈进哲学之门。

思考：

1. 为什么哲学是难于定义的？

2. 德国哲学家雅斯贝尔斯曾说："人是沧海之一粟，茫无涯际的世界万物中的一点小灰尘，什么也算不得，——而他又是这样深刻的一种本质，它能够认识万物并且能把万物作为被认识了的东西包含于自身之内。他两者都是，在两者之间。"（《生存哲学》，第63页，上海译文出版社，2005）如何理解这段话？

3. 神话、宗教、常识、艺术、科学等把握世界方式对于哲学有什么样的积极意义。

4. 如何理解"哲学始于惊讶"的说法？

5. 什么是大问题（big questions）？你曾经思考过哪些大问题？根据你对自己的了解，你觉得自己适合于学习哲学吗？

---

① ［英］罗素：《西方哲学史》（上），商务印书馆2005年版，第11—12页。

第二讲　哲学是现世的智慧

"哲学"一词渊源于西方,英语中的 Philosophy 是从古希腊文的 Philein 与 Sophia 演化而来的。Philein 是"爱、追求"的意思,Sophia 是"智慧"的意思。合起来,哲学就是爱智慧、追求智慧的学问——第一个对哲学做这种理解的哲学家相传是古希腊的毕达哥拉斯(Pythagoras,公元前580—前500)①。Philosophia 一词在明朝末年被传教士利玛窦(Matteo Ricci,1552—1610)带入中国,被译为"爱知之学";另一位传教士艾儒略(Jnlio Aleni,1582—1688)把"费录所费亚"(即 Philosophia)称为西方的理学。但两者都未引起当时中国学界的重视。19世纪日本学者西周(1827—1877)首次用汉语"哲学"表述之,1896年中国近代思想家黄遵宪(1848—1906)将其引入中国。应当说,西周的翻译是比较精准的。在中国古代汉语中,"哲"就是"智"或"智慧"的意思,中国古代最早的词典《尔雅》就解释说:"哲,智也。"学贯中西的王国维(1877—1927)明确认为,"哲学为中国固有之学"②。在古印度,哲学通常被称为"见"或"察"(darana),意为"见解""思想""观点"的学问,在个别的哲学体系中视之为"有助于解脱的学科"(anviksiki)。佛教更认为,佛法就是智慧的教育,最高智慧即"般若"(Prajna)——作为般若智慧化身的文殊菩萨被称为诸佛之母。

回溯哲学的词源给我们一个重要启示:要了解哲学是什么,在很大程度上取决于对哲学与智慧的关系的理解。事实上,哲学源于对智慧的追求,哲学所追求的是大智慧,哲学也体现为一种追求智慧的激情,更表现为一种智慧的生存境界。总之,正如马克思所说的:"哲学不是世界之外

---

① 也有人,例如海德格尔,认为最早使用 Philosophia 一词的是古希腊哲学家赫拉克利特。
② 《王国维文集》(下),中国文史出版社2007年版,第2页。

的遐想",而是"现世的智慧"①。

一 哲学是对智慧的追求

哲学诞生之初,它几乎涵盖了人类全部知识,充当了"知识总汇"的角色,直至 17 世纪以降各门具体科学从哲学中分化出去。但是,在本质的意义上,哲学不是一般的知识,它是"关于某些原理与原因的知识"②。或者毋宁说,就哲学应该的特色来说,哲学不是知识之学,而是智慧之学;哲学不仅是智慧之学,而且是追求智慧的学问。

哲学就其本质而言,不是知识而是智慧

正如亚里士多德所言,求知乃是人的天性。人们在把握世界的时候,必然以自己的思想统合感觉,把变化、殊多、个别的印象上升为一个个概念。这些概念的正确组合就被称为知识。问题在于,我们能仅仅依靠知识来把握世界的奥秘吗?现代科学的"范式"(paradigm)理论表明,任何一种科学理论,包括超越了牛顿力学的爱因斯坦的相对论,都是"暂时"有效和有其明确的解释边界的,并不可能获得对世界的终极知识。人们的思想决不会停止于这些看似确定的有知,而总是向着无知世界不断进发。在有知与无知之间,哲学性的惊讶出现了;在人们"心有余"而知识"力不足"的地方,智慧的光芒被凸显出来。面对无限的世界,再博学的知识终归暗淡无光,而创造性的哲学智慧却越发显出勃勃生机。更为重要的是,我们求得知识的目的是什么?知识对人生有何意义?哪些知识对人生才是最为重要的?一旦我们以这种方式发问时,我们表达的不是一种知识,而是一种对知识的态度。这在知识的客观层面是不能自洽地解答的,它需要切近生活的主体领悟,这就是一种哲学的智慧。

知识是一种认识成果、体系,侧重于帮助人们指向具体事物的具体信息。智慧则是一种获得知识、把握世界的方法。在此意义上,我们会发现,智慧是比知识更根本的东西。具体的事物都是变动的,因而具体的信

---

① 《马克思恩格斯全集》第 1 卷,人民出版社 1956 年版,第 120、124 页。
② [古希腊]亚里士多德:《形而上学》,商务印书馆 1996 年版,第 3 页。

息即知识也将是不断变化、更新的。因此，人们不可能一劳永逸地把握知识，但一旦把握了把握知识的方法，就可以以不变应万变。中国有句成语"授人以鱼，不如授人以渔"；西方也有类似的说法：给人面包不如告诉别人烤面包的方法。在中国还有一个广为流传的道德寓言：神仙吕洞宾点石成金去救助一个贫困之人，而那个人很贪心，想要吕洞宾点石成金的手指头，结果他什么也没得到。抛开道德问题不说，其实这个贫困之人是抓住了问题的关键！"鱼"与"渔""面包"与"烤面包的方法""金子"与"点金术"都很形象地说明了知识与智慧的差别。哲学家康德曾经说，他不是在教哲学，而是教人们哲学地思考。马克思也曾经指出，哲学重要的不是提供某种现成的答案，也不要求人们信仰它的结论，而只是帮助人们检验疑团。黑格尔则嘲笑那些把哲学当作知识的人，"像某些动物，它们听见了音乐中一切的音调，但这些音调的一致性与谐和性，却没有透进他们的头脑"①。在知识"琳琅满目"的现代社会，也许哲学家尼采（Friedrich Wilhelm Nietzsche，1844—1900）的忠告是值得认真一听的，他说，没有选择的知识冲动和没有选择的性欲冲动一样是不道德的。事实上，在很大程度上，只有哲学智慧才能告诉我们应该如何选择知识。

　　知识往往有量的积累，一般总是后人超过前人，而智慧更侧重于对世界质的把握，真正的智慧往往具有恒久的魅力，不断启迪后人。亚里士多德认为，哲学不是具体的技巧、知识，而是高贵、神圣的学问，是唯一一门自由的学问；智慧是所有美德中最愉快的，而且这种愉快因其纯粹和持久而更可贵。有人说，现代社会是知识、信息大爆炸的时代。每天各种各样的信息、知识蜂拥而至，甚至有人因为"信息超载"而陷入病态。在日益专门和精深的现代技术培训中，人们也获得越来越多的技能。但是，再高倍的望远镜也望不到社会发展的方向，再精密的显微镜也看不到人的本质，再精湛的科学技术也找不到人生的意义与方法。每个现代人几乎都可以骄傲地说自己比孔子（Confucius，公元前551—前479）、苏格拉底、康德掌握的知识和技能多得多，但任何一个心智健全的人都不敢说自己比

---

① ［德］黑格尔：《哲学史讲演录》第1卷，商务印书馆1997年版，第5页。中国古代典籍《礼记·乐记》亦有云："知声而不知音者，禽兽是也；知音而不知乐者，众庶是也。唯君子为能知乐。"

他们智慧得多。对于哲学智慧而言,任何量化或数字化的冲动都是背离其自身的。也许,从科学的角度看,几千年的哲学似乎没有多少积累与进步,讨论的还是那些老问题,不同时代的哲学似乎只具有"平行"的价值。哲学的历史已经足够悠久,却又似乎始终没有成熟。其实,这恰恰是哲学的一个重要特点。

哲学家雅斯贝尔斯鲜明地指出了哲学的上述特点:"当各门科学在自己的领域中已经赢得若干令人信服并普遍得到承认的知识成就时,哲学尽管经历几千年的艰辛努力,对这一类知识却一无所成。……所有那些具有充分理由而被公众接受的见识,根据事实本身已不再是哲学而变为科学知识……此外,哲学思想也不像各门科学那样具有向前进展的特征。毫无疑问,在医学方面我们已经远远超过古希腊的希波克特斯,但在哲学领域我们却不能说超出了柏拉图。我们仅仅在史料方面超过了他,在他曾运用过的科学发现上高于他,然而,就哲学本身而言,我们大概很难再达到他的水平。"哲学这一特性既表明哲学的非知识性和把握、增进智慧的不易,也表明智慧一旦获得就将终身受用。雅斯贝尔斯还认为,"通过对我所具有的知识的技术性的运用,我能够外在地行为,但是非知识(即智慧——引者注)却使我改造自身的内在活动成为可能。……以外在的技术的力量来衡量,这种关于内在行为的思想只是空无,它既不是可拥有的应用知识,也不能根据计划与目的去加以塑造,它是一种对存在的真实的彻悟和演进。"①

与此相关的是,和知识相比,智慧更具有可意会而不可言传的特性。比之于科学、知识的理性方法,智慧更讲究直觉、领悟。佛教有所谓慧根之说,用以说哲学那就是,学习哲学的人是需要有很好的直觉、领悟的天赋和本领的。缺乏这种能力,只是按照学习科学知识的方式去学习哲学,只能是南辕北辙、缘木求鱼。被称为佛教群经之首的《金刚经》有云:"若人言如来有所说法,即为谤佛,不能解我所说故。"意思是说,如果只记住了佛所说的,恰恰是不能领悟或者说是违背了佛的本意。禅宗更强调"直指人心""不立文字"。中国道家也说:"道可道,非常道;名可名,非常名。"(《老子》)"道昭而不道,言辩而不及。"(《庄子》)一些

---

① [德]卡尔·雅斯贝尔斯:《智慧之路》,中国国际广播出版社1988年版,第1、89页。

高深的哲学智慧往往是只可意会而不可言传的，其弦外之音、言外之意需要我们心领神会，不可以知识、文字求之。而对于那些缺少慧根的人来说，再微妙、庄严、深邃的智慧对他们来说也可能是对牛弹琴，不得其趣。也许正如雅斯贝尔斯所指出的，哲学的努力就在于达到认识所无能为力的那一点，并在那里燃烧发光。

知识和智慧是如此不同，以致有些哲学家把它们看成是对立的。赫拉克利特（Herakleitos，公元前540—前470）曾经说过："博学并不能使人智慧。"中国的老子（公元前571—前471）更加极端地认为，"为学日增，为道日损"。所谓"为学"在此可以理解为获得知识；所谓"为道"在此可以理解为获得智慧。显然，在老子看来，知识与智慧不仅是有区别的，而且是对立的，他甚至觉得获得和保持智慧的方法就在于"绝贤弃智"。海德格尔也批评现在大学中教授们讲授哲学的方式："哲学总是不断地为误解层层围住，而这些误解现在大多又为像我们这样的哲学教授们所加剧。教授们习惯于——这是正当的，甚至是有用的——按教育的要求传授迄今流传下来的哲学知识，这样看来，似乎这些知识就成了哲学本身，其实，这至多也就只是一门哲学学科罢了。"① 我们认为，知识和智慧确实有区别，有知识不一定有智慧，但智慧也不能完全离开知识。尤其是在现代社会的哲学学习中，知识是获得智慧的必要手段，没有知识之梯，就不能到达哲学之巅，就不能领略智慧的风采。我们绝不能以哲学的智慧特性为借口，疏于知识的积累。不过，我们在通过知识领会、把握哲学的时候，一定要时时记得："君子学以致其道"（《论语·子张》），知识对于哲学来说永远是手段性的，学习知识的目的在于化知识为方法、化知识为德性，即"转识成慧"。智慧才是根本性的，绝不能本末倒置、舍本逐末。

哲学不仅是智慧之学，还是追求智慧的行动

在古希腊哲学家毕达哥拉斯之前，人们都把哲学理解为智慧本身，而毕达哥拉斯认为，完美的智慧只有神才有，人类是缺乏智慧的，人只是不断地追求智慧而已。所以，哲学就是爱智慧或追求智慧。在古希腊，

---

① [德]海德格尔：《形而上学导论》，商务印书馆2005年版，第13页。

"爱"本身就有三种：Eros、Agape、Philia。Eros 是一种出于本能的情爱而 Agape 是一种无私给予的博爱、仁爱 Philia 是一种温和而理性的友爱。哲学的爱乃是一种温和和理性的友爱 Philia。① 哲学并非是智慧的给予——哲学并不天然地占有智慧，而是对智慧的追求。从现代的意义上理解，尽管哲学在本质上是关于智慧的学问，但并不简单地等于智慧。哲学体现为人类对待全部智慧的一种态度，即对智慧的不变的爱和不懈的追求。

态度决定行动。"爱""追求"都需要表达，需要行动，总是体现为一个过程。所以，哲学既不是教科书，也不是枯燥的教条，而是一项活动、一项事业。古希腊的哲学家德谟克利特（Demokritos，公元前 460—前 370）认为，"智慧"一词的全面内涵就在于：很好地思想，很好地说话，很好地行动。现代语言哲学家维特根斯坦（Ludwig Wittgenstein, 1889—1951）指出："哲学不是理论而是活动，哲学的结果不是某些数量的'哲学命题'，而是使命题明晰。"② 海德格尔认为，他的哲学文章不是著作，而是道路，是对哲学不断追求、探索的道路。如果确认哲学开始于普遍性的惊讶，而惊讶是有知与无知之间的一种状态的话，我们可以说，哲学乃是一种操作于有知与无知之间的活动。它总是站在有限性的边界，全身心地开拓于无知的荒原，当荒原变成绿洲也就是无知世界成为有知世界的时候，我们只能看到它的背影，因为它正向着更远处的无知荒漠进军。真正的哲学家都把哲学作为自己的生命存在方式来看待。人们对智慧的追求也永远没有止境，哲学是向着未来永远开放着的事业。我们一旦出发，就永远在路上。或者说，不断延伸的路就是我们的归宿。学习哲学也就是学习如何"上路"，如何踏上追求智慧之路。

雅斯贝尔斯指出

　　"'philosophos'的逻辑内涵与'sophos'正相对。它的意思是爱智者［Lover of wisdom（knowledge）］以别于那种在拥有知识方面自认为智慧的人。这个词的意义是不朽的：因为哲学的本质并不在于对

---

① 参见傅佩荣：《哲学与人生》，东方出版社 2005 年版，第 8 页。
② ［英］维特根斯坦：《逻辑哲学论》，商务印书馆 1985 年版，第 44 页。

真理的掌握，而在于对真理的探究，无论多少哲学家以他们的独断论——即一整套自称是准确和完整的说教理论——去描绘这个世界，而世界则依然如故。哲学就意味着追寻。对于哲学来说，问题比答案更为重要，并且每个答案本身又成为一个新的问题。"①

马克斯·舍勒（Max Scheler，1874—1928）则认为，哲学"爱智慧"的本质与柏拉图的规定密不可分。他认为，"柏拉图帮人们打开了通往所有时代哲学的大门：一、要想精神穿透哲学对象，就必须有位格（即人——引者注）核心的整体行为……二、这种行动建立在确定的爱的本质行动中"。哲学可以初步定义为"人的有限位格核心介入一切可能存在之物的本质中去的爱的行动。"② 现象学大师胡塞尔则自称是一个哲学的永远的"探索者""漫游者"。

哲学不等于智慧本身，而是对智慧永远的追求。这就启示我们，谦卑、虚心是进入哲学的一种应有态度。据说，古希腊德尔斐神庙曾有神谕：苏格拉底是世界上最有智慧的人。苏格拉底感到自己并没有智慧。为证实这个神谕可能错了，他就到处去找被人们认为有智慧的人如政治家、诗人、工匠谈话，想看看他们是否比他更智慧更聪明，进而考察他们的智慧之所在。他先后见过很多人们称之为智慧或他们自以为智慧的人，结果发现他们并没有智慧。苏格拉底顿悟：神之所以说我是最有智慧的，是因为只有我认识到自己的无知。只有认识到自己的无知——对自己存在的有限性的体认，才有对智慧的爱和追求的态度与行动。认识到自己的无知是开启智慧之门的钥匙。也就是说，自以为很有知识的人恰恰是最不智慧的人，能认识到自己没有知识才接近于智慧。

还是在古希腊，一次，哲学家芝诺（Zeno，公元前490—前425）的学生问他，老师的知识比学生渊博许多倍，回答的问题又十分正确，可是为什么老师总是对自己的解答有疑问呢？芝诺用手指在桌上画了大小两个圆圈，告诉学生说：大圆圈的面积是老师的知识，小圆圈的面积是学生的知识，老师的知识确实比学生多。但是这两个圆圈的外面，就是学生和老

---

① ［德］卡尔·雅斯贝尔斯：《智慧之路》，中国国际广播出版社1988年版，第5页。
② ［德］马克斯·舍勒：《哲学与世界观》，上海人民出版社2003年版，第11页。

师无知的部分。大圆圈的周长比小圆圈的长,因而老师接触到的无知的范围比学生多。这就是老师为什么常常怀疑自己知识的原因。中国古代哲学家老子也曾经感叹:"知不知,尚矣;不知知,病也。"(《老子》)用今天的话说就是:知道自己还很无知,这是高明的境界;不知道却自以为知道,这是有病啊!孔子也感叹"吾有知乎哉?无知也。"他还正面教导我们"知之为知之,不知为不知,是知也。"(《论语》)意即知道就是知道,不知道就是不知道,这才是真正的智慧。可见,在此意义上,智慧的对立面不是知识,而是自以为全知(polymathia),自以为全知是真正的无知,这种自负的无知必然表现为狂妄。在知识、智慧面前的谦逊本身就是智慧的表现!

不过,哲学这种追求智慧的行动与我们日常生活中理解的行动又是有些差别的。哲学固然需要身体力行的具体行动,但它最为核心的行动是获得真理。赫拉克利特指出,智慧只在于一件事,就是认识那善于驾驭一切的思想;智慧就在于说出真理。黑格尔也认为"哲学的活动并不仅只是一个机械的运动,像我们所想象的太阳、月亮的运动那样,——只是一种在无阻碍的时空中的运动。而在哲学史里,我们所了解的运动乃是自由思想的活动,它是思想世界理智世界如何兴起如何产生的历史……人之所以比禽兽高尚的地方,在于他有思想"[①]。哲学对于智慧的追求行动最恒常的表现乃是一种思想的功夫(我们将在第三讲中专门探讨这个问题)。

二 哲学追求大智慧

我们说哲学是追求智慧的学问,并不否认其他学科也有智慧。任何学科都在程度不同地追求着智慧,并获得了一些智慧。哲学和其他学科在追求智慧这一点上的差别就在于:(1)哲学是专门追求智慧的,追求智慧是哲学的本性,其他学科则不是以追求智慧为专务的;(2)哲学追求的智慧不是回答和解决各种具体问题的"小道"、"小聪明"和"小智慧",而是关涉人类生存、发展及其意义的"大道"、"大聪明"和"大智慧"。

在中国哲学史上有一桩关于孔子的公案:孔子的学生樊迟请教如何种

[①] [德]黑格尔:《哲学史讲演录》第1卷,商务印书馆1997年版,第10页。

庄稼，孔子说："我不如种田的老头。"樊迟又请教如何种菜，孔子说："我不如种菜的老头。"樊迟离开后，孔子对身边的学生说："樊迟真是小人啊！"孔子这一鄙视劳动的"剥削阶级"态度曾经遭到广泛批判。其实，孔子本人多才多艺，甚至会很多粗活。他自道"吾少也贱，故多能鄙事。"（《论语·子罕》）孔子确实认为，身份有贵贱、工作有高下，什么样的身份就做什么样的事。但这里的贵贱高下不完全是道德意义上的，也有一种社会分工不同、思维方式有别、思想层次殊异的意思。孔子还特别强调"君子不器"（《论语·子张》），器与道相对，有形有度，君子不器就是不能像器具那样定型，言下之意就是要追求道。孔子的学生子夏的一段话可能是老师思想更直接的揭示："虽小道，必有可观者焉，致远恐泥，是以君子不为也。"（《论语·子张》）就是说，即使是小的技艺，也一定有可取之处，但君子为了高远的事业，就不能拘泥于小道，而要追求大道。从曾子开始，儒家就明确把"止于至善"的学问称为"大学"，而把其他的技艺之学称为"小学"。

亚里士多德也认为，智慧是分等级的，"有经验的人较之只有些官感的人为富于智慧，技术家又较之经验家，大匠师又较之工匠为富于智慧，而理论部门的知识比之于生产部门更应是较高的智慧"。最高的智慧就是哲学。① 佛教还把"智"和"慧"区别开来，认为"照见名智，解了称慧"（隋慧远《大乘义章》卷九）。意即明白事相、见多识广是智，了解事相背后的真理才是慧，"般若"则又区分于一般智慧，乃是最高深的、彻悟的智慧。这也启示我们，哲学所说的"智慧"更多地是偏向于"慧"，"智"则更偏向于一般意义上的聪明。② 现如今，许许多多浓妆艳抹、招摇过市、吸引眼球的"智慧"，其实都不过是种种智能、些许技巧或精明罢了。

哲学智慧之"大"首先体现在其研究对象的广与深。各门具体科学都只研究世界的某一部分，其获得的所谓"普遍性"智慧只适用于其所在的领域。而且，现代科学将整个知识剁成碎片，"一个人一旦朝那方向

---

① ［古希腊］亚里士多德：《形而上学》，商务印书馆1996年版，第3—4页。
② 在佛教传入前，中国人所谓"智慧"更多偏重于"智"。例如《墨子·尚同中》："则此使不智慧者治国也"；《孟子·公孙丑下》："虽有智慧，不如乘势。"其中"智慧"都是聪明、机智、有能力的意思。

前进，科学的发展就强迫他继续从事剁碎片的工作，这样的知识根本就不是智慧。我们总发现有更细的划分，作出更多的发现，得出更有趣、更吸引人的结论。然而到最后，我们无法把事物组合在一起——犹如拆散玩具的孩子一般。"① 哲学则把整个世界（包括人和世界的关系）作为自己研究的对象，旨在给出整个世界方方面面的宏大图景，具有总体性的特征，哲学中获得的普遍性智慧应该适用于所有的学科和整体的人生。如果说各门具体科学也研究某种"道"的话，那么哲学研究的则是"大道"、"常道"；如果说各门具体科学都是在探索世界之奥妙的话，那么哲学乃是"众妙之门"。如今，"博士学位"的英文写法是 Ph. D.，即 Doctor of Philosophy，这既反映出其他学科从哲学中分化出来的历史真实，也预示着任何一门专业的学科，学到最后所达到的境界与水平就是哲学的层次。当然，在现代，哲学并不包办代替各门具体科学，但依然扼守着人类智慧的要津，有"一夫当关，万夫莫开"之势。海德格尔断言："一切科学的运思都只是哲学运思衍生出来的和凝固化了的形态。……哲学位于科学之先"。② 德国物理学家、哲学家石里克（Moritz Schlick，1882—1936）认为，"哲学的授义活动是一切科学知识的开端和归宿。有人说哲学给科学大厦提供基础和屋顶，这样的想法完全是正确的"。他甚至认为，哲学虽然不能称为严格意义上的科学，但"今后可以像以前一样，被尊为科学的女王；因为确实没有这样一条规定：科学的女王本身必须是一门科学。"③

在其深度上，一方面，哲学不仅把整个世界作为自己研究的对象，而且着重地把人与世界的关系作为自己的研究对象。其他的具体科学要么是把世界的一部分作为自己的研究对象，要么是把人与世界的某一部分关系作为研究对象。另一方面，更为重要的是，哲学把其他一切智慧作为自己的反思对象，思考的是最为根本性的问题。哲学是一种对"元"（meta）的探求，在其他学科作为起点的地方进行反向的思索。犹如盖一座大楼，其他学科都是从地面往上建，哲学则是往下挖，目的是为了清理和打牢地

---

① ［西］雷蒙·潘尼卡：《智慧的居所》，江苏人民出版社 2000 年版，第 7 页。
② ［德］海德格尔：《形而上学导论》，商务印书馆 2005 年版，第 26 页。
③ 《二十世纪哲学经典文本·欧洲大陆哲学卷》，复旦大学出版社 1999 年版，第 314—315 页。

基。如果说提出普遍性问题就是哲学和科学的开始的话,哲学的普遍性问题相对于具体科学来说是最大的、最高的、最根本、最基础的普遍性问题。在中国古代,人们把哲学的使命看成是"究天人之际,通古今之变"(司马迁),"原天地之美而达万物之理"(庄子),"为天地立心,为生民立命,为往圣继绝学,为万世开太平"(张载)。在西方哲学中,哲学的智慧就体现为"寻求世界的第一公理""提供一切知识的基础""发现生命的意义""去冒险探究和穷尽不可穷尽的东西"等等。如是,得哲学真谛而视具体学科,犹如登泰山而小天下;唯哲学发现前提,方使一切具体科学得以稳定奠基。

哲学智慧探究对象的广与深表明,哲学的根本内容首先是一种系统化、理论化的世界观。所谓世界观就是人们对于世界最根本的看法和观点。广义的世界观包括了自然观、社会历史观、人生观和价值观。世界观并不神秘,人人都有对世界的看法,各门具体科学也蕴涵着对世界的看法。但是哲学世界观首先在于它是最根本的,而不是细枝末节的,相对于具体科学来说可能是前提性的看法。其次,哲学世界观是系统化的,即通过一定的逻辑、范畴体系,前后一贯,不自相矛盾地表述对世界的一般看法。相反,生活中人们的世界观可能是不自觉的,缺乏逻辑的严密性,经常相互矛盾、相互抵消,表现为一些意见的集合。最后,哲学世界观往往是理论化的,即依靠理论论证和逻辑思辨来把握世界,哲学因此也总是表现为一定的理论形态。即使是一些强调直觉、顿悟的哲学思想依然是内在地包含着逻辑的。哲学的力量首先表现为一种理论的力量、逻辑的力量。

哲学智慧之"大"还体现在哲学的功能上。在现实生活中,人们对哲学无用的攻击自哲学诞生之日起就没有停止过。据历史记载,西方哲学史上第一个哲学家泰勒斯(Thales,约公元前 624—前 547 年)整天忙于哲学研究,生活过得很窘迫,而他所在的安纳托利亚的米利都是一个商业城市,许多人过着优渥的生活。一些势利小人时常嘲笑这位哲学家,说他尽做些没用的事情。泰勒斯对这些人说:"你们可以认为我没用,但要说哲学没用,那就大错特错了。"不久,他就找到了反击的机会。那一年由于天气不好,橄榄歉收,许多做橄榄油生意的商人都心灰意冷。但泰勒斯经过仔细地观察和分析,认定来年会风调雨顺,橄榄将大获丰收。于是,他不动声色地以低价租赁了一大批榨油器。第二年,橄榄果然获得大丰收,泰勒斯以很高的价格将榨油器租出去,赚了一大笔钱。但泰勒斯并未因此投笔从商,而是用那些钱赈济穷人,然后心安理得地继续从事他的哲学探索。

关于泰勒斯的另一个故事是:一次,泰勒士在专心观察天空时不小心掉进一个坑里,幸好被女奴救起。泰勒斯抚摩着摔痛的身子说:"明天会下雨!"女奴先是莫名其妙,后将泰勒斯的预言当成笑话讲给别人听。第二天,果然下了雨。有的人对泰勒斯的预见惊叹不已,也有人却不以为然,说:"泰勒斯只知道天上的事情,却看不见脚下的东西。跌进坑里就是他的学问给他带来的好处!"泰勒斯对此付之一笑。两千多年后的德国哲学家黑格尔谈到这个故事时,对常人的讥笑很不以为然,并讽刺他们说:只有那些永远躺在坑里从不仰望天空的人,才不会掉进坑里。西方哲学史上第一位哲学家就遭受哲学无用的嘲笑,可见对哲学无用的嘲讽是哲学的一种"原罪"。

其实,正如亚里士多德说的,哲学是超功利的,从实用的角度看,它确实是无用的。但是抛开"实用"二字,哲学又是有用的。哲学的作用是另一种作用,大的作用。据说,犹太民族家庭的孩子,几乎都要回答大人这样一个问题:"有一种没有形状、没有颜色、没有气味,任何人都抢不走的宝贝,你知道是什么吗?"如果孩子回答不出来,大人就会告诉他:"孩子,它比金子、宝石更值钱,只要你活着,它就永远跟着你,它——就是智慧。"哲学智慧的功用更为独特。我国著名哲学家冯友兰(1895—1990)曾经说过,哲学"是使人作为人能够成为人,而不是成为某种人。其他的学习(不是学哲学)是使人能够成为某种人,即有一定职业的人。"[①]"成为某种人"也就是成为具有特定身份和职业的人,这需要借助各门分工日益精细的具体科学来获得某种具体的专门知识,掌握某种专业技能,扮演某种特定的社会角色。这种经验、知识、技能也可能被人称为智慧,但不是哲学所谓的智慧,哲学的智慧是使人成之为人的智慧,是理解、协调和解决人与自然、人与社会、人与自身,即人与世界关系,实现人的全面而自由发展的智慧。尽管现代社会的人们大都专注使自己成为"某种人",但"成为人"才是最根本的,成为"某种人"的智

[①] 冯友兰:《中国哲学简史》,新世界出版社2004年版,第4页。

慧是小智慧，成为"人"的智慧才是大智慧。如果我们说人的发展是一个向量（矢量）的话，具体科学所能提供的"智慧""聪明"就是向量"模"的大小，而哲学智慧所提供的就是向量的方向。具体科学能让人正确地做事，而哲学还能让人做正确的事情。人们常说细节决定成败，但是思想决定着方向。如果人生、事业的方向错了，那么一个人的能力再强也是枉然，甚至一个人的能力越强，其对社会、他人的危害越大。在此意义上，哲学对于人生，起着信仰和终极关怀的作用。反过来，我们也可以说，哲学是与"人"同在的。"一个人只要他依然保持其为人，哲学就是他必然面临的一件难事，只是形式上的不同而已。"①

就其本质而言，哲学的功能不能简单地以有用或无用评判之，其运用之妙，才是智慧之用。雅斯贝尔斯指出：

> "哲学不能基于自己对其他事物有用而使自身得到证明。它只能诉诸于使人趋向于哲学思考的力量。哲学是一种无私的追求，任何所谓有用或有害的问题都与它无关，它是作为人的人应有的一种努力，并且只要人们生存在这个世界上，这种努力就将持续下去。"②

中国古代哲学家庄子曾从人的生存之道的角度揭示了哲学智慧功能。《庄子·山木》记载："庄子行于山中，见大木，枝叶盛茂。伐木者止其旁而不取也。问其故，曰：'无所可用。'庄子曰：'此木以不材得终其天年。'夫子出于山，舍于故人之家。故人喜，命竖子杀雁而烹之。竖子请曰：'其一能鸣，其一不能鸣，请奚杀？'主人曰：'杀不能鸣者。'明日，弟子问于庄子曰：'昨日山中之木，以不材得终其天年；今主人之雁，以不材死。先生将何处？'庄子笑曰：'周将处乎材与不材之间。材与不材之间，似之而非也，故未免乎累。'"材与不材即有用与无用，真正的哲学智慧会对两者进行超越的妙用。

从直接实用的角度看，哲学当然不如科学。学习科学直接是为了"学以致用"，而哲学"抟物质而张灵明"（鲁迅语），学习哲学直接是为

---

① ［德］卡尔·雅斯贝尔斯：《智慧之路》，中国国际广播出版社1988年版，第6页。
② 同上书，第7页。

了"学以致道""学以致慧"。如果一定要说道、智慧也是一种"用"的话，我们可以说，哲学是无小用而有大用，无近用而有远用。亚里士多德就曾经说过，智慧使人善于考虑对自己的善以及有益的事，但不是部分的，如对健康、强壮等有益，而是对整个生活有益。中国古人云："不谋全局者，不足以谋一城；不谋万世者，不足以谋一时。"（［清］陈澹然《寤言·迁都建藩议》）又云："人无远虑，必有近忧。"（《论语·卫灵公》）以之观乎哲学，不亦然哉！

亚里士多德认为，哲学在知识（广义）中等级最高，"为这门学术本身而探求的知识总是较之为其应用而探求的知识更近于智慧，高级学术也较之次级学术更近于智慧；哲学人应该施为，不应被施为，他不应听从他人，智慧较少的人应该听从他"[1]。但是，哲学并不能如一些应用学科那样直接带来功效，"哲学的广大影响只有通过间接的方式和绝不可能预知的迂回道路发挥出来，直至最终在某个时候沦为此在（人——引者注）的一种不言自明的状态，而在此时早已把原初的哲学忘记了"[2]。确实，太多的人感慨：在学习哲学时觉得没用，而若干年后进行自我反思时，才发现当初学习哲学的重要影响。

在现实生活中，正因为哲学的大智慧是以抽象方式思辨最大、最高的普遍性问题，所以哲学给人的感觉就是很不现实；正因为哲学的大智慧是使人成为人而不是使人成为某种人，所以哲学给人的感觉是很不实用。当人们按照日常生活中理解的智慧、聪明——其实是小智慧、小聪明——去衡量哲学智慧时，就觉得哲学智慧是不合时宜和迂腐的，甚至是愚蠢的。在一个讲究实用与功利的时代，这也许是哲学应该背负的误解与诟病，因为"大智若愚"！中国禅宗六祖慧能（又称惠能，638—713）就明确指出，最上乘的法门"为大智人说，为上根人说。小根小智人闻必生不信。"（《六祖坛经》）其实，在他之前一千多年的老子早就表达了这样一种领悟："上士闻道，勤而行之；中士闻道，若存若亡；下士闻道，大笑之，不笑不足以为道。"（《老子》）最后一句说得很极端，但也很形象、很深刻。的确，哲学的智慧不是平庸的"聪明"人所能理解的。反之，

---

[1] ［古希腊］亚里士多德：《形而上学》，商务印书馆1996年版，第4页。
[2] ［德］海德格尔：《形而上学导论》，商务印书馆2005年版，第12页。

如果哲学的智慧与世俗的小聪明一致的时候，哲学也就不成其为大智慧了。

三　追求智慧的激情

提到哲学，不少人马上会想到晦涩枯燥的文字、冰冷无情的理性逻辑、抽象乏味的演绎。提到哲学家，很多人也会想到生活刻板、形容枯槁、心如止水，"太上之忘情"。总之，在很多人眼里，哲学即使是追求大智慧，也是一种告别激情、了无生气的事业。很多人把康德看成是哲学家的典型代表。诗人海涅如下一段描述康德生活的文字可谓脍炙人口：

"康德的生活是难以叙述的。因为他既没有生活，又没有历史。他住在德国东北边境的一个古老城市哥尼斯堡一个僻静的小巷里，过着一种机械般有秩序的，几乎是抽象的独身生活。我相信，就连城里教堂的大时钟也不能像它的同乡伊曼纽尔·康德那样无动于衷地、按部就班地完成它每日的表面工作。起床、喝咖啡、写作、讲学、吃饭、散步，一切都有规定的时间，邻居们清楚地知道，当伊曼纽尔·康德穿着灰色外衣，拿着藤手杖，从家门口出来，漫步走向菩提小林荫道的时候是下午三点半钟，由于这些关系，人们现在把这条路叫做哲学家路。一年四季他每天总要在这条路上往返八次，每逢天气阴晦或乌云预示着一场暴雨的时候，他的仆人老兰培，便夹着一把雨伞作为天意的象征忧心忡忡地跟在后面伺候他。"①

类似康德这样的哲学家的"表面"形象具有很强的戏剧效果，为人们所津津乐道，却掩盖了哲学作为一种爱智慧的行动的内在本质。事实上，哲学也是对智慧追求的一种激情。

马克思曾经深刻指出，人是一种有激情的存在物，"激情、热情是人强烈追求自己的对象的本质力量"②。的确，人的行为总是受内在的激情

---

① ［德］海涅：《论德国的宗教和哲学的历史》，商务印书馆1974年版，第102页。
② 《马克思恩格斯全集》第3卷，人民出版社2002年版，第326页。

所驱动，即使像黑格尔这样创造了迄今最为庞大的理性哲学体系的哲学家也认为，"无论物质生活或精神生活皆不会停留在满足于冷静或空疏中，而乃是一种冲力，它是饥渴地追求真理，追求对真理的知识，迫切要求对这种求真和求知的冲力的满足，它决不会对这样的抽象思想加以饱餐并感到满足的。"① "我们必须重视这种无价的热情，我们这一代人均生活于、行动于、并发挥其作用于这种热情之中……在这种深邃广泛的作用里，精神提高了它的尊严，而生活的浮泛无根，兴趣的浅薄无聊，因而就被彻底摧毁。"② 当然，在另外一些非理性主义哲学家看来，人的激情与人的存在及其思想和行动是统一的。克尔凯郭尔、尼采都认为，激情是生命的本质洋溢，没有激情，生存是不可能的，除非我们是"漫不经心地存在着的"这样的意义上来理解"生存"这个词的。

　　没有激情，就没有人对智慧的追求。对智慧的爱、追求乃是对智慧的激情表达。哲学对于智慧追求的激情是一种建基于爱，体现为关怀与牵挂的激情。所谓建基于爱，是对整个人类（至少超越个体）的爱，而不是对某个人的爱，孔子所谓"仁者爱人"是也。因此，尽管对智慧的爱（Philia）是理性之爱，而不是向外给予的仁爱（Agape），但哲学的理性之爱一定是以仁爱为基础的。哲学既是对智慧的爱，也是爱的智慧。所谓关怀与牵挂是对整个人类（也至少超越个体）存在与发展的关怀和牵挂，而不是对某个人的关怀和牵挂。在汉语中，有一种对"慧"字的有趣解读，认为"慧"字上边两个"丰"分别代表国家、天下，中间的"彐"代表家庭，总起来，"慧"就是心中装着家、国、天下。著名文学家、数学家、逻辑学家、哲学家罗素在他的《自传》前言中这样写道："对爱情的渴望，对知识的追求，对人类苦难不可遏制的同情心，这三种纯洁但无比强烈的激情支配着我的一生。"③ 这三种激情是罗素一生在爱情、理智和道德三方面生活的动力，也是其哲学智慧的支撑。佛教认为，只有有救世救人的慈悲心，才能得到般若智慧。佛教中的菩萨（Bodhisattva）是"觉悟有情"的意思，即既自我觉悟，又普度有情众生，因不舍众生而不

---

① ［德］黑格尔：《哲学史讲演录》第 1 卷，商务印书馆 1997 年版，第 23 页。
② ［德］黑格尔：《小逻辑》，商务印书馆 1980 年版，第 32 页。
③ ［英］伯特兰·罗素：《罗素自传》第 1 卷，商务印书馆 2002 年版，第 1 页。

往涅槃。

真正的哲学家常常是"人生不满百，常怀千岁忧""身无分文，心忧天下"，具有宇宙的悲悯情怀，因为他们的动机在于为天地立心，为生民立命。正如现象学大师胡塞尔所说：

"在我们的哲学研究中，我们是人类的公仆——我们如何能无视这一点呢？在我们个人的内在使命中，对于我们自己作为哲学家的真正的存在来说完全是个人的责任，同时本身就包含有对于人类的真正存在的责任。而人类的真正存在只是作为指向终极目的的存在而存在，而且如果它确实能实现，也只有通过哲学——通过我们，如果我们真正是哲学家——才能实现。"[1]

哲学的爱和关怀是如此得广博，大爱无声、大爱无痕，以致往往遭致人们的误解和菲薄。杞人忧天的故事就是极端的明证。《列子·天瑞》中记载，传说古代杞国有个人怕天塌下来，寝食不安，遂成千古笑柄。这也许是哲学家们牵挂天下却为人所菲薄的隐喻。对于很多真正的哲学家来说，如下自况也许是很精到的："知我者，谓我心忧；不知我者，谓我何求。"（《诗经·黍离》）

从人们追求智慧的过程来看，激情是哲学事业一以贯之的保障。哲学智慧的关怀说到底是为了人类的存在和更好的存在，或曰幸福。但是达致这一目的的过程是非常复杂和艰难的。难能方可贵，通往光荣的道路是异常崎岖和狭窄的。在日常生活中都没有人能随随便便成功，何况这么高远的抱负呢？一方面，由于种种原因，哲学被人误解和嘲笑。另一方面，在一个讲求功利的时代，从事哲学的人也往往过着清贫的生活，不为当世所器重。面对这样的境遇，哲学家们还一如既往地追求人类智慧，这难道不需要激情吗？黑格尔就认为，没有激情就不可能完成任何伟业。孔子"知其不可而为之"，以"朝闻道夕死可矣"的精神探索和弘扬儒家智慧。当马克思还是一个高中生的时候，就曾经说：

---

[1] ［德］胡塞尔：《欧洲科学的危机与超越论的现象学》，商务印书馆2001年版，第28页。

"如果我们选择了最能为人类福利而劳动的职业，那么，重担就不能把我们压倒，因为这是为大家而献身；那时我们所感到的就不是可怜的、有限的、自私的乐趣，我们的幸福将属于千百万人，我们的事业将悄然无声地存在下去，但是它会永远发挥作用，而面对我们的骨灰，高尚的人们将洒下热泪。"①

可以说，马克思此后的一生都在为这种激情和抱负做注脚！斯特龙伯格（Roland N. Stromberg, 1916—2004）甚至认为："西方思想的主流就是以苏格拉底的热忱、柏拉图的洞察力和基督教的信仰来恪守"理性的信念的。② 正是这种激情和热忱，支撑着古往今来的哲人执着地探索真理，牵挂生民。而"路漫漫其修远兮，吾将上下而求索"也就成为了一切伟大哲学家的真实写照。

当然，哲学追求智慧的激情也是与我们生活中的激情不一样的。在生活中，我们理解的激情是一种激动的情绪、亢奋的心情，往往表现为夸张的动作和语言。正如哲学的爱是温和、理性的爱 Philia，而不是出自本能的爱 Eros，哲学的激情无关风月、无关时尚，是深沉和冷静的，而非肤浅的兴奋与不能自已的狂热。

在戏剧史上，有一个真实的故事每每为人津津乐道：美国著名演员威廉·巴支在一次演出莎士比亚的名剧《奥赛罗》时，以精湛的演技将剧中人物雅果的卑劣无耻性格刻画得惟妙惟肖，令台下的观众对这一人物形象痛恨得咬牙切齿。当台上演到奥赛罗误中雅果的诡计而将苔丝德梦娜掐死时，台下的一位军官怒不可遏，竟开枪打死了正在扮演雅果的威廉。当军官明白这只是剧院演出时，悔恨交加，当场自杀身亡。人们将这两位戏剧艺术的牺牲者合葬在一起，并在墓碑上写下："最理想的演员与最理想的观众"。无独有偶，中国著名演员陈强在延安时期也因为扮演恶霸地主"太像"而差点儿被愤怒的士兵枪击！也许，对于戏剧艺术而言，这样的演员和观众是无上成功的。但对于哲学来说，这决不是理想的，哲学的激情决不是这样的激情。

---

① 《马克思恩格斯全集》第1卷，人民出版社1995年版，第459—460页。
② ［美］罗兰·斯特龙伯格：《西方现代思想史》，中央编译出版社2005年版，第6页。

尼采曾经说："智慧最重要的特性是，它使人不必受'一时'的支配。因此，它并不具有'新闻价值'。使人能够以同样的坚定面对一切命运的狂风暴雨并在任何时候都不离开他乃是智慧的使命所在。"① 马克思也曾将哲学与新闻进行比较，他指出，"哲学同报纸那种反应敏捷、纵论时事、仅仅热衷于新闻报道的性质形成鲜明对照……哲学就其性质来说，从来不打算把禁欲主义的教士长袍换成报纸的轻便服装。"② 海德格尔则认为："要是哲学变成了一种时尚，那就或者它不是真正的哲学，或者哲学被误解了，被按照与之无关的某种目的误用于日常生活需要。"③ 放眼我们身边，衣着时尚便装、充满魅惑的"哲学"大行其道，但潮起潮落后的沉淀终将证明，这些过眼的泡沫都不是真正的哲学。

那么，哲学的激情是什么呢？哲学的激情可能是参透"生于忧患，死于安乐"后的"先天下之忧而忧"；也可能是"指点江山，激扬文字"的洒脱；还可能是"自反而缩，虽千万人，吾往矣"（《孟子·公孙丑上》）的勇气。马克思说："批判不是头脑的激情，它是激情的头脑。"④ 意思是说，在哲学及其批判看来，激情是为理性的头脑服务的。帕斯卡尔认为，"激情是有冷有热的；而冷也像热本身一样显示了激情的热度的伟大"⑤。哲学无疑是一种冷静的激情！哲学冷静的激情总是能在众人皆醉时保持一分难得的清醒，在进退维谷时明辨方向，在"山重水复疑无路"时，把人指向"柳暗花明又一村"。哲学智慧的激情超越了浮躁，真正做到了"任凭风浪起，稳坐钓鱼台"。当然，正如大智若愚一样，冷静的激情也有可能被一般人看成是冷酷无情。

四 智慧的生存境界

人的基本状态就是在世，但每个人在世界上活出的境界是不一样的。境界反映着人对事物了悟和对自身觉悟的程度。例如众所熟知的王国维谈

---

① ［德］尼采：《哲学与真理》，上海社会科学院出版社1993年版，第136页。
② 《马克思恩格斯全集》第1卷，人民出版社1995年版，第219页。
③ ［德］海德格尔：《形而上学导论》，商务印书馆2005年版，第10页。
④ 《马克思恩格斯选集》第1卷，人民出版社1995年版，第4页。
⑤ ［法］帕斯卡尔：《思想录》，商务印书馆1985年版，第160页。

为学的三境界说：第一境界是"昨夜西方凋碧树，独上高楼，望尽天涯路"；第二境界是"衣带渐宽终不悔，为伊消得人憔悴"；第三境界是："众里寻她千百度，蓦然回首，那人却在灯火阑珊处"。事实上，为人如为学，也有境界之分。何谓为人？为人即是处世，处世就是在世界中与世界的人和事打交道。为人处世的境界，乃是人们在修养、学识、道德和智慧上所达到的高度和水平，是指心灵超越所达到的一种境地。用冯友兰的话来说就是，"人与其他动物不同，在于当他做什么事时，他知道自己在做的是什么事，并且自己意识到，是在做这件事。正是这种理解和自我意识使人感到他正在做的事情的意义。人的各种行动带来了人生的各种意义；这些意义的总体构成了我所称的'人生境界'"①。人生境界潜藏于人的思想意识，外化为人的言语行动，表现为处世的方式方法。境界的差异因之体现为对待世界的态度和方式上的差异，也就是处理人与自然、人与社会（他人）、人与自身关系的态度和方式上的差异。

　　孔子自况："吾十有五而志于学，三十而立，四十而不惑，五十而知天命，六十而耳顺，七十而从心所欲，不逾矩。"（《论语·为政》）庄子曰："天地与我并生，万物与我为一。"（《庄子·齐万物》）这些都是人生境界的体现。冯友兰提出著名的人生四境界说在中国具有广泛的影响。他认为，人生的第一境界是自然境界，处在这样境界中的人，按照本能和社会习俗生活，有如儿童或原始人，对生活无自觉、无追求，也无所谓意义；第二境界是功利境界，人对自己有所认识，但他们行为的最终目的就是为了自己的利益；第三境界是道德境界，人意识到自己是社会的成员，他们能够处处为社会着想；第四境界是天地境界，处在这样境界中的人不仅意识到自己是社会的成员，而且是宇宙的成员；他们并不做与众不同的事，而是能够在日常生活中对人生意义有彻底清醒的领悟。在我们看来，这就是孔子"从心所欲，不逾矩"的境界，就是庄子"乘物以游心"（《庄子·人世间》）和程颢"廓然大公，物来顺应"（《定性书》）的境界。冯友兰强调，哲学的学习和研究就在于帮助人达到第三境界尤其是第四境界，天地境界尤其可以称为哲学境界——牟宗三甚至这样传神地摹状

---

① 冯友兰：《中国哲学简史》，新世界出版社2004年版，第298页。

了这一境界的感受:"骨肉皮毛,浑身透亮,河山草树,大地回春。"① 听来的确玄妙!

丹麦哲学家克尔凯郭尔认为,每个人都是生而自由的,不同的人生态度和自由选择就会形成不同的人生境界。他把人生境界区分为三:第一境界为审美境界,其特点是人的生活为感觉、冲动和情感所支配,个人沉溺于感性的享乐生活,甚至是粗鄙的肉欲,是一种沉沦的境界;第二境界为伦理境界,其特点是人的生活为理性所支配,克制情欲,遵守道德规范,甚至为崇高理性而自我牺牲;第三境界为宗教境界,其特点是生活为信仰所支配,既超越了世俗、享乐,也超越了普遍道德规范与义务,是作为他自己而存在,直接面对的是上帝。在同时是神学家和哲学家的克尔凯郭尔看来,哲学就是帮助人进入信仰支配的宗教境界,以从沉沦中获得拯救。

不同的哲学家和哲学流派所谓的智慧境界有所不同,但是既然哲学是现世的智慧,是以一种有限的方式去把握无限的世界,那么哲学所追求的必然是一种人与世界的贯通。中国哲学称为天人合一,西方哲学称为自由。黑格尔曾经说:"哲学的最后的目的和兴趣就在于使思想、概念与现实得到和解。哲学是真正的神正论,不同于艺术和宗教以及两者所唤起的感情,——它是一种精神的和解,并且是这样的一种精神的和解,这精神在它的自由里和它的丰富内容里把握住了自己的现实性。"② 这是一种极高的境界,从事哲学学习和研究的人往往只能"法乎上,适得其中"。冯友兰曾经讲过这样一个故事:古代有一个国王,丢了一张心爱的弓,很沮丧。他的一位大臣劝慰道:率土之滨,莫非王土,您的弓是掉在自己的国土上,不是丢了,所以您不用伤心。冯友兰认为,这位大臣的话很对但还不够,即使国王的弓没有掉在自己的国土上,这张弓也没丢,因为它存在于天下!这个故事真的引人遐思!所谓哲学是爱智慧、追求智慧的学问,在这个意义上也就是爱智慧的境界、追求智慧的境界的学问。天地之境必然要从"我"变成"我们",从国家"公民"变成宇宙"天民",关注于"平天下"。有对这种智慧境界的追求,我们才能不断地提高和完善自己。

哲学是追求智慧的行动,哲学的智慧也只有在磨炼中才能获得。俗话

---

① 牟宗三:《生命的学问》,广西师范大学出版社 2005 年版,第 14 页。
② [德] 黑格尔:《哲学史讲演录》第 4 卷,商务印书馆 1997 年版,第 372 页。

说：熟能生巧。聪明不是天赋的，智慧也不在于能背诵几句与众不同的格言，真正的智慧饱含着丰富的人生阅历，是人生实践的结晶。同一句话，例如"人活着真不容易啊"。一个两三岁的孩子和七八十岁的老人都能说出来。但是，小孩说的会让人觉得滑稽，甚至毛骨悚然；而老者说出，我们会觉得语重心长、意味深长。区别在哪儿？就在于生活的历练。黑格尔就说：

> "老人讲的那些宗教真理，虽然小孩也会讲，可是对于老人来说，这些宗教真理包含着他全部生活的意义。即使这小孩也懂得宗教的内容，可是对他来说，在这个宗教真理之外，还存在着全部生活和整个世界……意义在于全部运动。"①

众所周知的中国四大名著之一的《西游记》，描述了唐僧师徒四人历经九九八十一难才取得真经，修成正果的故事。其实，他们所取之"经"似乎理解为"经历"更好！只有有了九九八十一难的经历，才能真正读懂和领悟《经书》。经历中的挫折更是增益智慧的契机，正所谓"吃一堑，长一智"。马克思曾经说，哲学是很懂得生活的。这首先表明，哲学是来源于生活的，哲学的境界也必须经由生活的锻造才能达到，不是光凭书本和理论就可以的。

领悟智慧的生存境界也需要一定的哲学修养。没有哲学修养，经历再多的世事，也未必能悟出其中三昧。孔子曾经说："学而不思则罔，思而不学则殆。"《论语·为政》我们也可以说，经历而不反思、领悟就会迷失方向，浑浑噩噩。《周易》在论道时说，"仁者见之谓之仁，知者见之谓之知，百姓日用而不知，故君子之道鲜矣。"这就是说，哲学道理并不神秘，不同的人有不同的说法，老百姓天天在运用它却没有察觉到它，所以能真正达到智慧境界的人不多。黑格尔也有类似的思想："哲学的特点，就在于研究一般平时以为很熟悉的东西。一般人日常生活中，不知不觉间曾经运用并应用来帮助他生活的东西，恰好就是他所不真知的，如果

---

① [德]黑格尔：《小逻辑》，商务印书馆1980年版，第423页。

他没有哲学的修养的话。"① 海德格尔在其《林中路》的扉页上意味深长地写道：

"林中有路。这些路多半突然断绝在杳无人迹处。这些路叫做林中路。每人各奔前程，但却在同一林中。常常看来彼此相类。然而只是看来仿佛如此而已。林业工人和护林人认得这些路。他们懂得什么叫作在林中路上。"②

可见，哲学修养是达到智慧境界的重要条件。在此意义上说，进行哲学的学习和训练对于每个人都是十分必要的。金岳霖（1896—1984）曾经说过："哲学家终身持久不懈地操练自己，生活在哲学体验之中，超越了自私和自我中心，以求与天合一。十分清楚，这种心灵的操练一刻也不能停止，因为一旦停止，自我就会抬头，内心的宇宙意识就将丧失。因此，从认识角度说，哲学家永远处于追求之中；从实践角度说，他永远在行动或将要行动。"③

相对而言，中国哲学更为自觉地强调哲学家的自我修养。汉语中"智慧"的"慧"有另一种解释，说它从"彗"从"心"，本来就是用扫帚拂去俗尘以清心静虑的意思——这让人想起唐代高僧神秀（606—706）的那两句诗："时时勤拂拭，莫使惹尘埃"。注重自身修养是中国古代儒释道三家共同的特点。作为中国哲学典型代表的儒家哲学把诚意、正心、修身、养性作为达到"内圣"境界和完成齐家、治国、平天下之"外王"的前提。而且，在自身修养中，儒家强调"知止而后定，定而后能静，静而后能安，安而后能虑，虑而后能得。"（《大学》）就是知道应该达到的境界才能志向远大，志向远大才能镇静自若，镇静自若才能心安理得，心安理得才能思虑周详，思虑周详才能有所收获。止、定、静、安、虑，循序而进，稳打稳扎，才能觉悟。佛教更强调"戒""定"而后"慧"，即防止从言行到思想的过失，摒除杂念、专心致志，才能获得智慧的

---

① ［德］黑格尔：《哲学史讲演录》第1卷，商务印书馆1997年版，第25页。
② ［德］海德格尔：《林中路》，上海译文出版社1997年版，扉页。
③ 转引自冯友兰：《中国哲学简史》，新世界出版社2004年版，第9页。书中交代，这段话引自金岳霖一篇未发表的论文。

解脱。

不过，智慧的生存境界并不是高高在上、正襟危坐和板着面孔的。《中庸》以孔子的口吻说："道不远人。人之为道而远人，不可以为道。"荀子（公元前325—前238）也说过："道者，非天之道，非地之道，人所以道也。"（《荀子·儒效》）庄子甚至有云：道在矢溺（屎尿）。这实在是为了强调"道不远人"啊！当苏格拉底认识到"我的朋友不是城外的树木，而是城内的居民"时，他也就接近了"认识你自己"的主体智慧。我们可以理解为，真正的智慧是不会疏远和脱离人及人的生活的，如果人们为了追求智慧而疏远和脱离了人及人的生活，他就不可能追求到真正的智慧。德国哲学家雅斯贝尔斯认为，学习哲学有三个层次，首先是学习哲学知识；其次是进行哲学式思考；最后是把哲学思考转化为日常生活，把通过哲学领悟的个人抱负与社会理想作为平常的生活准则。他还指出，"唯有当我们同时与世界融为一体时，我们才是能独立的。我们不能通过抛弃世界的方法去达到独立。事实上，这个世界之中的独立意指一种对待这个世界的特定的态度：既要在它之中，又不在它之中；既要在它之外，又要在它之内"①。

《明史》记载：一个叫杨黼的人，曾经告别老母亲跋山涉水去寻有名的大师求佛。路上遇到一个老和尚对他说，见大师不如去见活佛。他忙问活佛在哪里。老和尚说，你只要星夜赶回家，敲门，会有个披着被子、倒穿鞋子的人出来开门，那个人就是活佛。他赶回家敲门，果然有个人披着被子、倒穿着鞋子匆匆忙忙出来开门，那就是他的母亲！这个故事就揭示了智慧的生存境界的本真状况。雅斯贝尔斯以箴言的方式总结道：

"一知半解的哲学使人远离现实，完整的哲学使人趋向现实。半截的哲学，可以导生当代人归咎于哲学的那些后果，可以使人分心外骛……并且可以使人丧失现实。完整的哲学，由于能控制上述种种可能，所以本质上使人思虑内集，在这种内心行动中，人将分有现实，因而人才真正成为他自己。"②

---

① ［德］卡尔·雅斯贝尔斯：《智慧之路》，中国国际广播出版社1988年版，第81页。
② ［德］卡尔·雅斯贝尔斯：《生存哲学》，上海译文出版社2005年版，第88页。

哲学智慧说到底是人生的智慧，是人生的实践智慧，是生活之道。真正的智慧往往是在平常中领悟到神奇，怀着平常的心，却有着异常的思、高明的悟。生活在凡俗之世，却处于高尚的境界。这也就是儒家所说的"极高明而道中庸"——亚里士多德也告诫我们：像常人那样说话，像聪明人那样思考。这才是真正的哲学之境、智慧之境。哲学并不满足于生活的自然呈现，受普遍性问题的诱惑，哲学一定会走上一条不断上升的路。同样，哲学智慧决不会满足于抽象的思辨，基于对"生民"的牵挂，真正的哲学最终要走一条下降的路。再高深的哲学最终都必须回归于人的现实的日常生活。当然，这种回归是经由思想之后的辩证回归。唯有如此回归，庶几可以"从心所欲，不逾矩"，可以渐次臻于天地之境。

思考：

  1. 如何理解知识与智慧的关系？

  2. 如何看待关于哲学有用与无用的争论？

  3. 哲学也可能包含激情吗？哲学的激情是什么样的激情？

  4. 真正的哲学与日常生活应该是一种什么样的关系？

  5. 结合冯友兰的人生境界说，反思一下自己所处的境界，并思考自己的努力方向。

第三讲　哲学是思想的功夫

哲学是追求智慧的行动，但对于很多哲学家来说，他可能读万卷书，却未必行万里路。例如，被奉为"典范"式哲学家的康德，他一生都没有离开过他出生的德国小镇柯尼斯堡（今俄罗斯加里宁格勒）。在不少人看来，哲学往往有闭门造车、书斋气质的嫌疑，其所论述的东西好像总是与现实格格不入。在现代社会中，我们也倡导学习哲学、研究哲学的人们要多多深入实际。但是，我们必须注意到，哲学是以思想的方式把握世界的，"哲学在用双脚立地以前，先是用头脑立于世界的"①。就哲学而言，追求智慧的行动首先体现为一种慎思明辨、穷根究底的思考，哲学的力量从根本上乃是思想的力量。古希腊哲学家德谟克利特早就告诉我们，智慧之首义就在于很好地思考。在此意义上，哲学作为智慧之学也是教人如何思考的学问，或者更正式点，它是关于思维及其运用的学问。恩格斯（F. Engels，1820—1895）就认为，哲学是关于思维及其规律的学说；一个民族要想站在科学的最高峰，就一刻也不能没有理论思维，为了发展和锻炼这种理论思维，除了学习哲学没有别的办法。因此，学习哲学、思考哲学、运用哲学，乃至创造哲学都是一门特殊的功夫——思想的功夫。

一　以思想的方式把握世界

人是地球上"最美的花朵——思维着的精神"（恩格斯语）。人和世界上的万事万物有着许多差别，而人能够思想无疑是人和万物差别的根本之点。在茫茫的宇宙之中，地球是到目前所知的唯一存在智慧生命的地方。人类的出现不过是三、四百万年前的事情，此前的宇宙并没有绽放出

---

① 《马克思恩格斯全集》第1卷，人民出版社1995年版，第220页。

精神的花朵。中国古人曾说："天不生仲尼，万古如长夜。"（《朱子语类卷九十三》）我们也可以说，宇宙中若没有人类，就是一个死寂、没有意义的世界。人类出现，宇宙特别是地球才被赋予了灵气，有了丰富多彩的无限可能。人类在宇宙的背景下，在地球的舞台上，上演着无数威武雄壮的活剧，创造了众多灿烂辉煌的文明。而这一切的一切，虽然不排除一小部分源于与动物无异的本能活动，但绝大部分都是思想指导下的产物，人们对事物的看法、想法决定着人们的说法、做法，最终决定着人们的活法。西方哲学家喜欢把人定义为"理性的动物"，而"理性"首先或核心含义就意味着有思想、能思想。亚里士多德说过："人心若无所思，则与入睡何异？也就无从受到尊敬。"[1] 帕斯卡尔直接点明：人的全部尊严来自思想。哲学家笛卡儿（R. Descartes，1596—1650）说："我思故我在。"不论其具体的推理如何，这个结论本身就很有启发意义。那就是思想、思维是与人的存在同一的。所以，作为一个人，"我们要努力好好地思想，这就是道德的原则"[2]。换言之，不好好思想的人是不道德的人，不是真正意义上的人。

哲学专门从事思想的工作

就思想最广泛的意义上说，人人都是思想着的存在物，所有的学科也都内在着思想的工作，并在一定程度上锻炼着我们的思维。然而，哲学是专门从事思想工作的。如果说，哲学思想、思维比一般的学科更深刻的话，那是"因为专业，所以卓越"。大哲学家黑格尔曾经说："哲学可以定义为对于事物的思维着的考察。"而哲学对于其他科学的重要意义就在于"哲学赋予科学内容以最主要的成分：思维的自由（思维的先天因素）。"[3]

古希腊哲学家毕达哥拉斯认为，就像有三种人参加当时的奥林匹克运动会一样，现实生活中的所有人都可以归为三类：第一种是那些做买卖的人；第二种是参加比赛的人；最后一种是那些只来观看的人们，也就是字

---

[1] ［古希腊］亚里士多德：《形而上学》，商务印书馆1996年版，第253页。
[2] ［法］帕斯卡尔：《思想录》，商务印书馆1985年版，第158页。
[3] ［德］黑格尔：《小逻辑》，商务印书馆2003年版，第38、54页。

面意义上的理论家，引申为哲学家。在现实生活中，有人追求利润，有人追求荣誉，而哲学家却致力于观察与沉思。毕达哥拉斯认为第三种人是最高等级的人，是"无所为而为"的真正的哲学家。其实，"理论"（theory）一词源于古希腊动词 theatai，意即注视、观看，也是剧场（theatre）一词的词根。人们都在世界中存在，哲学家也不例外，但哲学家以思想的方式在世界中旁观这个世界。哲学家总是致力于思想、思维，与现实保持着一定的距离——这一点也成为哲学及哲学家饱受诟病的重要原因。因为，哲学总是预设着这样的思想前提，即人们在日常生活中感觉到的现实（实际）并不一定是真正的现实（真际），眼见未必为实，耳闻未必是真，真正的现实不是赤裸裸的，往往是被掩盖着的，是需要借助人的思想才可能把握到的，哲学所谓的现实一定是思想把握到的现实。正如雅斯贝尔斯指出的：

"现实只有通过思维这一内心行为才能被找到。在一切事实里运用这种思维，都为的是要超越它们而达到真正的现实……把这种思维按照方法步骤加以客观化，这就是哲学。"[①]

古希腊哲学家柏拉图曾经是艺术家、诗人，甚至是一名优秀的奥林匹克运动员，最初对哲学毫无兴趣。但当他遇到了后来的老师苏格拉底后，就焚毁了全部诗稿，义无反顾地献身于哲学，最终他成为著名哲学家。为什么会这样呢？也许他老师的言行可以作为一种参照性的解释。苏格拉底被囚禁时曾要求获得和奥运优胜者一样的免费三餐，理由是"那些人给你们的是成功的幻影，而我给你们的却是现实。"也就是说，在苏格拉底看来，真正的现实只有通过哲学思想才能获得，人们平常看到的那些所谓"现实"恰恰是不真实的幻影。柏拉图的"洞穴隐喻"（参见第八讲相关内容）与他老师的观点是一致的。事实上，强调只有思想才能把握真正的现实的思想在西方可以追溯到巴门尼德（Parmenides，约公元前 515—前 450）。他认为，凭感觉把握到的都是现象，形成的观点只能是意见；而凭借思维把握到的才是真实的存在，形成的观点才是真理。

---

① ［德］雅斯贝尔斯：《生存哲学》，上海译文出版社 2005 年版，第 12 页。

哲学家黑格尔有一句名言被广泛引用以作为很多人或事的庸俗辩护，那就是"凡是现实的都是合理的"（Was wiklich ist, das ist vernünftig. 往往被简化为"存在即合理"）。其实，黑格尔认为，只有在庸人的生活中，一切存在的才都是现实的，而在哲学家看来，庸人所谓的现实不过是现象世界，现象世界与现实有着重要的差别，现实的东西仅仅属于同时是必然性（合理）的东西。因此，黑格尔还说过一句话：凡是合理的都是现实的。为什么只有哲学家才能把握这种合理的、必然性的现实？因为只有哲学家以思想的方式——而不是以感觉的方式——把握现实。佛教中的禅宗甚至认为，不仅世界上的一切事物是虚幻的，而且人们的一切认识，甚至包括佛法都是一种假借的概念或名相，都不是现实的，人们只有在禅思（佛教意义上的哲学思考）中才能破除执着的名相，达到最高的真理。

　　哲学与现实、思想与生活的关系需要一个准确的把握。从哲学的诞生来看，哲学无疑是源于人们的现实生活的；从哲学的最终功用来看，哲学智慧也必须贯彻到人们的现实生活中去。确如黑格尔所言："哲学的内容就是现实"，"哲学与经验的一致至少可以看成是考验哲学真理的外在的试金石。同样也可以说，哲学的最高目的就在于确认思想与经验的一致，并达到自觉的理性与存在于事物中的理性的和解，亦即达到理性与现实的和解。"[①] 在此意义上，我们才能更好理解古罗马哲学家西塞罗（M. T. Ciceron，公元前106—前43）的格言："哲学！人生之导师，至善之良友，罪恶之劲敌，假使没有你，人生又值得什么！"我们才能很好理解马克思所谓哲学不是现实世界之外的遐想，而是现世的智慧。但是，我们必须注意到，与关注现实的一般学问不同，真正的哲学却往往是以一种看似背离现实生活的方式来关注现实生活的。现实生活非常复杂，身处其中，往往给人一种"不识庐山真面目，只缘身在此山中"或"当局者迷"的感觉。只有与现实生活保持一定的距离，才能真正把握现实生活。距离不仅产生美，而且使你获得真实。正如哲学家雅斯贝尔斯认为的那样，哲学看来好像是一种无效的和骗人的思维，它在任何地方都不给人以"那个"现实。但"思想是从昏暗的起源到现实的过渡……思想之所以有意义，完全是由于它具有阐明的、导致可能的作用，由于它具有内心行为的

---

① ［德］黑格尔：《小逻辑》，商务印书馆2003年版，第43页。

性质，由于它具有召唤现实的魔力。"① 哲学与现实生活保持距离不是指内容，而是指方法，哲学直接地是以思维的方式来干预现实生活的。

值得强调的是，哲学与世界、思想与生活保持距离决不意味着一种麻木甚或轻佻。相反，作为对智慧的"爱"和"追求"，哲学意义上的思想是热烈而不带偏见的探询，以对思想对象的诚敬、感激为前提。《圣经》中强调，"敬畏耶和华是智慧的开端。"（《箴言》9：10）；孔子认为君子"三畏"首要的是"畏天命"。对于哲学而言，这些思想蕴含的合理性在于，思想对于所思对象应予尊重，思想本身也当庄重，哲学就其本性是一项严肃的活动。这种庄重和严肃要求思想者要以赤诚无妄的态度面对世界。中国儒家思想就把真诚作为人面对世界、修身养性的根本："诚之者人之道也。"（《中庸》）哲学家尼采以查拉图斯特拉之口强调"要保持对大地的真诚"。海德格尔则通过词源学的考证指出，思想（think，德文 gedanke）与感谢（thank，德文 danke）在词源上是一致的。这就意味着，真正的思想都趋向于对存在的感激，真正的思考某事物首先意味着去尊重它，向它致敬。对我们所在所思的世界进行无原则的调侃、戏谑甚或冰冷地漠然置之，这都不是真正的哲学和思想的态度。

哲学是思维领域的奥林匹克运动

人并不能完全拥有智慧，而只能对智慧进行不懈的追求。同样，人的思想、思维尽管试图保证我们"做正确的事和正确地做事"，但也始终不会有那么完美，哲学也从来不保证自己不犯错误。西方有句谚语：人类一思考，上帝就发笑。人类思想、智慧之永远不完美，这是注定了的！那么，哲学专门从事思想的工作究竟有什么意义呢？

现代社会的人都很重视奥林匹克运动会，各国都一度争相申办，以能承办奥运会或在奥运会上获得金牌为巨大光荣。但是，奥运项目的竞赛对于国家中的每一个人究竟有什么实际的意义呢？一个国家的运动员获得了跳高冠军，并不意味着这个国家的人都能跳这么高，而且在现实生活中的起重机、电梯早就可以帮助人们轻易地升到想要的高度。但是我们说，奥运竞赛依然是有意义的，诸如促进文化交流、增进世界和平之类的，但其

---

① ［德］卡尔·雅斯贝尔斯：《生存哲学》，上海译文出版社 2005 年版，第 83 页。

根本意义就在于它是向着人类的体能技巧的极限进行挑战，表明人类在体能技巧上究竟能达到什么样的程度。哲学作为一种行动，首先是思维领域的奥林匹克运动。在一般人看来，哲学的思考是那么得虚无缥缈、不切实际，但它至少有一种作用，那就是向着人类思维的极限进行挑战，表明人类在思维上究竟能达到多么智慧的程度。确如雅斯贝尔斯说的，"思想是人类存在的开始……但哲学思想开始于理性知识的极限……哲学向理性知识的极限推进……哲学家则对显露于那些极限上的不可知的事物保持开放"[①]。如果我们假定完美的智慧不在人间，那么哲学的思维就是试图无限接近完美智慧的"通天塔"！人的全部尊严来自思想，人的强大其实不是体现在体能技巧上，而在于他的思维。所以，在某种意义上，作为以思想的方式追求智慧的行动的哲学比追求体能技巧极限的行动的奥林匹克运动更为重要、更为根本。

问题在于，一方面，"一个时代既把一倏即逝的东西与用两手抓得到的东西认为是现实的，它就难免认为追问是'对现实陌生的'，是值不了多少的东西"[②]。这样的时代在历史上并不少见，而当今时代尤其如此。更重要的是另一方面：

"时代的艰苦（现代社会则是感性的诱惑——引者注）使人对于日常生活中平凡的琐屑兴趣予以太大的重视，现实上很高的利益和为了这些利益而做的斗争，曾经大大地占据了精神上一切的能力和力量以及外在的手段，因而使得人们没有自由的心情去理会那较高的内心生活和较纯洁的精神活动，以致许多较优秀的人才都为这种艰苦环境所束缚（现代社会则是为优越环境所诱惑——引者注），并且部分地被牺牲在里面。"[③]

因此，精神、思想上的深刻、认真态度既是难能可贵的，也是哲学的真正基础。"哲学所要反对的，一方面是精神沉陷在日常急迫的兴趣中，

---

① ［德］卡尔·雅斯贝尔斯：《智慧之路》，中国国际广播出版社1988年版，第88—89页。
② ［德］海德格尔：《形而上学导论》，商务印书馆2005年版，第205页。
③ ［德］黑格尔：《哲学史讲演录》第1卷，商务印书馆1997年版，第1页。

一方面是意见的空疏浅薄。"① 精神、思想可以把人与万物区分开来，而精神、思想上的深刻则需要哲学的功夫。

　　如同向着人类体能极限技巧进行挑战的体育、武术（在现代社会，武术被纳入了体育）必须练功一样，深刻地思想也需要专门的训练。哲学在此意义上就是一门思想的功夫。当然，思想的功夫不存在什么"秘笈"，甚至可以说是"法无定法"。但是，一些基本的思想功夫，或者说基本的思维方法是可以言说和掌握的。掌握了这些基本方法之后，一个人的哲学思维水平的高低就完全取决于自己是否"下功夫"以及领悟能力如何了。正所谓：师傅领进门，修行靠个人。

二　思维的一般方法

　　与一般的思想、思维不同，哲学是最为"条理化的思想"（雅斯贝尔斯语）。将思想条理化乃是一门功夫。正如武术练功有基本功一样，思想的功夫也有一些基本的要领。这些基本功、基本要领是进入哲学之思的门槛与准备，也是受用始终的思想技能与方法——黑格尔曾经说：思维是哲学的仪器与工具。武术中讲"练拳不练功，到老一场空"。在生活中，我们也会发现有些人把哲学看得过于空灵，以为凭借几句名人名言或感悟几句所谓的"心灵鸡汤"就可以来"做"哲学了。其实，没有基本功底的哲学状态充其量是摆了几个思想或智慧的 pose，可能很漂亮，也很吸引眼球，但最终不过是花拳绣腿，与真正的哲学相去很远。

　　概念、判断、推理

　　逻辑思维是哲学透过现象看本质的最普遍、最根本的方法，进入哲学思想首先要进行逻辑上的准备。严复（1854—1921）认为，逻辑是"一切法之法，一切学之学"（《穆勒名学》）。甚至，在罗素等分析哲学家们看来，哲学的本质就是逻辑，哲学的主要任务就是进行逻辑分析。黑格尔认为，当人类摆脱直接性的朴素精神生活时，"首先是力图得出关于事物的一般思想，同时又不忘记给出理由来支持或否定它，按照它的各种各样

---

① ［德］黑格尔：《小逻辑》，商务印书馆 2003 年版，第 32 页。

的规定性去理解它的具体和丰富的内容,并且知道如何对它作一个连贯的、有条理的记述和合理的判断。"① 尽管这已经成为人类的日常思维方式,但就其本质和完整的意义而言,乃是哲学的功夫。换而言之,就整个哲学而言,最起码的逻辑功底或思想功夫"就是人在脑子中运用概念以作判断和推理的工夫"②。

概念(范畴)是任何哲学体系、思想观念的基本单元。概念赋予我们的经验感觉以形式,也把我们的感觉经验组织起来,这样,我们的经验就变成可以标识、区别和表达的了。"我们之所以能够看到或听到具体的人或物,而不是像透过一个焦距没有对准的摄影机那样看到一团模糊的世界,就是因为依靠了概念。"③ 其实,人们认识世界都需要借助概念,只不过哲学更为倚重它罢了。黑格尔曾经说:"哲学乃是一种特殊的思维方式——在这种方式中,思维成为认识,成为把握对象的概念式的认识。"④ 非理性主义哲学家尼采则以嘲讽的口吻揭示了概念对于哲学,乃至整个人类认识的作用。他说:

"正像蜜蜂一边筑造蜂房一边向里面灌蜜一样,科学也在概念的伟大骨灰陈列所即知觉的墓地中忙个不停,不仅总是在修葺整理旧墓室和建造更高层次的墓地,而且还特别努力填充这一巍峨的构架,在其中安排整个经验世界也就是拟人化世界。"⑤

如果我们不太恰当地把哲学比喻为一座大厦的话,概念无疑就是垒起这座大厦的砖块。或者说,哲学就是要运用概念在人们的头脑中重建一个世界,甚至构造出一个新的世界。很多初学者一开始感到挠头的就是难以理解的哲学概念。实际上,哲学史上很多聚讼纷纭的哲学争论往往起于对一些概念的不同理解,而走向问题的解答也总是把概念的澄清作为基础工

---

① [德]黑格尔:《精神现象学》(一),中国社会科学出版社2007年版,序言第9页。
② 《毛泽东选集》第1卷,人民出版社1968年版,第262页。
③ [美]罗伯特·所罗门:《大问题:简明哲学导论》,广西师范大学出版社2004年版,第15页。
④ [德]黑格尔:《小逻辑》,商务印书馆2003年版,第38页。
⑤ [德]F. W. 尼采:《哲学与真理》,上海社会科学院出版社1993年版,第111—112页。

作。因此有人干脆说：哲学就是玩弄概念的学问。这话多少有些对哲学的揶揄，但确实提醒我们，概念的正确运用对于哲学思考来说实在是太重要了。哲学思维做的很多工作就是概念澄清的工作。因此，准确地掌握基本概念是学习哲学最基本的前提；准确建立和清晰表达概念则是进行哲学思考最基本的功夫。

运用概念对事物的性质、状态、关系及规范有所断定的思维形式就是判断。在生活中，只有当人们对有关事物能够作出正确、深刻的判断时，我们才可能说正确、深刻地认识了该事物。哲学之所以是必要的，在很大程度上是人们处于一种不确定的认识状况（无知）下追求一种正确、深刻的判断的需要。哲学思维通过判断告诉人们事物是什么（性质）、怎么样（状态）、为什么（关系），更重要的是告诉人们应该怎么样（规范）。如果说概念借助语言表达出来是语词的话，判断借助语言表达出来就是语句。在我们头脑中留下深刻印象的一些哲学观点、名言都是一个判断的语句。例如，"存在就是被感知"；"道可道非常道"；"凡能说清楚的都能说清楚，凡不能说清楚的就应该保持沉默"；等等。可见，如何做出正确、深刻的判断是思想功夫中十分重要的一环。

判断形成观点，问题在于人们往往还要追问这一观点是否正确，是否"站得住脚"。尤其是在一个思想多元、观点差异性很强的时代，人们走进"思想超市"，面对琳琅满目的由各种观点或判断组成的"思想商品"，必须进行优劣的比较。对于思想观点来说，其优劣的区分重要的是看其合理性的程度。换言之，任何一个判断、观点都应该提供得出这一判断、观点的理由，其实也就是展示你得出这个判断的推理、论证过程。当然，推理、论证自身又是以一定的已知的判断为前提的。也就是说，推理、论证过程就是从已知判断推出新的判断的过程。相对而言，作出一个判断，得出一个观点是比较容易的，难的是能运用推理、论证以充足的理由证明自己判断、观点的正确。哲学的深奥往往不在于结论，而在于达致简洁结论的烦琐论证。就哲学的逻辑思维而言，论证是最为关键的。我们看到的那些哲学体系，不过是哲学家们的无数个论证、推理组成的思想体系。要理解这些思想体系，困难不在于记住其观点、结论，而是理解这些观点之间的关系，即推理、论证。而对于一个有志于从事哲学研究的人来说，掌握推理、论证的功夫是表述自己思想、智慧的不二法门。

推理的基本方法

进行思维推理有很多方法，最常见、常用的逻辑思维方法就是归纳与演绎、分析与综合。

归纳是从个别事实概括出一般结论的一种思维方法。归纳方法是一种扩大知识、发现真理的基本方法。每门科学在建立之初，都要依靠归纳方法积累知识，从已知推出未知，从过去推出未来，从个别推出一般。对于哲学来说，归纳推理也十分重要，因为哲学不仅要面向世界进行抽象，而且往往要对其他具体科学、学科的知识进行概括与总结，以得出一些普遍性的结论。当然，归纳往往是不完全的，本质上是一种或然性的推理，它的结论不一定可靠，对此应有充分的认识。例如，我们看到很多地方的乌鸦是黑色的，因此就得出结论：天下乌鸦一般黑。这就是一个典型的归纳推理。但是，科学家们在澳大利亚和我国新疆都发现了白色的乌鸦！

演绎是从一般原理推论出个别结论的一种思维方法。推理的前提是一般，结论是个别，前提和结论有着蕴涵关系。演绎是一种必然性推理，只要前提可靠，推理合乎规则，结论也一定是可靠的。演绎推理最典型的论证方式是三段论，由两个判断组成大前提、小前提，然后得出一个结论。例如，大前提：人都得吃饭；小前提：哲学家是人；结论：哲学家也得吃饭。这种方法通常是在人们已经获得了一定知识的领域里，以一般结论为依据，继续对尚未研究过或尚未深入研究过的具体事物进行研究。演绎推理是哲学中最普遍的推理方式，尤其是在西方哲学中，这是主流的推理方式。

分析是在思维中把思想的客观对象的整体分解为不同的组成部分、方面、特点和因素等，对它们分别加以研究的思维方法。综合就是在思维中把已有的关于客观对象的各个部分、方面、特性和因素的认识联结起来，形成关于对客观对象的完整认识的思维方法。客观事物一般都是具有多方面规定的复杂统一体，组成统一体的各个部分、方面相互联结着，并在同外界事物的相互作用中表现出丰富多彩的现象。弄清对象内部错综复杂的相互联系从而抓住它的本质联系，需要用分析的方法，在思维中把被考察对象的各个部分分别从整体中抽取出来加以研究。同时，事物是作为整体存在的，要获得关于认识对象的全面的知识，还必须把对象的各个部分、各个方面、各种特性按照其内在的、必然的联系联结起来，从整体上揭示出事物的本质和规律，这就是综合的作用。综合的目的就是把对象作为整体在思维中再现出来。简单地说，分析就是化整为零，综合就是合而为一。

如前所述，在推理中，如果只运用归纳推理或演绎推理都有不足之处：归纳推理往往归纳不完全，以偏概全，结论可能出错；演绎推理结论已经包含在大前提中，有些同义反复，未出新知。同样，只运用分析推理或只运用综合推理都是不够的。分析推理可能比较深刻，但也可能一叶障目而失之片面；综合推理可能比较全面，但也可能笼统混沌而有显肤浅。产生这些问题的根本原因是把相对的方法理解为简单对立、非此即彼的方法。在哲学史上的确有不少哲学家追捧、坚持其中一种推理方法，而贬低、反对另一种推理方法，因而导致了一些失之偏颇的严重问题。正是看到了这些问题，黑格尔、马克思、恩格斯等倡导一种辩证思维方法，把对象看成一个整体，认为要在关系、矛盾、运动、变化、过程中去进行思考、推理。例如，归纳与演绎其实是互相包含、相互过渡和互相补充的。同样，在辩证思维方法看来，分析和综合的关系也是如此。正如恩格斯指出的：

"归纳与演绎，正如分析和综合一样，是必然相互联系着的。不应当牺牲一个而把另一个捧到天上去，应当把每一个都用到该用的地方，而要做到这一点，就只有注意它们的相互联系、它们的相互补充。"[①]

缜密的逻辑思维往往被看成哲学的本质性的特征。但是，也有不少哲学传统、哲学家认为，逻辑思维并不是哲学思维的全部，而且逻辑思维有其局限性，即逐渐形成甚至沉湎于一种逻辑的技能、技巧，而遗忘了哲学自身追求境界、使人成为人的最终目的。所以，逻辑思维需要直觉思维的补充。直觉是人们在思维中直接对事物本质的接近和把握，它能够超越一般的推理、论证程序，一下子抓住事物或问题的根本和要害，事物的本质

---

① ［德］恩格斯：《自然辩证法》，人民出版社1971年版，第206页。

似乎是在人的思想中突然涌现出来一样。不立文字，直指人心。很多人认为这正是哲学最高智慧的表现。中国晋代的僧肇（374—414）曾这样描述佛教中的"般若"智慧："圣智幽微，深隐难测，无相无名，乃非言象之所得。"（《般若无知论》）在各种哲学传统中，中国哲学更加重视直觉的思维方式。冯友兰说他同意西人诺斯洛普的说法，在哲学方法上有从"公设的概念"开始的方法（即西方传统以演绎推理为主的哲学思维方法）和从"直觉的概念"开始的方法（即中国传统的哲学思维方法）之分，他分别称之为正的方法和负的方法。在不同哲学派别中，一些所谓的非理性主义更多强调直觉，认为直觉高于理性。例如生命哲学、现象学、佛教禅宗哲学等。尼采甚至把运用理性还是直觉看成是否能获得人生幸福的根据。他说：

"受概念和抽象指导的人通过抽象手段只能成功地避开不幸，而不能从这些抽象中得到任何幸福，当他追求最大可能的远离痛苦的自由时，直觉人却站在一个文化的中心，不仅获得了一种反对不幸的机制，而且已经从他的直觉收获了源源不断而来的启示、欢乐和拯救。"[1]

其实，很多理性主义的哲学体系也为直觉留下了地盘，柏拉图、亚里士多德、康德等哲学家的思想都是如此。

冯友兰很崇尚西方擅长的逻辑思维方法（正方法），但他也认为，完整的哲学都是以负的方法告终的，否则，它就不可能登上哲学的顶峰。直觉当然带来了某些神秘主义色彩，但"神秘主义不是和明晰思考对立的，也不是低于明晰思考，毋宁说，它是超越于明晰思考的。它不是反理性，而是超理性的"。不过，冯友兰也强调："在达到哲学的单纯之前，需先穿过复杂的哲学思辨丛林。"[2] 也就是说，逻辑思辨往往是直觉顿悟的基础，对于现代人而言尤其如此。确如有学者指出的，"在紧张的逻辑思维之后，直觉思维的能力就得到了展现。它产生一种勃发的、动态的顿悟境

---

[1] ［德］F. W. 尼采：《哲学与真理》，上海社会科学院出版社1993年版，第115页。
[2] 冯友兰：《中国哲学简史》，新世界出版社2004年版，第301、302页。

界,给人的思想灌注巨大的清新感和欢乐感,从而加速理性思维的运思,加大理性思维的流量;它使人们能够在问题丛生的杂乱中找到摆脱思维困顿的突破口从而明确前进的方向。一旦直觉思维的能力处在紧张的运思之时,它就会呈现出一种特别的境界。在此境界中,直觉思维能以一种直接、整体的方式领悟和体认周围一切的奥秘"①。

关于思维的一般方法与规律的研究本身就是哲学的一个重要学科领域,即逻辑学(Logic)。逻辑学的内容十分丰富。在我们进入哲学思考之前,了解和掌握(而不仅仅是知道)上述这些思维方法算是完成了思想功夫的"预备动作"与贯穿哲学思维全过程的最简单的"分解动作"。要掌握思维的各种"套路",一要进行专门的逻辑学学习与研究;二要在哲学学习与研究中细心地参照和领悟。

三 哲学思维的独特品质

伴随着哲学的发展与分化,哲学所探索出的思维规律已经为各个学科所共享。但是,哲学思维在具有思维方法的一般特点的同时,还保持着自己独特的思维品质。哲学本身不提供解决一切现实问题的现成答案,但却通过改变人们的思维方式而影响了一切问题的解决。哲学的思维方式与其他把握世界的思维方式有着根本的区别,哲学思维除了具有一般人们所说的整体性、抽象性、思辨性之外,更具有怀疑、反思、批判和超越的鲜明品质。

哲学思维的怀疑品质

怀疑是哲学的天生气质,是哲学的基本态度。很多哲学家都把怀疑看成是进入哲学的第一步,而哲学也往往与"?"号联系在一起。没有怀疑,人就会满足于现成的生活,时间虽然流逝,人们依旧存在,但却没有了历史。没有了怀疑,人就不可能产生对世界的惊讶,进而促使哲学的诞生。哲学从体悟到自己的无知开始,也就是开始了对"身为人类的你我是否真的拥有智慧"的疑惑。因此,在一定意义上,我们可以说,哲学

---

① 胡军:《哲学是什么》,北京大学出版社2002年版,第216页。

是从怀疑开始的，没有怀疑就不可能有真正的哲学。正如罗素所说："没有哲学色彩的人，一生总免不了受缚于种种偏见，由常识、由他那个时代或民族的习见、由未经深思熟虑滋长的自信等等所形成的偏见。对于这样的人，世界是固有的、有穷的、一目了然的；普通的客体引不起他的疑问，可能发生的未知事物他傲慢地否定掉。但是反之，……只要我们一开始采取哲学的态度，我们会发觉，连最平常的事情也有问题，而我们能提供的答案又只能是极不完善的。"[1] 其实，亚里士多德早就强调了怀疑对于哲学研究的重要性，他说："凡愿解惑的人宜先好好怀疑；由怀疑发为思考，这引向问题的解答。"[2] 中国古人的治学经验也可以作为哲学的怀疑性思考的借鉴。明代学者陈献章认为学贵有疑，"小疑则小进，大疑则大进。疑者，觉悟之机也。一番觉悟，一番长进。"(《与张廷主事》) 对于哲学探索而言，也是大疑大悟、小疑小悟、不疑不悟。

怀疑起于问题或产生问题，因此怀疑精神往往与问题意识是等价的。在现实生活中，我们经常会遇到各种问题，哲学思维可能不能从实际上立竿见影地解决任何问题，但它能使问题走向深入、清晰，而解决问题的方案也就昭然若揭。更多的时候，在现实生活中，表面上看来是没有问题的，而哲学却发现了问题，对于一般人来说，就以为是哲学制造和产生了问题——天下本无事，哲人自扰之。而在哲学看来，往往没有问题就是最大的问题。问题一经提出，方法就蕴涵其中。正是从这个意义上，人们常说：提出问题比解决问题更重要。马克思曾经说：

  问题"是公开的、无所顾忌的、支配一切个人的时代声音。问题是时代的格言，是表现自己内心状态的最实际的呼声。""一个时代的迫切问题，有着和任何在内容上有根据的因而也是合理的问题共同的命运：主要的困难不是答案，而是问题。"[3]

英国哲学家培根（F. Bacon，1561—1626）强调人们的认识必须从怀

---

  [1] [英]罗素：《哲学问题》，商务印书馆1999年版，第131页。
  [2] [古希腊]亚里士多德：《形而上学》，商务印书馆1996年版，第37页。
  [3] 《马克思恩格斯全集》第1卷，人民出版社1995年版，第203页。

疑、问题出发。他有句脍炙人口的名言：如果你从肯定开始，必将以问题告终；如果从问题开始，则将以肯定结果。科学哲学家波普尔（K. Popper, 1902—1994）明确指出，以科学为代表的人类一切知识都始于问题。罗素则认为，哲学怀疑"如果它不能回答我们所希望的那么多问题，它至少具有提出问题的力量，这些问题会使世界更有意思，会表明即使在日常生活的最平常事物的表面之下，也隐藏着新奇和困惑"①。的确，伴随怀疑而来的问题意识使得人们的生活和生活于其中的世界变得更为立体和丰富。

哲学思维的怀疑不同于日常生活中的怀疑。日常生活中的怀疑是对某一具体事物表示的不相信或猜测。哲学的怀疑具有抽象性，抽象地表达了人们思维中对世界或人本身把握的不确定性，是对处于平常状态的世界的疑问，或者是对平时确信自己理解的事物是否真正理解表示的困惑。而且，往往会发生这种情况，在日常生活看来没有任何疑问的地方，哲学产生了怀疑；而在常识层面很成问题的地方，哲学可能并不理会。古人有云："善疑者，不疑人之所疑，而疑人之所不疑。"（[明]方以智《东西均·疑何疑》）这点中了哲学怀疑卓尔不群的特点。黑格尔说：

"哲学的特点，就在于研究一般人平时所自以为很熟悉的东西。一般人在日常生活中，不知不觉间曾经运用并应用帮助他生活的东西，恰好就是他所不真知的，如果他没有哲学的修养的话。"②

"熟知并非真知"是哲学要进行怀疑的前提假设，而黑格尔在此所谓的"哲学的修养"首先就是要具有哲学怀疑的意识和掌握哲学怀疑的方法。

有不少哲学家把怀疑看成是哲学的基本存在方式，把普遍怀疑作为最根本的哲学方法。哲学家笛卡儿就认为，"要追求真理，我们必须在一生中尽可能地把所有事物都来怀疑一次"③。人们必须对以往所接受的

---

① [英]罗素：《哲学问题》，商务印书馆1999年版，第13页。
② [德]黑格尔：《哲学史讲演录》第1卷，商务印书馆1997年版，第25页。
③ [法]笛卡儿：《哲学原理》，商务印书馆1958年版，第1页。

一切观念、知识进行一次普遍的怀疑,把一切"放在理性的尺度上校正",才可能清理好科学的地基,获得真正的知识。黑格尔特别推崇古希腊苏格拉底以对话的方式进行怀疑。他说:"一般说来,哲学应当从困惑开始,困惑是与哲学俱来的;人应当怀疑一切,人应当扬弃一切假定。"① 当然,普遍怀疑不应该导致一种绝对的怀疑主义或相对主义。普遍怀疑的支点或阿基米德点是人的自我存在。正如笛卡儿所言,我可以怀疑一切,但有一点不可以怀疑,那就是我正在怀疑。"我思故我在",也就意味着"我怀疑所以我存在"。以人的存在为阿基米德点,以怀疑为杠杆,人们就可能撬动地球——其实人类改变地球的历史不正是这样的吗?

怀疑也是一种勇敢的哲学精神。怀疑是以对自己的理性的自信和对周遭世界的人、事、思想的合理质疑为前提的,它是人的主体意识的彰显。盲从往往与蒙昧、愚昧相联系,怀疑则意味着启蒙的开始。哲学家康德在谈到"什么是启蒙"的时候说:

"启蒙运动就是人类摆脱自己所加之于自己的不成熟状态。要有勇气运用自己的理智!这就是启蒙运动的口号。"②

的确,怀疑有如草木之芽,从真理之根萌生;怀疑表征理性和成熟,使人迈向解放和自由。问题在于,当我们怀疑时,往往会触怒旧有的习惯、权威。当真理还掌握在少数人手中,尤其是当旧有习惯、权威意味着一种既得利益时,进行怀疑的人就要遭受误解、挫折、磨难,甚至是付出生命。苏格拉底被认为怀疑、否定国家敬奉的神,教导和败坏青年,最终被判处了死刑;斯宾诺莎(B. Spinoza,1632—1677)因怀疑基督教教义,而被逐出教门,遭受种种迫害,一生靠磨镜片谋生。许多哲学家都和他们一样,因为怀疑而遭受困厄。1841 年,23 岁的马克思在他的博士论文序言中写道:

---

① [德] 黑格尔:《哲学史讲演录》第 2 卷,商务印书馆 1997 年版,第 61—62 页。
② [德] 康德:《历史理性批判文集》,商务印书馆 1997 年版,第 22 页。

"只要哲学还有一滴血在自己那颗要征服世界的、绝对自由的心脏里跳动着,它就将永远用伊壁鸠鲁的话向它的反对者宣称:'渎神的并不是那抛弃众人所崇拜的众神的人,而是把众人的意见强加于众神的人。'哲学并不隐瞒这一点。普罗米修斯的自白'总而言之,我痛恨所有的神'就是哲学的自白,是哲学自己的格言……不应该有任何神同人的自我意识相并列。"[①]

在哲学中,这里的"神"可以引申为一切既有的权威、成见,而普罗米修斯的态度则是一切真正哲学家的态度——普罗米修斯被马克思称之为"哲学历书上最高尚的圣者和殉道者",没有勇气的儒夫是不可能真正进行哲学怀疑的。

哲学思维的反思品质

从怀疑开始,思维必然进入反思,反思是哲学思考的方式。我们说,哲学智慧就是对智慧的热爱和追求。这种热爱和追求,是对天地万物、世道人心的执着探究,是对人生根据、生活信念的前提的永恒追问,是对真、善、美等价值标准的持久考察,是对人类历史进步尺度和人们生活方式的不断省思。一言以蔽之,哲学是一种反思的智慧。

在日常生活中,我们也经常使用"反思"或"反省"一词,大多指思考过去的事情以吸取经验教训之意。哲学十分强调和注重这种反思。苏格拉底曾经说,未经反省(反思)的人生是不值得度过的;中国古代儒家也借曾子(公元前505—前435)之口强调"吾一日三省乎吾身"(《论语》)。但哲学上的反思还有其独特的含义:

一是指对思维对象的深入、反复、持久的思考。这种反思包含着对事物直接呈现状态的怀疑或不信任,不满足于对于思维对象表面的、一次性的认识,试图更为全面地穷尽事物的种种可能性以发现其本质。中国儒家思想所谓"三思而后行"中的"思"就是这个意思。既然哲学是一种向

[①]《马克思恩格斯全集》第1卷,人民出版社1995年版,第12页。伊壁鸠鲁(公元前341—前270)是古希腊哲学家,马克思的博士论文就是研究他的思想。

着人的思维极限进行挑战的思想功夫,那么深入、反复、持久的思考乃是哲学思维的基础之义。

哲学意义上的反思的第二种含义最早是借用光学反射的间接性意义,指不同于直接认识的间接认识。黑格尔赋予这种反思以完整的哲学含义。黑格尔认为,哲学思维的特殊性就在于"以思想的本身为内容,力求思想自觉其为思想",也就是"对思想的思想","对认识的认识",即思想以自身为对象反过来思考(reflexion)。柯林武德(R. G. Colingwood, 1889—1943)解说得更为清楚:

> "哲学是反思的。进行哲学思考的头脑,决不是简单思考一个对象而已;当它思考任何一个对象时,它同时总是思考着它自身对那个对象的思想。因此哲学也可以叫作第二级的思想,即对于思想的思想。"①

我们说哲学既是现世的智慧,又要求哲学必须与事物保持一定的距离,根本的原因就在于,哲学所面对的对象或质料,往往不只是世界本身,而是关于世界的思想。如果说具体科学的思维都以思维对象为对象的话,哲学思维的对象主要就是思想自身。在这个意义上,思想的功夫也就是思想的"炼金术"。

哲学既反思外部世界,也反思思想自身,还反思人自身,甚至在一定意义上,哲学反思世界、反思思想的最终目的就是反思人自身。外部世界与思想客体都只是桥梁。哲学并非要探求眼前的事物,而是生于世上的人类,借由思考眼前事物的实现经验来对自己进行反思。哲学从现实中抽离出来进行思考,目的是为了实现更美好的人生。反思是人生的根本特性,是生活的内在要求。没有反思,就没有比较,就无从在多种可能性中选择自己认为有意义的生活方式和存在方式。苏格拉底和曾子对反省的强调都应作如是观。也正是在这一意义上,冯友兰把哲学定义为"对于人生的系统的反思。人只要还没死,他就还在人生中。但并不是所有的人都对人生进行反思。至于作系统反思的人就更少。一个哲学家总要进行哲学思

---

① [英]柯林武德:《历史的观念》,商务印书馆1997年版,第28页。

考，这就是说，他必须对于人生进行反思，并把自己的思想系统地表述出来。"①

哲学反思作为一种思维方式，是一种追根究底的思考，既体现了人与世界的关系的"为我性质"——因为他反思的基础和主体是"我"，也体现了关于人类的活动状况和历史发展阶段的"从后思索"的特性——因为反思也可以是对以往历史和思维成果的梳理与审视。关于反思的"从后思索"的特性，马克思有过专门的论述，他说："对人类生活形式的思索，从而对它的科学分析，总是采取同实际发展相反的道路。这种思索是从事后开始的，就是说，是从发展过程的完成的结果开始的。"② 马克思还形象地指出，解剖人脑是解剖猴脑的钥匙。黑格尔则是这样强调哲学的反思性质的：

"哲学作为有关世界的思想，要直到现实结束其形成过程并完成其自身之后，才会出现。概念所教导的也必然就是历史所呈示的。这就是说，直到现实成熟了，理想的东西才会对实在的东西显现出来，并在把握了这同一个实在世界的实体之后，才把它建成为一个理智王国的形态。当哲学把它的灰色绘成灰色的时候，这一生活形态就变老了。对灰色绘成灰色，不能使生活形态变得年青，而只能作为认识的对象。密纳发的猫头鹰要等黄昏到来，才会起飞。"③

"密纳发"即希腊神话中的智慧女神雅典娜，栖落在她肩上的猫头鹰是思想、智慧的象征。黑格尔把哲学比喻为黄昏的猫头鹰，旨在突出哲学的"反思"特点。

反思的好处一是更为全面；二是更为深刻。所谓全面，就是通过反思可以注意到现实生活中事物被遮蔽的方面，这个方面可以是空间上的，也可以是时间上的；既可以是自然意义上的，也可以是价值意义上的。全面的洞察是智慧融通的基础。一叶障目而不能反思到广袤森林，见一时之利

---

① 冯友兰：《中国哲学简史》，新世界出版社2004年版，第3页。
② 《马克思恩格斯全集》第23卷，人民出版社1972年版，第92页。
③ ［德］黑格尔：《法哲学原理》，商务印书馆1961年版，序言第13—14页。

而不能反思到万代之功,是没有智慧的表现。约翰·穆勒（John S. Mill,1806—1873）有句名言:

> "做一个不满足的人胜于做一只满足的猪;做不满足的苏格拉底胜于做一个满足的傻瓜。如果那个傻瓜或猪有不同的看法,那是因为他们只知道自己那个方面的问题。而相比较的另一方即苏格拉底之类的人则对双方的问题都很了解。"①

可见,全面来自反思。所谓深刻,就是通过反思可以不为常识与习惯所束缚,能透过现象看到本质,通过熟知获得真知,见人所不见,悟人所不悟。哲学反思有如侦探,不断的反思可以拨开层层疑雾,逼近事实的真相,可以透过事物的表象渐次地深入到一级本质、二级本质……

哲学的力量是思想的力量,思想的力量就是人的力量,也是每一个作为个体的人的力量。反思是人的自我担当,是个体自我自觉的生命体验,是走向人生自我觉解的法门。我们因反思而走向全面与深刻,因反思而走向真理和意义,因反思而拥有灵动而饱满的人生。

怀疑与反思开启了人们的觉悟之门,开启了人生享受心灵自由幸福之源,同时也开启了人生体验精神痛苦之源。这种痛苦与其说是来自物质的清贫和外在的压力,不如说是来自哲学对自身的怀疑、否定与反思——普遍的怀疑和全面的反思必然要将矛头指向自身。正因为哲学自身的怀疑与反思,哲学处于一个永远解答疑团,而又永远产生新的疑团的过程。或许我们应该说,作为一种存在状态,思之本身与过程,就是一大收获,而不在乎最终的答案。古希腊有一个西西弗斯的神话,说西西弗斯因触犯天条而被惩罚,在一个山坡上往上推一块巨石,每推至山顶,石头又回到山底,如此反复,永无歇息。据说,西西弗斯并不以为痛苦,而是以此为乐,勤勉不懈。哲学思维的怀疑、反思品质决定了哲学的事业就如同西西弗斯的事业,在一定意义上,无数代哲学家们只是"痛并快乐着"地集体扮演着那位西西弗斯。

---

① [英]约翰·穆勒:《功利主义》,上海世纪出版集团、上海人民出版社2008年版,第10页。

哲学思维的批判品质

怀疑、反思不是哲学的终点。哲学上条理化的怀疑、反思必然引向深刻的批判。批判是一种否定性思维，是以理想的标准系统地反思理论与现实的必然结果。在很多哲学家看来，批判是哲学思维最重要的品质，哲学天生是批判的武器，哲学乃是批判的事业。哲学家罗素直接指出：哲学的根本特征是批判。哲学批判地考察运用于科学和日常生活中的那些原则，寻找任何可能存在于这些原则中的自相矛盾之处，只有在批判研究的结果表明没有出现拒绝它们的理由时，才接受它们。马克思在谈到自己的新思想时指出：

"新思潮的优点又恰恰在于我们不想教条地预期未来，而只是想通过批判旧世界发现新世界。以前，哲学家们把一切谜底都放在自己的书桌里，愚昧的凡俗世界只需张开嘴等着绝对科学这只烤乳鸽掉进来就得了。而现在哲学已经世俗化了，最令人信服的证明就是：哲学意识本身，不但从外部看，而且从内部来说都卷入了斗争的旋涡。如果我们的任务不是构想未来并使它适合于任何时候，我们便会更明确地知道，我们现在应该做些什么，我指的就是要对现存的一切进行无情的批判，所谓无情，就是说，这种批判既不怕自己所作的结论，也不怕同现有各种势力发生冲突。"[①]

马克思还认为，他所推崇的哲学"辩证法不崇拜任何东西，按其本质来说，它是批判的和革命的。"[②]

在哲学史上，"批判"往往成为哲学的代名词或哲学的"图腾"。很多哲学家爱把自己的著作冠以批判之名，例如康德的主要著作分别名为《纯粹理性批判》《实践理性批判》《判断力批判》和《历史理性批判》。马克思的很多文章也冠有"批判"之题，例如《黑格尔法哲学批判》、《政治经济学批判》、《哥达纲领批判》等，甚至其《神圣家族》的副标

---

① 《马克思恩格斯全集》第47卷，人民出版社2004年版，第64页。
② 《马克思恩格斯选集》第2卷，人民出版社1995年版，第112页。

题是"对批判的批判所做的批判"!事实上,马克思的理论就是一系列的批判,是对哲学、宗教、政治、社会、资本主义及其经济结构等等进行的系统而深刻的批判。

从批判的层次来看,哲学思维的批判主要有两个方面的任务。

一是对日常生活进行批判。哲学源于生活,也离不开生活,最终也必须回到生活。但是,哲学不停留于原初的生活,反对仅仅依据常识进行生活,反对"跟着感觉走",反对人们想当然的习惯、不假思索的冲动,反对人们对流行的思维方式、时髦的价值观念、既定的科学理论采取现成接受的态度,反对人们躺在无人质疑的温床上睡大觉,反对浑浑噩噩的混世度日。中国 20 世纪有一首叫《再也不能这样活》的流行歌曲,这样描述传统农民的生活:

"春夏秋冬忙忙活活/急急匆匆赶路搭车/
一路上的好景色没仔细琢磨/
回到家里还照样推碾子拉磨/
闭上眼睛就睡呀/张开嘴巴就喝/
迷迷瞪瞪上山/
稀里糊涂过河……"

这就是一种典型的未经反思、批判的生活。在哲学看来,沉湎于烂熟的日常生活而不知批判乃是一种堕落和沉沦。对日常生活的批判可以使人透过熟知看到真知,了悟生活的真理,使人生自觉为人生。对于日常生活,哲学的批判是一种振聋发聩的呐喊,更是一种催人振奋的当头棒喝,目的就是帮助人觉悟人生。也许正因为此,在很多人眼里,哲学似乎总是刻意与日常生活拧着来、对着干。其实,哲学对日常生活的批判用心是何其良苦!

二是对理论前提进行批判。世间一切理论、科学都是建立在一定的理论前提(假设)之上的,区别只在于是否自觉意识到和加以言明。哲学的工作恰恰是在其他理论、科学作为不证自明的起点(例如几何学的公理)的地方开始反向的"挖掘"工作,试图考察这些思想的根据、支点、尺度、原则、标准的合理性和合法性。我们经常看到的诸如经济哲学、教育哲学、化学哲学等等交叉学科，其本真含义应该是对这些具体学科进行"元"（meta）思考，也就是对它们的前提进行批判性的研究。同时，真正彻底的哲学批判也指向哲学自身的理论前提。哲学的历史是哲学反思自身的历史，也是哲学批判自身的历史。德国哲学家马克斯·舍勒认为哲学的"特殊性正表现在，哲学就其本质意向而言，应当提供出绝对没有任何前提的认识，换句话说，为了不先行作出有关真假的哲学判断，哲学应当尽一切实际可能提供不受任何前提约束的认识"[1]。正是哲学的这种追求，使得自己不断走向纵深。有些哲学家还自觉地对自己的哲学理论进行批判。例如著名哲学家维特根斯坦（Ludwig Wittgenstein，1889—1951）一生后期与前期的哲学思想正相反对。当他早期的思想被许多哲学家接受，成为一种流行、权威的观点时，他自己却在后期尖锐地批判这种观点。前提性批判可以是一种釜底抽薪式的颠覆，也可以是对理论前提的深度扫描与"透析"，为的是使树立于理论前提上的整个理论、科学得以更加科学、稳定、坚实地奠定。因此有人形容哲学批判是清理地基的工作。康德就形象地说："因为人类理性如此爱好建设，它不止一次已经建造起一座塔，然后又拆掉，以便查看其地基是什么样的。"[2] 当然，前提性的批判本身的终极性并不是固定的，彻底的批判会进一步就前提性批判本身进行批判。因此，任何哲学的批判永远都只是一个序曲，哲学批判的"时态"也永远是"正在进行时"。

哲学的前提性批判有时可以通过一种很有情趣，甚至类似于行为艺术的方式表现出来。古希腊犬儒学派哲学家第欧根尼（Diogenes，约公元前404—前323年）常常在大白天也点着灯走路，每当人们诧异地问他时，他便回答说："我正在找人。"这是在讽刺当时社会上没有一个真正配得上"人"这一称呼的有德行的"人"。尼采曾经煞有介事地宣告：上帝死了！其实是宣扬基督教的价值标准被颠覆了，需要重估一切价值。传说伊壁鸠鲁的行为艺术式批判更加令人惊心动魄：为了不使感性的目光蒙蔽敏锐的理智，他干脆弄瞎了自己的双眼！

从批判的维度来说，哲学思维的批判包括精神维度和实践维度。所谓

---

[1] ［德］马克斯·舍勒：《哲学与世界观》，上海人民出版社2003年版，第2—3页。
[2] 《康德著作全集》第4卷，中国人民大学出版社2005年版，第257页。

精神维度的哲学批判是指对某种思想、理论进行的批判或者仅仅从精神的维度对世界进行批判，也可以称为思想批判或精神批判。这是哲学史上最为常态的批判，往往体现为不同哲学思潮、派别的相互竞争和一些文化批判理论。所谓实践维度的哲学批判是由卡尔·马克思开创的。他不满意于以往哲学、特别是近代哲学以形而上学的抽象方式解释世界。他指出：

"批判的武器当然不能代替武器的批判；"
"哲学家们只是用不同的方式解释世界，问题在于改变世界。"①

他将哲学批判从精神领域拉入现实的人及其世界，对人们的生产、生活方式进行无情的批判，目的是使现存世界革命化，从而最终实现人的解放。马克思哲学的实践批判无疑是哲学史上的伟大变革。但马克思并不否认精神维度批判的作用，而只是反对仅仅做精神的批判。他认为任何一种精神、理论一经群众掌握就会变成现实的物质力量。从终极的意义上说，精神批判最终是为实践批判服务的。

批判给予哲学以深刻，但也会给人留下残酷、无情、刻薄的印象。"良药苦口利于病，忠言逆耳利于行。"真正的哲学不承认任何永恒、完美的存在，它总是要求人们在对事物的肯定理解中同时包含对它的否定的理解，要求人们不断以更高的合理性、目的性和理想性去反观现实，使人和人所在的世界始终充满活力，向着更为美好的方向迈进。一个国家、社会，丧失了哲学的批判，它就可能走向单一的向度，丧失活力，即使其他方面很发达，整体上也会在烂熟的文明中沉沦；哲学自身如果丧失了批判的功能，它也就丧失了作为哲学的力量，甚至会成为一种压迫人而不是解放人的力量，成为地地道道的精神枷锁与暴力；哲学如果仅仅停留于精神维度——尽管这是以往哲学最为显耀的舞台——的批判，那么结果只是剔除了锁链上虚假的花朵，而把没有花朵的真实锁链更为牢固地加在人们的身上。

古希腊哲学家苏格拉底被捕后，在其申辩中说：

---

① 《马克思恩格斯选集》第1卷，人民出版社1995年版，第9、61页。

"我这个人,打个不恰当的比喻说,是一只牛虻,是神赐予给这个国家的;这个国家好比一匹硕大的骏马,可是由于太大,行动迟缓不灵,需要一只牛虻叮叮它,使它的精神焕发起来。我就是神赐给这个国家的牛虻,随时随地紧跟着你们,鼓励你们,说服你们,责备你们。"①

苏格拉底的牛虻精神正是哲学批判性思维品质的形象体现。

哲学思维的超越品质

无论是怀疑、反思,还是批判,哲学思维的目的都是要使人们摆脱事物当下、表面状态的束缚,把人引向一种改变了的,更新、更深刻的可能性空间。这就是哲学思维的超越功能或品质。哲学家尼采这样描述人的精神历程的"三变":最初是骆驼,后来是狮子,最后是婴儿。骆驼代表的是精神的忍辱负重,担当一切;狮子代表的是勇猛、吞噬一切的力量;婴儿代表着新的开始,也是原始、美好、神圣的肯定状态。其实,在哲学发展的历程中,怀疑、反思就相当于骆驼的精神,批判相当于狮子的精神,而婴儿意味着经历反思、批判后哲学的超越与新生。"超越"有超过、突破、跳出之意。从产生开始,哲学就定位于突破已知、已有、已确定的视界,向未知、未有、未确定的层面推进。因此,也可以说,超越是哲学和哲学思维最原始的品质。从哲学对于社会的功用来说,超越意味着对世界的改变。哲学家雅斯贝尔斯毫不犹豫地断定:"从事哲学就是从事超越"。

哲学思维的超越性首先表现在对事物发展的预见性上。人们常说"不识庐山真面目,只缘身在此山中""当局者迷,旁观者清"。哲学虽然须臾也离不开生活,但是,哲学在思维中总是和现实生活保持一定的距离,能跳出当下,通过反思、批判,透过现象看本质,突破熟知得真知,达到对事物本质性、规律性的认识。"不畏浮云遮望眼,只缘身在最高层。"高屋建瓴、居高临下地总览过去、现在、未来的内在联系,哲学因此能很好地预测未来。黑格尔把哲学看成是黄昏的猫头鹰,虽然表明了哲学的概括性、反思性特征,但也可能让哲学背负起"马后炮""事后诸葛

---

① 《苏格拉底的申辩》,《西方哲学原著选读》上卷,商务印书馆1981年版,第69页。

亮"的骂名。马克思则明确地指出,哲学是"高卢的雄鸡"! 真正的哲学不仅仅是一种概括、总结,还具有"报晓"和超前预见的功能。

在谈到19世纪初的德国时,马克思曾经说:"正像古代各民族是在想象中、在神话中经历了自己的史前时期一样,我们德国人在思想中、在哲学中经历了自己的未来的历史。"① 在那个时代,德国人不是因为经济、社会的发展走在了世界的前列,而是因为哲学,因为哲学的超越性品质。1999年,先后举行了两场"千年第一思想家"评选,一次由英国剑桥大学文理学院教授们发起,一次由英国广播公司(BBC)举办,马克思在两场评选中都排名第一。2003年在德国《图片报》和国家第二电视台携手主办的评选中,马克思被评为"德国最伟大人物"。2005年,BBC第四电台举办全球最伟大哲学家选举,马克思以27.93%的得票率把第二名的苏格兰哲学家大卫·休谟(David Hume,1711—1776)远远地甩开。对于这一系列调查的结果,大多数人们将之归因于马克思哲学的高度预见性。

哲学的预见性甚至可能超越学科的界限,做出令人瞠目结舌的成绩。20世纪50年代,很多物理学家认为原子、光子、电子是组成物质的最小粒子。1957年,毛泽东明确指出,根据辩证法观点,"基本粒子"必定是无限可分的,在原子、光子、电子之下一定会有更小的物质微粒。1964年物理学家果真发现了更小的夸克粒子。1977年,美国著名科学家、哈佛大学教授格拉肖提议假如以后发现比夸克层次更深的粒子,那么就把它命名为"毛粒子","以纪念已故的毛主席",并认为这是"哲学的最高荣誉"。

但是,哲学的预见往往寄寓着"众人皆醉,唯我独醒"的情况。在开始的时候,哲学家往往成为掌握真理的少数人,不为别人所理解,一些不朽的名著似乎注定在面世时无人问津。哲学家休谟曾经称自己的著作《人性论》是"从印刷机死产下来"。法国存在主义哲学家萨特(Jean Paul Sartre,1905—1980)的不朽名著《存在与虚无》出版后的遭遇更有着令人哭笑不得的戏剧性:当时很多家庭主妇争相购买该书,原因是这本书的质量刚好是1千克,主妇们购买该书是为代替被纳粹没收了的天平砝码。中国古代典籍《鹖冠子》中记载了这样一个故事:魏文王一次问扁

---

① 《马克思恩格斯选集》第1卷,人民出版社1995年版,第7页。

鹊，曰："子昆弟三人其孰最善为医？"扁鹊曰："长兄最善，中兄次之，扁鹊最为下。"魏文王曰："可得闻邪？"扁鹊曰："长兄于病视神，未有形而除之，故名不出于家。中兄治病，其在毫毛，故名不出于闾。若扁鹊者，镵血脉，投毒药，副肌肤，闲而名出闻于诸侯。"长兄医术最高，能治病于"未有形"，但名不出家，扁鹊医术最差，却名满天下。以此类比哲学，也很贴切。有预见性的哲学家是不太受同时代人的欢迎的，人们总是喜欢直接带来"显著"实效的人。

哲学史也不断表明：那些著名的思想似乎注定只有到很久的后世才光芒四射，那些真理的最早发现者也往往要经受生前的寂寞与窘迫，直至付出生命。欧洲文艺复兴时期的自然哲学家布鲁诺坚定地宣传哥白尼的学说，而且从哲学的角度论证太阳也不是宇宙中心，宇宙是无限的。1600年他因为这样的"异端邪说"被罗马教廷烧死在鲜花广场。就义前，布鲁诺大义凛然地说："火并不能征服我，未来的世界会了解我，知道我的价值。"1889年，罗马宗教法庭不得不为布鲁诺平反。中国的孔子生前周游各国宣传自己的儒家思想，但没有君王愿意采纳他的思想，致使他颠沛流离，"惶惶然如丧家之犬"，但他的思想后来统治中国达两千多年之久。1818年叔本华发表了《作为意志和表象的世界》，从而奠定了他的整个哲学体系。出版之初，他为这部悲观主义巨著作出了最乐观的预言："这部书不是为了转瞬即逝的年代而是为了全人类而写的，今后会成为其他上百本书的源泉和根据"。然而该书出版10年后，大部分是作为废纸售出的，极度失望的叔本华只好援引别人的话来暗示他的代表作，说这样的著作犹如一面镜子，"当一头蠢驴去照时，你不可能在镜子里看见天使"。在柏林大学任教时，他试图和黑格尔在讲台上一决高低，结果黑格尔的讲座常常爆满，而听他讲课的学生据说从来没有超出过三人，从而不得不离开了大学的讲坛。叔本华与黑格尔的对抗实际上是两种哲学倾向之间的较量。他失败了，因为他不属于那个时代。一直等到晚年，时代才和他走到了一起，他才终于享受到了期待一生的荣誉。在此意义上，和很多终身不得志的哲学家相比，叔本华已经非常幸运了。

超越也意味着一种理想的创制。真正的哲学家都有着一种心系天下的人文情怀，在对并不美好、并不理想的现实进行反思、批判的过程中，必然会从一个新的角度来看问题、新的途径来探索问题,甚至用一系列理想的主张来试图解决问题,把人们对于世界"实存(be)"的研究引向"应该(ought to be)"的建构。雅斯贝尔斯则把哲学理解为一种与宗教类似的救赎(redemption),"一切哲学都是对这个世界的一种超越,就此而言,哲学与赎救有类似之处"①。从中国古代孔子的"大同世界"到古希腊柏拉图的"理想国",从康德拟订的"人类永久和平"的前途到马克思的共产主义理想,都表明哲学家决不仅仅是社会的无情批判者,而且是充满激情的理想主义者。正如马克思所说的,哲学是在批判旧世界中发现新世界。可见,创新是哲学思维超越品质的重要表现。人们常说,创新是一个民族进步的灵魂,是一个国家兴旺发达的不竭动力。但一切创新都要以理论创新为先导,而一切理论创新都离不开哲学创新。哲学的超越也意味着对哲学自身的超越,哲学的创新也体现为哲学观点、体系的创新。中外哲学的历史尽管特色迥异,但都是创新的历史、超越的历史。

哲学思维的超越还可能是一种洒脱超尘的人生境界。以中国传统哲学观之,超越在于内圣外王之道。内圣追求的是一种理想的人格。对于哲学而言,理想的人格乃是进入智慧的人生境界,持守一定的原则,不轻易为外在世界的变化所改变。所谓"不以物喜,不以己悲"是也。孔子有云:仁者无忧;又道:"君子坦荡荡,小人长戚戚"。古代西方智者贺拉斯曾说:世界对于真正的哲学家来说是喜剧,对于仅凭感觉的人来说是悲剧。

当然,哲学的这种超越更多的是对尘世中功利的超越,追求内心的宁静与高远。古代马其顿国王亚历山大大帝喜欢哲学,曾师从亚里士多德。一次,他到科林特市去拜访哲学家第欧根尼,并且对他说:"你有什么希望尽管讲,我可以满足你的一切要求。"第欧根尼爬进自己所住的酒桶,一边晒太阳,一边说:"只希望你让到一边,因为你遮住了照到我身上的阳光。"后来这被称为有史以来哲学家对世俗权力最意味深长的蔑视。而当时的亚历山大也大为感慨:"如果我不是亚历山大,我就会做第欧根尼。"古希腊的另一位哲学家德谟克利特留下过这样的名言:与其做波斯国王,还不如找到一种因果关系。中国唐代大禅师南泉普愿(748—835)曾对弟子说"平常心是道"。弟子追问什么是"平常心是道"。南泉答曰:

---

① [德] 卡尔·雅斯贝尔斯:《智慧之路》,中国国际广播出版社 1988 年版,第 14 页。

"春有百花秋有月，夏有凉风冬有雪。若无闲事挂心头，便是人间好时节。"这份淡泊与超越是何等的自然！

就人生而言，哲学思维之超越品质最极致地体现在对于生死大事的领悟。庄子丧妻却鼓盆而歌，苏格拉底有机会逃跑却从容就死。千古而下，感人依旧，引人深思。苏格拉底告诉我们：

"真正的哲学家一直在练习死亡。在一切世人中间，唯独他们最不怕死……他们向来把肉体当作仇敌，要求灵魂超越肉体而独立自守。""如果你看到一个人临死愁苦，就足以证明他爱的不是智慧。"①

生活需要一个意义世界的牵引，因此，哲学不应当被遗忘。当下生活的不理想、异化、痛苦不能被容允以自然而然的方式不断重复，因此，执着于终极关怀的哲学把超越与创新看成是自己的恒常品质。

思考：
1. 为什么说真正的现实只有依靠思想才能把握到？
2. 逻辑思维与直觉思维各有什么特点，它们的关系是怎样的？
3. 哲学思维的怀疑与日常生活中的怀疑有什么不同？
4. 如何理解反思是"对思想的思想""对认识的认识"？
5. 举例说明什么叫"前提性批判"？
6. 如何理解哲学思维的超越品质？

---

① ［古希腊］柏拉图：《斐多》，中国国际广播出版社2006年版，第35、37页。

第四讲　哲学是人类文明精神的精华

就内容、本质和目的而言，哲学是人们在现世中把握世界的智慧和对这种智慧的追求；就形式与方法而言，哲学是以思想的方式把握和超越世界的，哲学是思想的功夫。不过，哲学最初是在不同的民族中诞生的，哲学也就形成了风格迥异的各种传统，以其独特的方式推动着各民族，进而共同推进着整个人类文明的进步。尽管我们确实难以从学科的角度用属加种差的方式去界定古今中外的哲学，但是，最起码地，人们一致承认哲学是人类文明的特别是精神文明的成果。在今天的社会生活中，无论人们是喜欢还是厌恶，承认还是否认，哲学都以一种十分重要的文化样式存在着。了解哲学在人类历史文化中的重要位置以及哲学对于人类历史文化的独特功能，是加深我们对哲学了解的重要方面。

一　时代精神的精华与文明活的灵魂

人类文化的历史及人类精神的历史表明，在文化的坐标中，哲学居于核心的位置，真正的哲学是时代精神的精华，是文明活的灵魂。

真正的哲学是时代精神的精华

从经验上说，人类的历史不过是人类的世代更替。哲学就是在世代更替的历史中产生、发展和发挥着作用的。任何时代人们的活动都是丰富多彩的，但这些丰富多彩的活动都可以大致归结为三个基本层面，即物质、制度和精神。物质活动是人类社会得以存在的基础，制度生活是人类社会得以维系的保障，而对时代进行把握则无疑是精神生活的功能。精神生活虽然在归根结底的意义上受制于人们的物质生活，但人们的精神生活本身是物质生活的一种否定和超越，奠基于人类实践的精神生活的发展是人类不断进步的动力和标志。一如我们进行考古发掘,首先见到的是一些有形的物质器具,而透过这些器具我们可以领悟到形而上的制度与观念,当我们能从观念、精神的高度上把握考古的发现时,我们才算真正把握了那个时代。正是在此意义上,我们能理解和同意英国历史哲学家柯林伍德那句多少有些唯心主义性质的名言:"一切历史都是思想史"。

不同的时代有不同的时代精神。黑格尔曾经说,"时代精神是一个贯穿着所有各个文化部门的特定的本质或性格,它表现它自身在政治里面以及别的活动里面,把这些方面作为它的不同的成分"①。在我们看来,所谓时代精神是一个时代的人们在其实践中形成的、那个时代特有的集体意识。它反映着那个时代的主题、本质特征和发展趋势,体现着一个时代的精神气质、精神风貌和社会时尚,引领着人们的思想观念、价值取向、道德规范和行为方式。黑格尔认为,时代精神是一个"客观状态,这状态的一切部分都结合在它里面,而它的不同的方面无论表面看起来是如何地具有多样性和偶然性,并且是如何地互相矛盾,但基本上它决不包含着任何不一致的成分在内。"② 也许我们不能完全同意他的观点,但确实同一时代的时代精神具有明显的同一性。马克思则认为,每个时代都有自己时代的谜语,这些谜语就是该时代的迫切的共同问题。这些迫切的共同问题是"支配一切个人的时代之声",是"时代的格言,是表现时代自己内心状态的最实际的呼声",是"反映时代精神状态的准确晴雨表"。③ 恩格斯曾经很形象地为欧洲文艺复兴时期进行精神素描:"这是一次人类从来没有经历过的最伟大的、进步的变革,是一个需要巨人而且产生了巨人——在思维能力、热情和性格方面,在多才多艺和学识渊博的巨人的时代……成为时代特征的冒险精神,或多或少地推动了这些人物……他们的特征是他们几乎全都处在时代运动中,在实际斗争中生活着和活动着,站在这一方面或那一方面进行斗争,一些人用舌和笔,一些人用剑,一些人则两者并用。"④ 确实,任何时代都有着自己独特的精神肖像。

但是反映时代精神的方式是多样的。例如,我们前面谈到的神话、宗

---

① [德]黑格尔:《哲学史讲演录》第1卷,商务印书馆1997年版,第56页。
② 同上。
③ 《马克思恩格斯全集》第1卷,人民出版社1995年版,第203—204页。
④ [德]恩格斯:《自然辩证法》,人民出版社1971年版,第7—8页。

教、常识、科学、艺术等等方式,都可能以自己的方式来把握时代,形成自己所理解的时代精神。哲学作为把握世界的一种特殊方式,它并不是一般地反映时代精神。黑格尔曾经说,哲学是思想所集中表现的时代。所谓集中,就是专门化、系统化。马克思更加鲜明地指出:

"哲学家并不像蘑菇那样是从地里冒出来的,他们是自己的时代、自己的人民的产物,人民的最美好、最珍贵、最隐蔽的精髓都汇集在哲学思想里……哲学不是在世界之外",因为"任何真正的哲学都是自己时代的精神上的精华。"①

恩格斯也曾经指出,"任何哲学只不过是在思想上反映出来的时代内容"②。

美国新美世界文库出版社曾出版过一套《导师哲学家丛书》,以哲学所表现的时代精神为依据,把西方的历史划分为信仰的时代(中世纪)、冒险的时代(文艺复兴时期)、理性的时代(17世纪)、启蒙的时代(18世纪)、思想体系的时代(19世纪)、分析的时代(20世纪)。在历史上,一种哲学思想的出现,往往意味着某个时代的到来。欧洲近代哲学的特征表现为坚定地相信人类理性的能力,对自然事物有着浓厚的兴趣,强烈地渴求知识以证明人的伟大。英国哲学家培根的名言"知识就是力量"就道破了这个时代的时代精神。后人曾用激情澎湃的文字描绘了培根和他的时代:"这是一个充满成功、希望与活力的时代;每一个领域都有新的发端、新的事业;也是这么一个时代,它期待着一个声音,某种具有综合能力的心灵来总结它的精神和决心。这个人就是弗兰西斯·培根,他是现代最强有力的人物,他'摇着铃把睿智之士召到一起',宣布欧洲已经成年了。"③

真正的哲学是时代精神的精华。这一判断表明:

一方面,哲学是离不开时代的,世界之外的遐想不是真正的哲学。

---

① 《马克思恩格斯全集》第1卷,人民出版社1995年版,第219—220页。
② 《马克思恩格斯全集》第41卷,人民出版社1982年版,第211页。
③ [美]威尔·杜兰特:《哲学的故事》,生活·读书·新知三联书店1997年版,第148页。

"哲学并不站在它的时代以外，它就是对它的时代的实质的知识。同样，个人作为时代的产儿，更不是站在他的时代以外，他只在他自己的特殊形式下表现这时代的实质，——这也就是他自己的本质。没有人能够真正超出他的时代，正如没有人能够超出他的皮肤。"① 哲学是"被把握在思想中的它的时代。妄想一种哲学可以超出它那个时代，这与妄想个人可以跳出他的时代，跳出罗陀斯岛，是同样愚蠢的。"②

黑格尔的上述论述可谓准确、生动。作为观念形态的哲学，总要以该时代提出的问题作为思考的对象和内容。哲学思考和处理这些问题的方式也不能不受到该时代人们生产、生活状况，政治、经济、科学、文化乃至当时思维水平和价值观念的深刻影响。妄想一种哲学超出它那时代，这与妄想个人可以跳出他的时代一样愚蠢。哲学"不仅在内部通过自己的内容，而且在外部通过自己的表现，同自己时代的现实世界接触并相互作用。"③ 哲学必须面对时代，反映时代的变化和发展。

另一方面，哲学对时代精神的反映与其他时代精神形态是不一样的，它是时代精神的精华，它集中了一个时代"最美好、最珍贵、最隐蔽的精髓"。哲学和一般的时代精神的关系是一般与个别的关系。与哲学相比，一般的时代精神往往是借助特定的历史事件、艺术形象或道德事件，反思某些个人或社会集团的行为，是比较直接、具体，并且范围是相对狭小的。哲学往往是从最广泛、最深刻的层面，揭示人与世界的复杂多样的矛盾关系。从哲学与一般时代精神的关系来看，哲学是对众多时代精神的反思、批判、抽象、升华、概括和凝练。例如，同样是对资本主义时代人的异化状态的揭示，卓别林的电影《摩登时代》与马克思的《1844年经济学哲学手稿》的差别是显而易见的。黑格尔关于哲学是黄昏的猫头鹰

---

① ［德］黑格尔：《哲学史讲演录》第1卷，商务印书馆1997年版，第56—57页。
② ［德］黑格尔：《法哲学原理》，商务印书馆1961年版，第12页。罗陀斯岛即今希腊的罗德岛，典出《伊索寓言》：一个运动健将旅行归来吹嘘在罗陀斯岛跳得特别远，无人能及。有人就说，这里就是罗陀斯岛，请跳吧！
③《马克思恩格斯全集》第1卷，人民出版社1995年版，第220页。

的比喻也表明，在众多时代精神中，哲学往往是最后出场的，因为它是对一般时代精神的升华。由此，我们也可以得出这样的启示：哲学必须以各门具体科学为基础；要学习好哲学，必须具备良好的具体科学知识基础。

当然，只要是真正的哲学，它一定是对具体科学成就的概括和凝练，这种概括和凝练出来的成果也必然适用所有的具体科学。一如马克思所言：哲学是普照的光。不仅如此，作为时代精神的精华的哲学必然反过来塑造着时代精神。哲学自它产生之日起，就被一定的社会或集团用以论证其制度的合法性，借以统一公众舆论、维系社会的统一思想信念，从而深刻地影响着一定时代的人们的思维习惯、社会心理、价值追求与精神面貌。

哲学对时代精神的塑造尤其体现在对时代及其精神的深远引导上。哲学对时代精神的把握，既不是表述时代状况的经验事实，也不是表达对时代的情感和意愿，而是以自己提出的新问题，新的提问方式以及对问题的新探索，表征着人类对时代的存在和发展的意义的理解与自我意识，并以这种自我理解与自我意识历史地调整和变革着人类的生存方式。哲学层面的启蒙、思想解放以及关于哲学问题的大讨论，总是从最为深刻的层面反映社会发展的规律和趋势，反映人们的愿望和利益，反映时代精神的本质和要求，因而往往对社会历史的发展产生深远的推动、引导作用。例如，20世纪70年代末在中国掀起的关于真理标准的全国大讨论就深刻地体现了当时人们的愿望与利益，反映了社会发展的必然趋势，有力地解放了中国人的思想，对改革开放起到了鸣锣开道的作用。如果说中国的改革开放是发轫于一场哲学讨论的话，这不算夸张，而是接近于陈述事实。

罗素从哲学家与时代的关系角度深刻地指出，"哲学家们既是果，也是因。他们是他们时代的社会环境和政治制度的结果，他们（如果幸运的话）也可能是塑造后来时代的政治制度信仰的原因"[①]。罗素所说的"如果幸运的话"，我们可以理解为：如果这些哲学家的哲学是真正的哲学的话。哲学对时代精神的这种预见、前瞻功能是哲学批判、超越功能的重要表现。例如，18世纪的法国启蒙运动是法国大革命的先导，而启蒙思想是启蒙运动

---

① ［英］罗素：《西方哲学史》（上），商务印书馆2005年版，第8—9页。

的武器,是推动启蒙运动不断前进的力量源泉。在启蒙思想中,启蒙哲学是一种符合历史潮流,反映时代精神的"真正哲学"。启蒙思想家们把他们生活的时代誉为"哲学的世纪"。伏尔泰(F. M. Voltaire,1694—1778)是当时公认的精神领袖,享有"启蒙运动之父"的美誉。法国大文豪雨果曾经说:"只要谈起伏尔泰就等于说明了整个18世纪的特点。"在某种意义上,法国大革命的胜利确实就是伏尔泰思想的胜利。伏尔泰死后,法国人民给他极高的评价:"他是人类心灵的推动力,他是我们自由的指路灯。"

真正的哲学是时代精神的精华。因此,要了解一个时代,我们就必须了解那个时代的哲学——正如黑格尔所言,研究哲学可以认为是接受时代的较深精神的号召!要准确地把握一个时代的主题、特征和发展趋势,就不能不站在哲学的高度;要推动一个时代的发展,就不能不繁荣和发展哲学;要繁荣和发展哲学,就不能不研究我们所处时代的时代精神。

真正的哲学是文明活的灵魂

尽管从某种意义上可以说哲学是产生于对普遍性问题的惊讶,但哲学决不是在人类已经在经验上形成一体的情况下才产生的。尽管当代科学似乎已经证明人类有着共同的始祖,演绎着"走出非洲"的历史,但是人类进入文明状态之时是以群落的方式散布于地球的各端的,不同的民族在各自不同的历史条件下创造了不同的文明①。近代以来,特别是全球化以来,不同民族、国家之间的交往、交流空前增加了,但各民族的传统文明意识反而更加凸显出来。一些学者,例如汤因比(Arnold Joseph Toynbee,1889—1975),把文明看成是分析历史的单元。还有一些学者,例如亨廷顿(Huntington Samnel,1927—2008)把当代世界的矛盾冲突归结为文明之间的冲突。确实,不同的民族产生了不同的文明,不同的文明孕育了不同的哲学传统,而真正的哲学是文明(文化)活的灵魂。

---

① 黑格尔说:"人们在某一时代内并不只是作一般的哲学思考,而某一特定哲学之出现,是出现于某一特定的民族里面的。"[德] 黑格尔:《哲学史讲演录》第1卷,商务印书馆1997年版,第55页。

什么是文明？答案也是众说纷纭。但从人们运用文明一词的历史来看，总是相对于自然原始状态、蒙昧阶段而言的。在此意义上，我们又不得不把文明和对文化的理解结合起来。文化的含义同样莫衷一是。但是，从东西方的辞源来看，文化总意味着对原有状态的超越和改变。例如，英文的 Culture 同时具有耕种、栽培之意；中国古代最早出现"文化"一词是在《周易》中的"观乎人文以化成天下"，这里的文化也有改变的意思。所以，广义的文化是指人特有的活动，人是一种文化的存在物。广义的文化包括了"人化"和"化人"两方面。所谓人化，就是将自然的、原始的东西打上人的烙印，使之为人服务；所谓化人，就是通过广义的教育改变人自身——从自然的人不断提升为文化的人、社会的人。顺此，我们可以说，文明（civilization）是文化的实体和达到的程度，是人类文化活动的积累和沉淀。广义地说，文明是指人类在社会历史发展过程中所创造的各种成果和财富的总和。那么，不同的文明乃是不同的民族在其发展过程中创造的各种成果和财富的总和。

正如一个时代可以从物质、制度、精神的层面去把握一样，文明也具有物质、制度和精神的维度。同样，正如把握一个时代最为关键的是把握这个时代的时代精神一样，把握文明最关键的是把握这个文明的精神维度。迄今的人类文明都是在民族中孕育的，在不甚严格的意义上，文明与民族的单元是基本重合的。也就是说，把握文明的精神维度在很大程度上就是把握一个民族在发展中积淀下来的民族精神，不同文明和民族奠定了当今世界的政治版图。民族精神是一种社会意识，是一个民族对其社会存在、社会生活的反映，是民族文化的深层内涵。对于一个民族内部来说，民族精神是其成员所认同的世界观、人生观和价值观，所遵循的思维方式和行为方式，所体现的心理素质、理想信念和性格特征的总和。相对于其他民族来说，民族精神是一个民族的自我意识与自我认同，是一个民族的集体人格的体现，是一个民族区分于其他民族的精神特质的总和。民族精神是一个民族得以维系和凝聚的精神纽带，对一个民族的生存和发展来说起着精神支柱、精神动力的作用。在民族精神中，最为精华的就是这个民族的哲学，哲学是民族精神的守护神。一方面，哲学是对民族精神的概括和提升，哲学以其特有的理论思维能力，以生存与发展的智慧形式，实现对民族精神的提炼和升华。另一方面，哲学又是民族精神形成的理论基础，哲学所展现的思维方式、价值观念和审美情趣，都是民族精神的重要源泉和方法论支撑。

黑格尔说：

"一个民族的这种丰富的精神是一个有机的结构——一个大教堂，这教堂有它的拱门、走道、多排圆柱和多间厅房以及许多部门，这一切都出于一个整体、一个目的。在这多方面中，哲学是这样一个形式：什么样的形式呢？它是最盛开的花朵。它是精神的整个形态的概念，它是整个客观环境的自觉和精神本质，它是时代的精神、作为自己正在思维的精神。这多方面的全体都反映在哲学里面，以哲学作为它们单一的焦点，并作为这全体认知其自身的概念。"①

也就是说，在一个民族的全部精神生活中，哲学是唯一的焦点和聚核，它保证了一个民族的丰富多彩的精神生活始终能够"形散而神不散"。

柏拉图在畅想自己心目中的理想国时描述道："只有在某些必然性碰巧迫使当前被称为无用的那些极少数的未腐败的哲学家，出来主管城邦（无论他们出于自愿与否），并使得公民服从他们管理时，或者，只有在正当权的那些人的儿子、国王的儿子或当权者本人、国王本人，受到神的感化，真正爱上了真哲学时——只有这时，无论城市、国家还是个人才能达到完善。"② 这就是有名的"哲学王"思想，事实上是从哲学、哲学家对于一个城邦国家的重要性的角度强调了哲学对于一个民族的重要性。

关于哲学与民族精神、文明的关系，黑格尔有个著名的比喻，那就是把哲学比喻为民族的庙堂之神。他说：

"每一时代对科学和对精神方面的创造所产生的成绩，都是全部过去时代所累积起来的遗产——一个神圣的庙宇，在这里面，人类的

---

① ［德］黑格尔：《哲学史讲演录》第1卷，商务印书馆1997年版，第56页。
② ［古希腊］柏拉图：《理想国》，商务印书馆1996年版，第251页。柏拉图并未能实践或实现这种理想，而他的学生亚里士多德曾经有机会成为马其顿国王亚历山大的老师，后者经常被誉为古希腊的"哲学王"。

各民族带着感谢的心情,很乐意地把曾经增进他们生活的东西,和他们在自然和心灵的深处所赢得的东西保存起来。"① 但是,"一个有文化的民族竟没有形而上学——就像一座庙,其他各方面都装饰得富丽堂皇,却没有至圣的神那样"②。

黑格尔所说的形而上学乃是传统的哲学。他的意思就是说,庙宇之为庙宇,不是因为有了像庙宇一般的建筑,而是因为庙宇中供奉着神灵。同样,一个民族成之为民族,就在于其文化中有哲学。一个民族如果没有自己的哲学就像一座没有供奉神灵的庙宇一样,即使其他方面多么优秀、突出,也是空洞的。所谓哲学是庙堂之神,也就是说,哲学是民族、文明的灵魂。

马克思在考察历史和现实的基础上指出,"各种外部表现证明,哲学正获得这样的意义,哲学正变成文化(旧译为'文明'——引者注)的活的灵魂……这样的外部表现在一切时代里曾经是相同的"③。"灵魂"以言其重要,"活"则言其动力、生命力。以文明相对于野蛮、蒙昧而言,哲学是文明活的灵魂,就意味着,哲学就是文明之为文明的标志,或者说,哲学是文明区别于非文明的标志;以文明作为民族单元来看,哲学是文明活的灵魂,就意味着,哲学不仅是一个民族真正成为民族的标志,而且是一个民族不断创新、进步的动力源泉。哲学家海德格尔就认为,看上去无用的哲学"却恰恰拥有真正的威力……能与民族历史的本真历程生发最内在的共振谐响。它甚至可能是这种共振谐响的先声。"④ 同时,文明、文化是一个有机体,哲学对文明、文化起着诊断、治疗的作用,就像尼采所说的,哲学家是文化的医生。正是由于哲学的治疗和保养(其方式主要是批判性的),各民族的文化、文明才得以健康发展。反之,一个民族、文明的衰落往往可以从哲学上找到最根本的原因。即使对于整个人类文明而言,哲学也是人类文明的活的灵魂——可以想象一下,如果有地外智慧生命,他们将如何看待地球上的人类。哲学终止之日,就是文明终

---

① [德] 黑格尔:《哲学史讲演录》第1卷,商务印书馆1997年版,第9页。
② [德] 黑格尔:《逻辑学》上卷,商务印书馆1966年版,第2页。
③ 《马克思恩格斯全集》第1卷,人民出版社1995年版,第220页。
④ [德] 海德格尔:《形而上学导论》,商务印书馆2005年版,第10页。

止之日，也就是人类灭亡之时。

真正的哲学是民族文明的活的灵魂。要认识一种文明或了解一个民族，我们必须了解它的哲学；要使一种文明或一个民族能持续、有活力地存在下去，就必须依靠哲学提供不竭的动力源泉，就必须在不断的哲学创新中实现哲学的繁荣发展；要使哲学能不断得以创新和发展，就必须在挖掘、研究民族文明传统的同时吸收和借鉴一切人类文明的成果。

真正的哲学是时代精神的精华，是文明的活的灵魂。这就是哲学的文化坐标。要了解一个时代、一个文明或一个民族，就必须了解它的哲学。但是"要了解它的哲学，我们必须在某种程度上自己就是哲学家。"[①] 也就是说，除了深入学习哲学之外，没有别的更好办法。

二　哲学就是哲学史

真正的哲学是时代精神的精华，而时代是不断更替的；真正的哲学是文明活的灵魂，而文明是不断发展的。因此，哲学不可能是一成不变的，哲学的发展变化便形成了哲学的历史，即哲学史。哲学是历史性的思考，哲学史是思想性的历史。恩格斯曾经说，哲学是"一种建立在通晓思维的历史和成就的基础上的理论思维"[②]。黑格尔在其名著《哲学史讲演录》中更是雄辩地为我们揭示：哲学就是哲学史，哲学史是哲学的展开。

首先，哲学是在一定的历史条件下产生和发展的。无论是人类整体，还是作为个体，人都是历史性的存在物。人是思想的存在物，作为思想精华的哲学也是历史性的，哲学只有在某一民族的精神文明发展到某个阶段才会出现。黑格尔的《哲学史讲演录》在探讨"支配哲学思想的外在的历史条件"时指出，"因为哲学既是自由的与私人利益无关的工作，所以首先必俟欲求的逼迫消散了，精神的壮健、提高和坚定出现了，欲望驱走了，意识也高度地前进了，我们才能思维那些普遍性的对象"。同时，从"哲学研究的精神需要在历史上的起始"来看，"哲学作为一个时代的精神的思维和认识，无论是怎样先验的东西，本质上却也是一种产物；思想

[①] ［英］罗素：《西方哲学史》上卷，商务印书馆2005年版，第12页。
[②] 《马克思恩格斯选集》第3卷，人民出版社1995年版，第533页。

是一种结果，是被产生出来的……我们可以说，当一个民族脱离了它的具体生活，当阶级地位发生了分化和区别，而整个民族快要接近于没落，内心的要求与外在的现实发生了裂痕，而旧有的宗教形式已不复令人满足，精神对它的现实生活表示漠不关心，或表示厌烦与不满，共同的伦理生活因而解体时——哲学思想就会开始出现"①。黑格尔的具体分析也许有很多值得商榷和进一步研究的地方，但哲学确实是历史的产物，既是以一定物质条件为基础的，更是一定社会思想文化的反映。并且，随着一定社会的物质、精神条件的变化，哲学也必然发生着变化。正是在这一意义上，哲学才能与时俱进地成为时代精神的精华。

其次，哲学在哲学史中得以展现和完成。再优秀的哲学都不是横空出世的突兀山峰，而只是绵延于哲学史上众多山峰中的高峰。确实，"我们的哲学，只有在本质上与前此的哲学有了联系，才能够有其存在，而且必然地从前此的哲学产生出来"②。在经验上，我们往往可能认为，最晚出的、最年轻的、最新近的哲学是最丰富、最深刻的哲学。但是，我们要知道，即使这种经验认识是对的，那么最新的哲学也不过是以往哲学发展的结果，是"站在巨人的肩膀上"所获得的成就。因此，要了解现在的哲学，就要了解现在的哲学所由而来的哲学史。同时，哲学史上存在着许多种哲学，没有一种哲学可以代表所有的哲学而被看作是哲学本身，单单研究某一种哲学或某一个时代的哲学就是只见部分不见全体，只见树木不见森林，只见到个别的哲学体系而不见哲学本身，必然会导致对哲学的误解。因此，要想整体地把握什么是哲学，就必须研究哲学史。马克斯·舍勒曾经说：

"如果哲学不打算追溯它所寻找特定形态的哲学本质的学术内涵，亦即不打算追溯某种具体的哲学原理或某个所谓的哲学'体系'，那么它就无法得到类似本质的一切。"③

---

① ［德］黑格尔：《哲学史讲演录》第1卷，商务印书馆1997年版，第53—54页。
② 同上书，第9页。
③ ［德］马克斯·舍勒：《哲学与世界观》，上海人民出版社2003年版，第1—2页。

在黑格尔看来,"哲学有这样一种特性,即它的概念只在表面上形成它的开端,只有对于这门科学的整个研究才是它的概念的证明,我们甚至可以说,才是它的概念的发现,而这概念本质上乃是哲学研究的整个过程的结果"①。也就是说,哲学自身的历史与哲学内部的逻辑是统一的,我们在哲学的"横截面"中所看到的共时性的哲学"机理"只有在历时的哲学历史中才能得到有深度的理解。所以,任何哲学的结论、原则虽然最终需要接受实践的检验,但是首先必须通过哲学史本身才可以得到辩护和证明。哲学既是灵动的,也是有谱系的,特别是就专业的哲学研究而言,哲学史功底是检验思想是否"靠谱"的重要标准。

最后,对哲学史的研究本身是一种哲学活动。对哲学历史的研究,并不同于其他学科对自己的历史的研究。人是思想的存在物,哲学史就是人的思想的历史。因此,哲学史昭示的并不是外在于我们的事物的生成,而是我们自身的生成过程。因此,一方面,对哲学历史的研究真正是"对思想的思想",这正是哲学反思性的规范内容;另一方面,对哲学历史的研究乃是人类对自我生成历史,或对自我进行认识的重要方式。一旦历史唤醒我们,它就变成了一面可以照出"我自己是什么"的镜子。换而言之,对哲学历史的研究并没有别的目的,只在于让"思想自觉为思想"。黑格尔说得好:"我们……研究的这种历史,就是思想自己发现自己的历史;而思想的情形是这样,即:它只能于产生自己的过程中发现自己;也可以说,只有当它发现自己时,它才存在并且才是真实的。"哲学乃是"对思想的思想"的功夫,因而对哲学历史的研究本身就是一种哲学的活动,甚至是思想活动中最为优秀的活动之一。黑格尔直截了当地确认:

"哲学史的研究就是哲学本身的研究,不会是别的。""我们必须认为,唯有当思想不去追寻别的东西而只是以它自己——也就是最高尚的东西——为思考的对象时,即当它寻求并发现自身时,那才是它的最优秀的活动。"②

---

① [德]黑格尔:《哲学史讲演录》第1卷,商务印书馆1997年版,第6页。
② 同上书,第10、34页。

对于每一个面对哲学史的人来说,"哲学史——一个我在其中思想与呼吸的空间——以无比完满为我们的探究显现若干原型。经过它的努力、成功与失败,哲学提出了问题。并且,它以那些坚定不移地依循它的艰难历程的人们的事例来鼓励我"①。同时,"哲学就是哲学史"的独特规定性给哲学的发展和研究带来了鲜明的诠释性、扬弃性特色。

哲学的诠释性特征

哲学属于典型的人文科学学科,不同于社会科学、自然科学,人文科学研究的直接对象是作为客观知识的精神和思想,不可能像揭示自然、社会规律那样去"客观地"了解作为客观知识的文化产品的"原意"。科学真理对一切人都是"一"和"同",而哲学真理总是披着许多历史的外衣,其中每一件都可能是真理的表现,都有其合理性,但它们又往往是难以言传的。既然哲学乃是哲学史,研究哲学就必须研究哲学史。在哲学史这个我们在其中思想和呼吸的空间,昭示我们的是"一系列的高尚的心灵,是许多理性思维的英雄们的展览"(黑格尔语)。这一"空间"、"展览"直接的呈现方式是浩瀚的哲学文本(text)。任何时代的哲学研究都必须在前人研究的基础上"接着讲"。在此意义上,哲学乃是思想之间的对话。在对话中,历史上的哲学思想得以复活,新的哲学思想得以萌生。因此,研究哲学史的重要工作就是研究已有的哲学文本。作为客观知识形态的哲学文本只能以理解和解释的方式进行。理解和解释是读者与作者的一种心灵的沟通,当然也是一种能动的阅读②。任何一个时代的哲学研究者都是从他所处的时代出发去阅读、理解以往的哲学思想,从而形成自己独特的看法,领悟到个性化的人生智慧。

哲学家怀特海(A. N. Whitehead,1861—1947)曾经说,几千年的西方哲学不过是柏拉图哲学的注脚,而尼采和海德格尔都认为西方哲学从柏拉图开始就走偏了方向。这些断语除了表明了柏拉图哲学的关键地位外,刚好从正反两方面说明了哲学的诠释性传统。海德格尔本人就认为自己一

---

① [德]卡尔·雅斯贝尔斯:《智慧之路》,中国国际广播出版社1988年版,第101页。
② 诠释的西文词根是 hermes,即赫尔墨斯,他是古希腊神话中诸神的使者,向人间传达和解释神的旨意。因跨越神人二界而使得这种传达具有神秘的色彩。

生都在解释西方哲学。在中国,从孔子开始就推崇和奠定了"信而好古"、"述而不作"(《论语·述而》)的传统。中国哲学中有"六经注我"和"我注六经"之说。其实,就其广泛意义来说,这是适合于中西所有哲学研究的两种不同路径。但是,无论是六经注我,还是我注六经,关键的是"我"与"六经"相关,只有在对"六经"的理解、解释中,在与先哲的"对话"中,我们才可能确立自己的哲学地平线,获得自己哲学创见的基本资源。否则,离开对以往哲学文本的理解与解释,试图割断哲学史的脐带而独立创见,就只能是一些游谈无根、意见空疏的独白,可能色彩斑斓、异常灵动,但决不可能具有稳固的根基和达到真正深刻的洞见,甚至只是在重复许多年前哲学史上不足为训的低级错误。

当然,哲学诠释活动的能动性集中体现为理解的创造性、创新性。哲学的怀疑、反思、批判与超越的思维品质决不允许哲学成为一项钻故纸堆、"皓首穷经"的事业,真正的哲学家也不会满足于让自己的头脑成为别人思想的"跑马场"。无论是六经注我,还是我注六经,哲学按其时代精神精华的本性来说,必然在每一个时代按照新的时代条件历史地实现自己;每一个时代的哲学和哲学家们都会赋予哲学及其内容以崭新理解,从而推动哲学的发展。正是在这个意义上,我们说,经典的哲学著作是常读常新的。用冯友兰的说法,这叫"阐旧邦以辅新命"(语出《诗经》:"周虽旧邦,其命维新")。哲学家雅斯贝尔斯甚至认为,从公元前800年到公元前200年,以公元前500年为轴心,包括哲学在内的人类的精神基础同时并独立地在中国、印度、波斯、巴勒斯坦、希腊已经奠定。直到今天,人们的精神生活仍然导向所谓的"轴心时代",人类的每一次飞跃都依赖于对"轴心时代"的回忆与回顾,例如欧洲文艺复兴运动。就哲学而言,几乎每一次哲学的发展都是依赖于从经典的哲学著作那里获得灵感和创见。返本开新是哲学研究、发展的重要路径与特色。这也启示我们,学习和研究哲学必须重视思想史和原著研读的功夫。

哲学的自我扬弃特性

哲学蕴涵在哲学史中,我们认识哲学史的方法就是诠释。但是,哲学的诠释性并不意味着哲学的停滞和循环。每一个时代的哲学家们围绕着一些基本的问题,对以往哲学进行前提性的批判,形成前后相继的派别性争论。哲学家们往往强调回到哲学的原初起点，从头再来，并号称也坚信自己开辟了某种全新的哲学。黑格尔在评价近代认识论奠基人笛卡儿的时候说："他是一个彻底从头做起、带头重建哲学的基础的英雄人物，哲学在奔波了一千年之后，现在才回到这个基础上面。"① 石里克更为细致地描述了哲学史上的这种场景，他说：

> "恰恰是最伟大的思想家极少相信前人、甚至古典名家的哲学研究成果是不可动摇的和永恒的。这可由下述事实来说明：基本上每一个新的体系都是整个从头开始，每一个思想家都追求他自己的坚实基础，而不愿意随着前人亦步亦趋。Descartes（不是没有理由）觉得他自己的哲学是完全从头开始；Spinoza 相信他采用（当然是非常外表的）数学的形式，已经找到了最终的哲学方法；Kant 确信，沿着他所开辟的途径，哲学将会终于走上一门科学的康庄大道。这样的例子不胜枚举，因为几乎所有的伟大思想家都把哲学的彻底变革看成必要的，并且亲自进行这种变革。"

石里克还认为，"哲学的这种特殊命运被人们再三描述，反复慨叹，再谈已经没有什么意思了"②。这样，至少从表面上看来，哲学史成为一个不断否定、批判的历史，与别的学科相比，哲学也似乎一直没有什么长进，千百年过去，研究和争论的还是那些古老的问题。

其实，这正是哲学发展的独特方式——以自我扬弃的方式进化着。所谓扬弃（意译自德语 aufhehen），是一种包含着肯定的否定，也就是说，每次哲学貌似回到起点的过程都包含、保留着以往哲学的积极成果，实现了一次螺旋式的上升。黑格尔借用花蕾、花朵和果实的关系形象地说明了这一过程。他说："花朵开放的时候花蕾消逝，人们会说花蕾是被花朵否定掉了；同样地，当结果的时候，花朵又被解释为植物的一种虚假的存在形式，而果实是作为植物的真实形式出现而代替花朵的。这些形式不但彼

---

① ［德］黑格尔：《哲学史讲演录》第 4 卷，商务印书馆 1997 年版，第 63 页。
② 《二十世纪哲学经典文本·欧洲大陆（哲学卷）》，复旦大学出版社 1999 年版，第 312 页。

此不同，并且互相排斥互不相容。但是，它们的流动性却使它们同时成为有机统一体的环节，它们在有机统一体中不但不互相抵触，而且彼此都同样是必要的；而正是这种同样的必要性才构成整体的生命。"① 整个哲学史事实上乃是哲学不断进行自我追问的扬弃的历史，这种扬弃是人类向着自己思维的极限进行挑战的真实路径，也是人类追求智慧的必然历程。

在历史上，不仅某个哲学思想、体系受到批判，就是哲学自身存在的合法性也一再受到威胁，很多人都宣告过哲学的死亡，一些哲学家，例如马克思、维特根斯坦、海德格尔也曾经宣告过哲学的终结。事实上，哲学永远也不会真正地终结，终结的只是某种哲学或某种研究哲学的方式。那些宣告哲学终结的哲学家无一例外地建构了自己的哲学体系或者阐述了自己独特的哲学思想。哲学家们不仅宣告某一个哲学思想、体系的终结，而且往往宣告整个哲学的终结，这不过是他们实现自己的批判与超越的方式，这也是哲学自我扬弃性的重要表现。因此，学习和梳理哲学的历史，必须透过阶段、派别、断裂标志林立的表象，看到整个哲学连续性的真实，看到哲学以无数个片面为代价集体铸就的全面与深刻，看到哲学通过纷争的历史而获得的自我发展与完善。

三 哲学的民族性与世界性

整体审视全部哲学的历史，我们不难发现：哲学不仅有时代性的内容、历史性的本质，还有民族性的形式和世界性的问题。

哲学的民族性

哲学直接始于对世界的惊异，而归根到底是源于人们的生产、生活的实践，因而它是现世的智慧，文明活的灵魂。不同民族在很长时期内几乎是在相互平行的历史中进行着各自的哲学探索，形成了各自的"现世的智慧"与"活的灵魂"，也就是各自具有鲜明的民族性的哲学传统。这些民族性的差异体现在哲学旨趣、哲学范畴、思维方式、表达方式等诸多方面。例如，中国传统哲学重在向善，讲究情理；西方哲学重在求真，讲究物理。中国传统哲学的天、地、道、德、性、命、礼、义、理、气、知、

---

① [德] 黑格尔：《精神现象学》上卷，商务印书馆1983年版，第2页。

行等范畴与西方哲学的物质、存在、精神、本体、理念、主体、客体等范畴迥然有异。中国传统哲学更擅长整体、综合的思维方式；而西方哲学更重视分析、演绎的思维方式。中国传统哲学在表达上强调述而不作、遇物则诲，多文学性的隐喻，惯于用格言、警句、比喻、事例等形式——黑格尔认为中国传统哲学是"完全散文式的理智"，梯利（Frank Thilly，1865—1934）则认为"这种理论同诗和信仰交织在一起"[1]；西方哲学更注重逻辑的清晰严密和理论的系统性（在下一讲中，我们将比较详细地涉及中国哲学与西方哲学各自特点的比较），等等。其实，即便是就西方哲学自身而言，不同国家、民族哲学特点也是不同的，接触过西方哲学的人，往往都会对法国启蒙哲学泼辣明快与德国古典哲学艰涩隐晦的鲜明对比留有深刻印象。马克思还曾指出过，"爱好宁静孤寂，追求体系的完满，喜欢冷静的自我审视"是德国哲学的特色[2]。

那么，哲学的民族性是如何形成的呢？

各民族生活条件的差异是形成不同哲学传统的主要原因。哲学是文明的活的灵魂，而按照历史学家汤因比的著名理论，文明的产生和发展就在于人们如何应答世界提出的"挑战"。的确，世界一开始是作为我们实践生活的抵抗方面出现的，尔后才成了认识和把握的对象。不同民族在自己的产生和发展历史上遭遇了不同的挑战，因而，他们应答的方式必然是不同的，从而形成不同的文明及其灵魂——哲学。所以，在很大程度上，一个民族的哲学传统是其共同生活条件的反映。印度著名诗人、哲学家泰戈尔（R. Tagore，1861—1941）曾经这样分析：古希腊城邦林立，人们生活在被城墙分隔的诸多小国里，彼此隔绝，因此习惯于把国家与国家、人和自然对立起来考虑。这种"分而治之"的思想传统，表现在哲学上就是主客二分的思维方式和强烈的怀疑精神。而印度文明的发源地——印度河流域被茂密的森林所包围着，人们的生活与大自然所给予的一切息息相关，他们从自然中获取生活资料和生产资料，能够充分体会到个人和宇宙之间的和谐，并且把这种和谐精神贯穿到他们的哲学传统中。

也有学者指出，中国哲学强调"和谐"、"中庸"，与其幅员辽阔的地

---

[1] ［美］梯利、伍德：《西方哲学史》，商务印书馆2006年版，第3页。
[2] 《马克思恩格斯全集》第1卷，人民出版社1995年版，第219页。

理环境和古代农业文明的强大实力有着直接的关系。冯友兰就认为,中国哲学的直觉思维特色与中国的农业有着密切关系。

> "农民日常与之打交道的,诸如田地和庄稼,都是他们一看就认识的东西。他们处于原始和纯真的心态之中,把直接认知的东西看为宝贵的东西,这就无怪反映他们思想的哲学家们也同样把直接认知的东西看为哲学思维的出发点。"①

他还认为,《论语》中所谓"知者乐水,仁者乐山。知者动,仁者静。知者乐,仁者寿。"可以反映东西方不同环境对各自哲学的影响:西方哲学孕育于希腊半岛,是一种海洋文明,故以求知;古代中国的文化核心地区处于内陆,是一种陆地文明,故以尚仁。同是哲学,东西方见仁见智之别,都与生活条件有着密切的关系。

各民族的生活环境、生存条件是造成哲学民族性差异的起始条件,但我们不能导致一种所谓的"环境决定论"。公元前4世纪的亚里士多德就认为地理位置、气候、土壤等影响个别民族的特性与社会性质。他认为希腊半岛处于炎热与寒冷气候之间而赋予希腊人以优良品性,故天生能统治其他民族。法国启蒙哲学家孟德斯鸠(Montesquieu,1689—1755)在其名著《论法的精神》一书中,认为地理环境对各民族生理、心理、气质、性格、宗教信仰、政治制度乃至哲学有决定性影响,并认为"气候王国才是一切王国的第一位",热带通常为专制主义笼罩,温带形成强盛与自由之民族。这是典型的地理环境决定论思想。

各民族不同的历史经历也深刻地影响着哲学的民族性,不同民族的不同哲学传统也可以理解为不同民族的不同生活经历、历史经验的积淀。哲学既然是时代精神的精华,那它就必然是对时代主题的哲学解答。不同民族在不同时代遭遇不同的时代主题是由各民族历史发展的差异性决定的。例如,现代西方哲学的特点无疑与近代以来文艺复兴运动、资产阶级革命、两次世界大战、科学技术的兴起及对社会造成的正反两方面影响有着密切的关系。同样,中国长期以来的大一统的中央集权状态,复杂而组织

---

① 冯友兰:《中国哲学简史》,新世界出版社2004年版,第21页。

化的家族制度，以及民族、文化不断大融合的历史，都深刻地影响着中国哲学的特点。冯友兰就认为，中国哲学，特别是儒家思想在很大程度上便是中国特色的家族制度的理性化。正如罗素所言：

"哲学乃是社会生活与政治生活的一个组成部分：它并不是卓越的个人所做出的孤立的思考，而是曾经有各种体系盛行过的各种社会性格的产物与成因。"[1]

不同的语言文字，也是形成不同哲学传统的重要原因。语言是人类思想表达的工具。哲学家们只有在熟练地运用本民族语言的基础上，才能够自由、充分地表达自己的思想，该民族也才能拥有自身的哲学。根据语言学家的分析，目前世界上主要有一百多种语言，它们大致可以划分为九大（或七大）语系。不同语言的词汇、发音、语法、书写都不相同，而且任何一种语言都包含着这个民族历史积淀下来的"只可意会、不可言传"的"言外之意"，潜藏着理解一个民族精神文化的重要密码。冯友兰指出，"中国哲学著作由于它们的提示性质，语言的困难就更大。中国哲学家的言论和著述中的种种提示，很难翻译。当它被翻译成外文时，它由提示变成一种明确的陈述；失去了提示的性质，就失去了原著的味道"[2]。其实所有不同民族的哲学传统之间的翻译都面临这样一个问题，甚至有哲学家（奎因，Quine，1908—2000）断言，两种不同民族的语言在根本上是不可以相互翻译的。我们可以试着对下面两句名言进行英汉互译，体会其中的差异。

  1. 道可道，非常道。
  2. To be or not to be, it's the question.

无疑，民族语言深深影响了哲学的阐述方式。无论是中国孔子、老子、庄子的思想，还是西方的柏拉图、亚里士多德、笛卡儿和康德等人的

---

[1] ［英］罗素：《西方哲学史》上册，商务印书馆2005年版，第5页。
[2] 冯友兰：《中国哲学简史》，新世界出版社2004年版，第11页。

作品，或者是印度的佛经，它们思想表达方式的差异是十分明显的，而在不同语言之间进行翻译的难度也是显而易见的。语言的壁垒在很大程度上区隔了哲学不同的可能性空间，表征和延续着哲学殊异的民族趣味与传统。当然，语言差异也可能在彼此的翻译过程中阴差阳错地发生"化学反应"，产生意想不到的新奇收获。例如，中国古来并没有学科意义上的哲学，今日中国哲学是在西学东渐的背景下，哲学家和哲学工作者们在译读西方哲学过程中创造性地建构起来的。

即使是在全球化进程日益加速的今天，哲学的民族性仍然十分鲜明。首先，哲学的民族性是一种历史的真实存在，历史不可能割断。就今日很多民族的哲学来看，今天的哲学现实或未来的哲学走向似乎还主要是其民族哲学智慧的一种自然延续与展开。其次，正是在全球化的进程中，民族—国家（nation state）的疆域、经济、政治、文化的界限才得以逐步厘清，而当经济一体化成为不可逆转的趋势之时，民族文化就成为民族—国家极其重要的自我认同标识，而哲学乃是民族文化的核心和民族的庙堂之神。而且，一个民族的哲学只有具有鲜明、丰富的民族性，才可能作为一种个性的、独特的存在进入世界的哲学殿堂，赢得其他民族的尊重。正如歌德（J. W. von. Goethe，1749—1832）所言：越是民族的就越是世界的。再次，哲学总是具有一种超越的品质，各民族的哲学都包含着对现实世界所面临问题的不同解答智慧，但从世界历史的高度来看，任何一个民族的智慧在彰显或澄明某些真理的同时，往往难以避免地遮蔽了另一些真理。孔子云："三人行，必有我师焉。"俗语也说："三个臭皮匠，抵个诸葛亮。"面对今天人类面临的生存危机，多民族哲学的存在客观上形成了一种多样性的文化生态，蕴藏着无限可能的智慧资源。如果全世界只有一种哲学，人们都拥有同一种思维模式，那么人类就成了一种单向度的存在，人类的前途就是岌岌可危的。可见，在全球化的今天，哲学的民族性不仅是事实性的存在，也是人类必要的追求。

哲学的世界性

哲学的民族性是哲学特殊性的一种表现，但正如我们不能说"白马非马"一样，我们也不能因为哲学的民族性否认各民族哲学的共同性。事实上，不同民族的哲学有着许多共性。例如，他们都是一种区分于神话、宗教、常识、艺术、宗教、科学的一种把握世界的特殊方式；他们都是时代精神的精华，是文明活的灵魂；他们都具有怀疑、反思、批判、超越的思维品质；在他们不同的哲学范畴背后可以看出都围绕着一个共同的哲学基本问题；他们都形成了大致相同的基本理论领域；等等。甚至，令人惊奇的是，不同民族的不同哲学家会在不同条件下以不同的民族语言得出基本相同的哲学结论或意趣相当的哲学体系。古希腊第一个哲学家泰勒士把水看成是万物的本原，而中国古代的"五行说"和古代印度的"四元素说"所涉及的世界本原都包括水。古希腊哲学家苏格拉底和中国的老子都把认识到自己的无知看成是最高的智慧。苏格拉底认为，认识自己的无知是开启智慧之门的钥匙；老子认为，"知不知，尚矣；不知知，病也"。中国宋代朱熹的理学与古希腊柏拉图的理念说也有异曲同工的地方，德国著名哲学家叔本华也认为朱熹的哲学与自己的哲学思想是惊人地一致。20世纪，德国哲学家哈贝马斯（Jurgen Habermas, 1929—　）与中国的邓小平（1904—1997）都提出了"科学技术是第一生产力"的命题。

　　哲学具有世界性的根本原因在于不同民族都从属于人类这一基本事实。人类作为一个"类"与其他万事万物区分开来的差异性要远远大于不同民族之间的差异性。只要是作为一个类，他们就会以一种相同的，也就是类的存在方式——实践的方式——去在世。作为与动物相区分的实践必然具有一些共同的规定性。在此共同规定性基础上形成的文化差异性总是有着某种共通性。语言学家乔姆斯基（A. N. Chomsky, 1928—　）经过研究发现了不同民族语言的"深层的普遍特性"；后现代历史哲学家海登·怀特（Hayden White, 1928—　）指出不同的历史叙述存在共有的"深层结构"；还有人提出"文化常数""文化的公分母"的说法，即看上去异彩纷呈、差异多元的各种文化都是基于一种共同公分母的分子而已。事实上，从宇观尺度上看，不管作为复数的人类文化差异多么惊人，整个人类也拥有着一个共同的、作为单数的文化，这种文化是全人类共同具有的意义之网，可能外在于每个具体的成员，却内在于人类集体之中。雅斯贝尔斯就断定：

　　　　哲学本质上"是对人类根本普遍性，对所有人与人之间的联系的一种活生生的表达（living espression）……尽管哲学思想派别繁多,尽管各派思想互相对立,彼此排斥,自命为真理,但是,在所有的哲学中都有着一个'一'(one),没有人拥有这个'一',但一切认真的努力无论何时都为之神迷"。①

从此角度看哲学的民族性,不过是"性相近"基础上的"习相远"。

其次,各民族哲学的终极目的的一致性也表明他们的哲学必然具有共同性。任何民族的哲学都是为了把握和改变世界,以获得一种安全的家园感,在此基础上追求生活和更好的生活(发展),其终极目标不外乎人的幸福与自由,差别只在于对幸福与自由含义的不同理解和达致的路径殊异。中国古代的《周易》有云:"天下同归而殊途,一致而百虑。"哲学的世界性与民族性,正可作如是观。

在当代,哲学具有世界性的根源主要与全球化有关。一方面,随着全球化进程的加速,不同民族的具体实践方式(生产、生活、交往)都有很大的趋同,这是每个人的经验就能直接感受得到的。哲学作为现世的智慧和时代精神的精华,必然要反映这种现实。早在1827年,歌德就曾预言:民族文学在现代算不了很大一回事,世界文学的时代已快来临了。1847年,马克思说:

"民族文学的片面性和局限性日益成为不可能,于是,由许多民族的和地方的文学形成了一种世界的文学。"②

歌德、马克思所说的"文学"都是广义的,是包括了哲学在内的整个精神文化。另一方面,全球化导致了各民族交往的高度发达,哲学的交往也成为民族交往的重要维度。在全球化时代,任何有生命力的民族哲学都在积极拓展视野,在展示其作为民族文化软实力核心的魅力的同时,吸收和借鉴其他民族的哲学资源。各种寻求民族哲学"交叉共识"或在交往中诞生新的"全球共识"的尝试都在努力之中。再一方面,人类面临着一些共同的问题也决定了各民族哲学必须具有一定的共同性或公共性。

---

① [德]卡尔·雅斯贝尔斯:《智慧之路》,中国国际广播出版社1988年版,第7—8页。
② 《马克思恩格斯选集》第1卷,人民出版社1995年版,第276页。

全球化导致了一个风险同担、荣辱与共时代的到来，谁也不能置身于事外而独善其身。诚如美国作家海明威所言：一旦丧钟敲响，不要问丧钟为谁而鸣。在共同的生存危机面前，各民族哲学面临着共同的任务，各民族只有协同彼此的精神文化资源，依靠共同的智慧才能克服这一危机。

黑格尔在谈到历史上盛行的各类哲学体系时说："那些作为各个哲学体系的基础的特殊原则，只不过是同一思想整体的一些分支罢了。""真正的哲学是以包括一切特殊原则于自身之内为原则。"① 的确，以往的哲学史表明，不曾有过离开某种特殊哲学——包括民族哲学——的哲学存在，而本真的哲学又不能仅仅被理解为某种特殊的哲学——例如民族哲学。马克思着眼历史发展的未来趋势，认为必然会出现这样的时代：

> "那时哲学不仅在内部通过自己的内容，而且在外部通过自己的表现，同自己时代的现实世界接触并相互作用。那时，哲学不再是同其他各特定体系相对的特定体系，而变成面对世界的一般哲学，变成当代世界的哲学。"②

可以肯定的是，当代人类正自觉不自觉地追求着某种世界哲学。但同样可以肯定的是，不仅这种追求是"路漫漫其修远兮"，而且即便是达成某种世界哲学，各个民族也一定会因为习惯、语言、思维方式等原因而以自己独特的方式去表达和理解。哲学的民族性与世界性的二重性在可预见的时期内，都只能看作是哲学存在与发展的一种实在的，也是必要的张力。

思考：

1. 从哲学与时代精神、民族精神的关系思考哲学在人类历史中的文化坐标。

2. 如何理解"哲学就是哲学史"？这一命题对于学习、研究哲学有什

---

① ［德］黑格尔：《小逻辑》，商务印书馆 2003 年版，第 54—55 页、第 56 页。
② 《马克思恩格斯全集》第 1 卷，人民出版社 1995 年版，第 220 页。

么启示?

3. 哲学民族性与世界性的各自理由有哪些?
4. 从哲学的角度如何理解"越是民族的就越是世界的"?
5. 立足于全球化的背景,思考中国哲学与外国哲学的应然关系。

第五讲　东西文明及其哲学

今日世界之哲学，无不是以往哲学传统的延续与发展。在各种哲学传统的延续与发展中，它们相互交往、彼此互动，对各自都产生了深刻的影响。就此而言，今日世界之哲学，无不是各个哲学传统相互影响的一种"效果历史"。选择对今日世界之哲学影响最为重要的哲学传统，了解它们的旨趣、历史及相互关系，无疑是我们鸟瞰、理解哲学的重要方式。

一　五大文明及三大哲学传统

人们通过自己的活动，尤其是劳动实践创造了灿烂的人类文明，而哲学作为智慧之学，正是人类文明的精华，是人类文明活的灵魂。我们知道，世界上有四大文明古国，那就是古代中国、古代埃及、古代巴比伦和古代印度。其实，在此之外，还有一个对世界产生极大影响的古代文明，那就是古希腊罗马文明。不同的文明的精华形成不同的哲学传统。但是由于战争、自然灾害等种种原因，一些文明及其哲学传统在历史中逐渐消失了。在当今世界，影响最为广泛的哲学传统主要有三：西方哲学传统、中国哲学传统和印度哲学传统。

古希腊文明和西方哲学传统

西方哲学传统源于古希腊文明。很多西方人都同意哲学家黑格尔下列说法："一提到希腊这个名字，在有教养的欧洲人心中，尤其是在我们德国人心中，自然会引起一种家园感。"[①] 梯利则不无夸张地说："希腊人不仅奠定了一切后来的西方思想体系的基础，而且几乎提出和提供了两千年

---

① ［德］黑格尔：《哲学史讲演录》第一卷，商务印书馆1997年版，第157页。

来欧洲文明所探究的所有的问题和答案。"① 古希腊的地域比现在的希腊国要大得多，几乎包括了整个地中海地区和岛屿。希腊文明可以追溯到始于大约公元前2000年的爱琴文明。但是直到公元前11世纪到公元前9世纪（荷马时代）古希腊才进入奴隶社会，后来建立了许多城邦奴隶制国家。公元前5世纪，以雅典为代表的古希腊城邦国家处于极盛时期。公元前338年，马其顿王国征服希腊各城邦，建立了地域广大的亚历山大帝国。古希腊的地中海交通十分便利，文化交流十分活跃。古希腊在大量吸收古代巴比伦、古代埃及等外来文化积极成果的基础上，创造了自己辉煌的文明，他们在自然科学、民主政治、建筑、文学、体育、艺术等方面取得了斐然成就。马克思曾经说过，古希腊艺术至今"仍然能够给我们以艺术享受，而且就某些方面说还是一种规范和高不可及的范本"。② 其实，这用来描述整个希腊文明也是很恰当的。这种辉煌的文明与古希腊远古的神话传说一起孕育了西方哲学。

古希腊神话传说在荷马（Homer，公元前9世纪）所著《伊利亚特》和《奥德赛》这两部史诗以及赫西俄德（Hesiod，公元前8—前7世纪）所编的《神谱》中保存得很完整。希腊神话的一大特色就是神和人是同形同性的，神具有人的形象和人的感情、欲望、性格，很世俗化，甚至人和神之间还有血缘关系。因此，希腊神的形象和神话故事具有现实生活的人间气息，它不仅仅是包括哲学在内的希腊文化的武器，而且它本身就是土壤。希腊神话的另一特色是倾向于展现人的力量的潜能，重点不在于描述如何创造世界，而在于征服世界。这反映了古希腊人积极、进取的处世态度，也深深影响了后来的西方哲学传统。在古希腊神话中，阿波罗（Apollo）、狄奥尼索斯（Dionysos）等神和关于奥尔弗斯（Orpheus）的传说对后来的哲学有重大影响。阿波罗和狄奥尼索斯分别是太阳神和酒神，阿波罗象征理性与秩序，狄奥尼索斯象征本能冲动、无序。按照尼采的说法，这两者的斗争构成了西方文化及其哲学的历史。西方理性主义哲学传统奠基人柏拉图就被传说为是太阳神阿波罗转世。奥尔弗斯相传是古色雷斯王的儿子，是希腊神话中诗人和音乐家的原型。公元前8世纪左右，希

---

① [美] 梯利、伍德：《西方哲学史》，商务印书馆2006年版，第3页。
② 《马克思恩格斯选集》第2卷，人民出版社1995年版，第29页。

腊形成崇拜他的宗教。奥尔弗斯教义希望通过一种"神秘灵感",与神相通和合一,以此获得别的方式不能获得的神秘知识。这种神秘的成分随着毕达哥拉斯进入古希腊哲学特别是柏拉图哲学,从而影响了整个西方哲学。

古罗马本是意大利半岛上一个小城邦,公元前146年征服了马其顿所属的希腊,后来成为地跨欧、亚、非三洲的大帝国,在继承古希腊文明的基础上创造了灿烂的古罗马文明。随着罗马帝国的扩张和欧洲国家之间的频繁交往,整个欧洲哲学都在古希腊罗马哲学的源头上发展起来。新航路的开辟和西方列强对全世界的殖民扩张,使西方哲学传播和影响到美洲及世界各地。在此过程中,西方哲学本身也不断地发展,西方哲学传统逐渐成为世界上影响最大的哲学传统。现代的西方哲学主要包括现代欧洲的哲学和现代美国的哲学,因此,人们也常称现代西方哲学为欧美哲学。比之于其他哲学传统,西方哲学的"重智"特色十分鲜明,劳思光(1927—2012)曾把西方哲学史概括为"由智达德"(苏格拉底、柏拉图)、"以智辖德"(笛卡儿、斯宾诺莎)、"穷智见德"(康德、黑格尔)的历史[①]。

古中华文明与中国哲学传统

古代中国文明具有多源性。除作为主体的黄河流域外,长江流域、珠江流域,甚至西南、东北地区,都是中国文明的重要发祥地。远古时期,黄河流域部落联盟不断兼并,留下"三皇五帝"(燧人、伏羲、神农和黄帝、颛顼、帝喾、尧、舜)的传说,成为远古时代华夏文明与智慧的象征。公元前21世纪,大禹的儿子启建立夏朝,中国进入奴隶社会。伴随着氏族、部落的相互兼并和统一,原来众多的氏族神、部落神开始向统一的至上神"(上)帝"转化,后来又演变为"天命",人们通过占卜、祭祀的方式来沟通与上帝、天命的关系。形成于商末周初的《易经》就是对这些卦象的记载[②],后来转变为对未来的预示。对预示加以解释,就是卦辞和爻辞。这些事实上成为中国古人一种对自己生活实践活动的自我阐释,集中反映了华夏民族原始理论思维,成为中国哲学智慧的渊源。

[①] 劳思光:《哲学问题源流论》,香港中文大学出版社2001年版,第23—30页。
[②] 按照《周易·系辞》的说法,伏羲氏"仰则观象于天,俯则观法于地,……于是始作八卦,以通神明之德,以类万物之情"。

夏、商、周三代文化孕育了中国哲学，也预示着后来中国哲学传统的基本特色。

首先，中国哲学传统的基本思路是"穷神知化"（《周易·系辞下》）。所谓"神"不是人格的神，而是天命、天道；所谓"知"不是西方式的逻辑思辨，而是直觉感悟；所谓"化"不仅指宇宙自然变化，而且指宇宙与人事道德统一（天人合一）的变化；"知化"本质上是对人的生命实践条件与规则的领悟；"穷"是通过诚意正心而来，神不外在于人心，所谓"至诚如神""唯天下至诚为能化"（《中庸》）。

其次，中国哲学传统有着鲜明的辩证思维特点。中国传统哲学的核心是阴阳变易观念。《周易》云："一阴一阳之谓道"，"天地之大德曰生""生生之谓易"。此后的和合、中庸等思想皆可溯源于此。无论是儒家、道家、法家、墨家，还是兵家、阴阳家，中国哲学的核心思想一以贯之地具有矛盾、联系、变化地看问题的特点。

最后，中国哲学传统富于浓郁的人伦社会情结。中国古代社会以血缘宗法为纽带，中国哲学一方面聚焦于家族、社会生活，对自然和超自然问题较少关注，即使"敬神如神在"，但目的是为了解决人们生活中的现实问题。孔子的态度很好地代表了这种传统："子不语怪、力、乱、神""敬鬼神而远之""未知生焉知死？"（《论语》）庄子亦云："六合之外，圣人存而不论；六合之内，圣人论而不议"（《庄子·齐物论》）。另一方面，中国哲学特别注重基于人伦的道德修养，作为中国哲学主流的儒家哲学强调在反求诸己中追求内圣外王的境界。所谓内圣，即不断完善自身的道德修养，从而达到圣人的境界；外王，则是治国济世、建功立业，主要是社会政治实践。这其中，内圣是核心、前提和关键。

古印度文明与印度哲学传统

古代印度在空间上约相当于今天印度、巴基斯坦、孟加拉、尼泊尔等国的地域。公元前3000年左右，印度河流域形成印度河谷文明（哈拉巴文化）。约公元前1750年前后，这一文明骤然衰落，原因至今不详。公元前1500年左右，印欧语系的雅利安人陆续自中亚南下进入次大陆，先后占领印度河流域和恒河流域。期间，其原始氏族组织逐渐解体，至公元前1000年代初形成奴隶制国家，同时形成严格的社会等级制度，即"种姓制度"。公元前10世纪形成以祭祀为核心的原始宗教婆罗门教。公元前六世纪初，印度北部形成十六国，各国内部社会矛盾十分尖锐，产生了佛教等一些新宗教。公元前3世纪，孔雀王朝在阿育王（Asoka）统治时期（公元前273—前236年）达到全盛，版图包括除南端迈索尔以外的整个次大陆。阿育王死后，帝国即告分裂，形成许多独立的国家。此后，不断统一和分裂，而且是短暂的统一和长期的分裂。这种经历，加之印度文化重口传、密传，导致印度历史记载不完全、不系统、不确切。黑格尔曾经感慨："没有比印度人的年代记载更纷乱、更不完全的。没有一种民族在天文学、数学等方面已经如此发达而对于历史学却如此之无能。在他们的历史中，年代既没有确定，也没有联系。"①

古代印度神话众多，从公元前1200年开始逐渐形成的《吠陀》（Veda）这一经典文献被认为是古代圣人受神的启示而写出来的，对印度哲学传统有着深刻的影响。吠陀，即知识之意，特别是指万神并存的知识。吠陀中最古老的一部分是对神的颂歌和祷文，其中夹杂着一些对世界形成的合理猜测。广义的吠陀还包括较晚出的梵书、森林书和奥义书。其中的奥义书（Upanishad，梵语坐近之意，引申为秘密传授）在很多方面已开始摆脱宗教神话的内容，以思维论证的方式来探讨人的本质、宇宙的根源、人和精神世界的关系、死后的命运等带有哲学意义的问题。其中最为重要的是"梵我不二"的哲学思想，其意为：作为外在的、宇宙的终极原因的梵（Brahman）和作为内在的、人的本质或灵魂的阿特曼（Atman）在本性上是同一的。如果人能摒弃社会生活，抑制七情六欲，实行达磨（Dharma，法、正道）的规定，那么，他就可以直观阿特曼的睿智本质，亲证梵和我同一，从而获得解脱。

比之于西方哲学传统和中国哲学传统，印度哲学与宗教有着更为密切的关系。印度哲学与宗教是一种直接继承或蕴涵的关系，宗教的基本意向及其基本问题所在，就决定了这些哲学的旨趣及基本问题所在。黑格尔指出，"印度文化是发达、很宏大的，但是它的哲学是和它的宗教合一的；所以他们在宗教中注意力所集中的对象和我们在哲学中所发现的对象相同"②。印度从古至今是一个宗教信仰盛行的国家，宗教无论是对印度历

---

① ［德］黑格尔：《哲学史讲演录》第1卷，商务印书馆1997年版，第132页。
② 同上书，第134页。

代的上层统治者,还是下层的人民群众,都有巨大影响。而且,印度的绝大多数宗教及其派别都有轮回解脱的思想,认为现实世界是不值得留恋的,脱离现实世界,达到彼岸世界就可以进入一种最高的精神境界,消灭主观、客观的差别,永远摆脱一切烦恼和痛苦,而达致这种境界的"不二法门"就是要进行祭祀、苦行、禅定等修行活动。

三大哲学传统特色比较

三大哲学传统各有特色。既然哲学是在世之人的一种现世的智慧,同时哲学也是关于思维运用的学问,我们就可以从倡导和呈现的在世态度与思维方式的角度来粗略地比较一下三大哲学传统的各自特点。

在世态度是人们领悟自己的在世状态之后的抉择,它决定着人们的生活方式和文化样式。中国哲学家梁漱溟(1893—1988)从生命哲学的角度把这种存在态度称为意欲(will,劳思光称为心灵活动方向)。梁漱溟在《东西文化及其哲学》中关于三大哲学传统的比较十分经典,他说:

"所有人类的生活大约不出这三条路径样法:(一)向前要求;(二)对于自己的意思变换、调和、持中;(三)转身向后去要求;这是三个不同的路向。这三个不同的路向,非常重要,所有我们观察文化的说法都以此为根据。""西方文化是以意欲向前要求为根本精神的。""中国文化是以意欲自为调和、持中为其根本精神的。印度文化是以意欲反身向后要求为其根本精神的。"[①]

也就是说,从在世状态上看,西方哲学传统具有强烈的入世态度,强调一种征服世界、改造世界的精神。印度哲学传统是一种出世的态度。在受宗教深刻影响的印度哲学看来,世界和神并不成为什么问题,只有"我"才是问题的所在,即自我觉悟、自我解脱才是人至高无上的追求。中国哲学传统则似乎介于二者之间,对世界的本源、神圣不很关注,对来世的向往也不很强烈,焦点放在现实的社会生活,是一种现世的态度。冯友兰指出,专就中国哲学中主要传统来说,我们若了解它,我们不能说它

[①] 梁漱溟:《东西文化及其哲学》,商务印书馆2005年版,第61、63页。梁漱溟还曾把三种文化的人生态度归纳为"逐求""郑重"和"厌离"。

是入世的，固然也不能说它是出世的。它既入世而又出世。入世与出世是对立的，正如现实主义与理想主义也是对立的。中国哲学的任务，就是把这些反命题统一成一个合命题。这并不是说，这些反命题都被取消了。它们还在那里，但是已经被统一起来，成为一个合命题的整体。冯友兰还说：

> "儒家'游方之内'，显得比道家入世；道家'游方之外'，显得比儒家出世。这两种思想看来相反，其实却正相反相成，使中国人在入世和出世之间，得以比较好地取得平衡。"[1]

正是基于这种在世态度的差异，三大哲学传统的哲学成就也就表现不一，一如梁漱溟所言，西方哲学的重心在理智哲学，印度哲学的重心在宗教哲学，中国哲学的重心则在于人生哲学。

在思维方式上，三大哲学传统也存在着差异。梁漱溟认为，西方哲学注重理智，中国哲学注重直觉，印度哲学注重现量（感觉）——印度当代思想大师奥修（Osho，1931—1990）有句名言："玫瑰就是玫瑰，莲花就是莲花，只要去看，不要比较。"相对于西方哲学而言，在思维方式上，中国哲学与印度哲学的同要大于异，都不太注重纯粹的理性认知，带有强烈的经验特点和实用倾向，原因可能除开都属于东方文化之外，两者在发展过程中有较为充分的相互交流、相互影响也是重要的方面。因此，我们可以比较简约地从东方哲学与西方哲学的角度来比较思维方式的差异。

首先是外向与内向的思维向度的差异。西方哲学的主流思维是外向型的，总是倾向于向外（自然、社会）扩展来求证自己的力量。乐于探索、敢于冒险、好于征服成为西方文化传统的重要特色。东方哲学传统的主流思维则是内向型的。中国传统哲学十分强调反省，儒家希望通过反省发现和发扬自己内心的"善端"，甚至发现整个世界——陆九渊所谓"宇宙便是吾心，吾心即是宇宙"（《杂说》）；道家强调通过静养以悟天地之道。

---

[1] 冯友兰：《中国哲学简史》，新世界出版社 2004 年版，第 19 页。"方"即方圆规矩，指世俗礼法，即今天所谓现实社会。

它们共同之处在于都强调修身养性的基础作用。在古代中国，确实是"自天子以至庶人，壹是皆以修身为本。"(《大学》)印度哲学不仅强调内心的反省，而且强调自我也是一种表象，需要进行彻底的自我否定方可得以解脱。简单地说，西方侧重于向外"穷（天）理"，东方侧重于向内"尽（人）性"。东西方内向与外向的思维向度各有优缺点。西方的外向思维使人重视器物、技术、制度的延展作用，但人在对外求证自己的过程中有可能迷失自己，今日西方文化带来的各种生存危机就是明证；东方内向的思维使人不为物驭，专注于自我的保存、修养，但也可能在不断反省自我的过程中折磨自己，中国宋明理学的消极影响与"文化大革命"的过错都可以佐证。

其次是个体与整体的思维价值取向上的差异。西方哲学传统一直崇尚个体的独立价值，甚至将个体价值奉为最高价值（尽管存在过中世纪的整体主义价值导向时期），个人主义就诞生在西方文化之中，直到现在仍然是西方文化和西方哲学的核心价值观念。从方法论上，西方哲学传统也倾向于从个人出发去理解集体、社会的构成。与此相反，东方哲学传统普遍尊崇整体、集体的首要价值，每个个体的价值都要在集体的价值中才能得到显现①。例如在古代中国，个体的人是完全从属于家族和国家，并在这种从属中才获得自己的意义的。为国尽忠、光宗耀祖、封妻荫子成为很多人的人生价值。在方法论上，东方社会也倾向于从社会结构的角度去把握个人，重视一个人的家庭出身、社会身份。一个十分有意思的现象是，在书写通信地址时，中国人是从大的地址写起，最后是人名，而西方刚好与此相反。这种习惯不能不说与各自的思维价值取向是有关的。

再次是理智分析与直觉综合的思维方法差异。西方哲学传统长于严谨、精细的逻辑分析；东方哲学，尤其是中国哲学长于总体性的、涌现式的直觉和综合。西方哲学倾向于将整体的东西无限地还原为部分进行研究，这种思维也被称为原子式思维；东方哲学倾向于把事物看成有机的整体，相信各个部分有着复杂而不可还原、分割的联系。在人与世界的关系

---

① 陈来将中华文明的价值取向概括为四条：责任先于自由，义务先于权利，社群高于个人，和谐高于冲突。参见其著《中华文明的核心价值：国学流变与传统价值观》，生活·读书·新知三联书店 2015 年版。

上，西方哲学最终发展出鲜明的主体、客体思想，而东方哲学，无论是中国哲学还是印度哲学都倾向于把人与世界视为一个整体，强调天人合一或梵我不二。

"这种思想主张：人能够超越'主—客二分'而达到主体与客体完全合一的状态。在这种状态中，一切对象性（objectness）都已消失，并且连'我'也销声匿迹。然后，真实的存在向我们展现，就像我们从恍惚中清醒过来一样，给我们留下了一种具有深奥和无尽含义的意识。"①

这些特点既可以从东西方哲学著作的特色直接地看出来，也可以从中医与西医、国画与油画等等艺术样式的差异间接地看出来。

显然，理智分析与直觉综合各有其利弊，最好是相得益彰。据报载，2003年，英国萨里大学吉姆—阿尔喀里博士发明了一个筷子公式，如下

$$C = \frac{C_0 \sqrt{N}qad\,(2-d)}{mt\,(1+a)}$$

在公式中，C代表筷子使用舒适度；d、m、a分别代表食物的直径、数量、光滑度；q代表食物质地；N代表使用过筷子的中餐数；t代表食物从被夹起到入口的时间；C_0为常量；值为30。该博士的发明足以表明西方人崇尚理智分析的思维特征。这种发明在中国人看来是极其滑稽可笑的。同时，中国人的直觉综合也可能导向不求甚解。中国清代，西方地球观传入之后，引起了很大的争论。著名学者阮元（1764—1849）认为，这是因为西方学者"强求其所以然"而导致"其法屡变"，无所底止。他大力推崇中国古代学者不求其"所以然"的妙处，他认为"良以天道渊微，非人力所能窥测，故但言其所当然，而不复强求其所以然，此古人立言之慎也"。并得意扬扬地说："但言其当然，而不言其所以然者之终古无弊哉。"（《畴人传》第四十六卷）阮元的说法正体现了中国传统思维的特点。直到今天，"差不多""大概齐""还凑合""别较真"还是不少国

---

① ［德］卡尔·雅斯贝尔斯：《智慧之路》，中国国际广播出版社1988年版，第21页。

人的习惯思维。

除开以上三大哲学传统，在世界哲学发展的历史中具有一定影响的哲学传统还有朝鲜哲学、日本哲学、巴基斯坦哲学、越南哲学、阿拉伯哲学、俄罗斯及其他地区的一些哲学。它们或多或少都受到了三大哲学传统的影响，但又具有各自的特点。其中，阿拉伯哲学在中世纪起到了向西欧传播古希腊罗马哲学特别是亚里士多德哲学的媒介作用，它对亚里士多德哲学亦有重大发展，成为世界哲学发展史中一个重要环节。

二 东西哲学的历史

在一定意义上，哲学确实就是哲学史，哲学史乃是哲学的展开。因此，深入了解一个哲学传统最好的办法就是去了解它的哲学历史。在《哲学导论》中，我们只能十分简略地介绍一下三大哲学传统的历史。

西方哲学史略

我们一般把整个西方哲学史分四个大的阶段。

第一阶段为古代哲学即古希腊罗马哲学阶段，时间大约为公元前7世纪到公元5世纪。希腊哲学最早开始于对自然的哲学思考。泰勒斯提出"水是万物的本原"的命题，被公认为是西方哲学史上第一位哲学家的提出的第一个哲学命题。黑格尔说："从泰利士起，我们才真正开始了我们的哲学史。"[1] 罗素甚至说，（西方）"每本哲学教科书所提到的第一件事都是哲学始于泰勒斯"[2]。确实，是从泰勒斯开始才真正从思维角度看到多元世界背后的统一的一，对世界的普遍性问题表现出了惊讶。巴门尼德第一次明确地提出了思维与存在的两个哲学范畴，并在区分感觉与思维后强调只有思维才能达致真理。兴起于公元前5世纪的"智者运动"认为自然哲学失之独断，主张相对主义的思想。苏格拉底则认为真正的知识就是从具体的道德行为中寻找普遍的道德定义，开创了追求普遍概念的先河。柏拉图的理念论认为，我们可以感觉的个别事物之外，还有一个更为

---

[1] [德] 黑格尔：《哲学史讲演录》第1卷，商务印书馆1997年版，第178页。
[2] [英] 罗素：《西方哲学史》（上），商务印书馆2005年版，第49页。

根本、真实，只能靠思想把握的理念世界。柏拉图奠定了西方哲学的理性主义传统。甚至现代哲学家怀特海认为，整个西方哲学史不过是柏拉图的注脚。亚里士多德则与他的老师柏拉图不同，认为理念是不能离开个别事物而独立存在的，辩证地论述了一般与个别的关系。亚里士多德之后，希腊哲学逐渐与罗马文化融合，产生的一些新的哲学派别但都有着共同的特征即伦理化倾向。古希腊哲学孕育了以后西方哲学各种思想、观点的胚胎，西方哲学史上各式各样的思想、学说都可以在古希腊哲学中找到自己的起源和萌芽。

公元476年西罗马帝国灭亡，古希腊罗马哲学开始终结，西方哲学进入了中世纪哲学阶段。在这个阶段，主要是把古希腊罗马哲学尤其是柏拉图和亚里士多德的哲学与基督教结合起来形成基督教哲学，主要问题是神与人、天国与世俗的关系。这其实是希腊文化与希伯来文化互动的产物。

> "希伯来基督教义，在未经中古哲学（包括神学而言）之改造时，根本精神乃一轻知识、重意志之精神；与希腊重智精神及中国重德精神相较，则可称为'重信精神'，盖以'信'为皈依神之途径，而非以'智'作为知神之工作。"[1]

中世纪哲学大致经历了教父哲学和经院哲学两个阶段。教父哲学家奥古斯丁（A. Augustinus, 354—430）提出信仰而后理解的原则，被认为是基督教哲学的奠基人[2]。经院哲学则在11—14世纪初发展到顶峰。经院哲学的任务是论证基督教教义，因此被称为"神学的婢女"。经院哲学的特点一是盲目崇拜权威，蔑视实际经验知识；二是在方法上搞形式主义和烦琐抽象的论证。经院哲学中关于唯名论和唯实论的争论最具

---

[1] 劳思光：《哲学问题源流论》，香港中文大学出版社2001年版，第164页。黑格尔在谈到西方哲学的源头的时候，一方面承认古希腊是西方哲学的家园；另一方面又说："欧洲人远从希腊之外，从东方，特别是从叙利亚（泛指今中东地区——引者注）获得他们的宗教，来世，与超世间的生活。"（《哲学史讲演录》第1卷，商务印书馆1997年版，第157页）

[2] 哲学界比较有共识地认为，尽管奥古斯丁生活的时代从时间上看不属于中世纪，但从其哲学的性质来看是属于中世纪的。因此，一般都把奥古斯丁及其哲学归于中世纪。

哲学意味，这是由古希腊哲学家柏拉图和亚里士多德关于注重普遍概念还是注重个别事物的思想分歧发展而来的。唯实论的代表人物是安瑟伦（Anselmus，1033—1109），主张普遍是实在的，普遍先于个别而独存；唯名论以罗瑟林（Roscelm，1050—1120）为代表，主张只有个别的东西是实在的，普遍不过是名称。中世纪哲学的集大成者托马斯·阿奎那（Thomas Aquinas，1225—1274）是温和的唯实论者，他主张神学高于哲学，并对上帝的存在进行了著名的哲学论证。中世纪后期唯名论在被打压之后盛行，事实上意味着经院哲学的解体。

公元15、16世纪，欧洲进入文艺复兴时期，形成了人文主义和自然哲学两股思潮，标志着西方近代哲学的开始。近代哲学之初，认识论问题成为哲学家们关注的主要问题，他们围绕知识的种种问题展开争论，形成了经验论与唯理论两大派别。两者的争论是近代哲学的一条重要线索。经验论者重视感觉中个别的东西，重视多样性，其思想源于中世纪的唯名论；唯理论者重视思想中普遍的概念，重视统一性，其思想源于中世纪的实在论。经验论者的代表人物是培根、霍布斯（Thomas Hobbes，1588—1679）、洛克（John Locke，1632—1704）、贝克莱（George Berkeley，1685—1753）和休谟，唯理论的代表人物有笛卡儿、斯宾诺莎、莱布尼茨和沃尔夫等。18世纪法国哲学家伏尔泰、孟德斯鸠、卢梭（Jean-Jacques Rousseau，1712—1778）等旗帜鲜明地掀起了反宗教、反专制的启蒙运动，为资产阶级的法国大革命奠定了理论基础，进行了思想上的准备。经验论与唯理论在认识论问题上陷入的困境，法国哲学在实践方面所产生的不同影响，使德国哲学家将哲学思考引向了更深入的层面。他们既要解决现实向哲学提出的问题，同时亦要解决哲学自身所面临的问题，无形中开始了对近代哲学乃至西方整个古典哲学的概括和总结，形成了有史以来最庞大、最丰富、最系统的哲学体系，以至于后人称19世纪为"思想体系的时代"。以康德为创始人，以黑格尔为集大成者的德国古典哲学，最终在黑格尔哲学中实现了西方古典哲学使哲学成为科学乃至"科学之科学"的最高理想，同时亦使之走向了终结。

一般认为，现代西方哲学主要是在批判黑格尔的哲学体系的基础上开始的。现代西方哲学形成了三大哲学思潮，即科学主义、人文主义、马克思主义。科学主义开始于孔德开创的实证主义，还包括逻辑实证（经验）主义、语言分析哲学、逻辑实用主义、科学哲学等思潮。科学主义关注科学，用科学方法和科学精神研究哲学，大都倾向于把哲学归结为认识论（知识论）和方法论的研究，进而把哲学归结为对语言的逻辑分析。人文主义开始于叔本华、尼采开创的唯意志主义，还包括现象学、存在主义、法兰克福学派、人格主义、生命哲学、解释学和哲学人类学等哲学流派。人文主义思潮关注人，认为哲学研究必须要超出理性的范围，人不仅具有理性而且还具有非理性，甚至非理性才是构成人的本质最重要的东西。马克思主义哲学既重视科学，也重视人文，更强调在"改变世界"中实现科学与人文的高度统一。20世纪后期以来，西方哲学出现了两个重要变化：一是出现所谓的后现代主义哲学，强调非理性，反理性，反本质，反基础，反中心，崇尚差异、多元、边缘、无立场；二是科学主义与人文主义出现逐渐融合的趋向。

印度哲学史略

印度哲学的历史十分独特，那就是对传统的极端尊重，几乎看不到明显的创新和发展。正如当代印度哲学家德·恰托巴底亚耶（D. Chattopadhyaya）所言：

> 在印度"许多互不相容的哲学观点都有相当悠久的渊源，此后的哲学活动（至少在意图上）只是这些原始观点的发展。哲学家相继出现，但一般地说，基本上不提供任何新的哲学，而是每个人支持一种古代体系，想要再一次维护它，使之合理化；他们充实前人的论证，而不是试图寻找其中的错误。简言之，许多互不相容的哲学同时发展，或者用一种恰当的说法，叫做'类型保持相同'。"[①]

印度最早出现内容比较系统化的哲学思想是在奥义书时期（约公元前9—前6世纪）。公元前8世纪，印度形成崇拜婆罗贺摩（梵天）的婆罗门教。早期奥义书的主体部分是用各种比喻阐述婆罗门教哲学的核心概

[①] [印度] 德·恰托巴底亚耶：《印度哲学》，商务印书馆1980年版，第19页。

念"梵"。其关于梵我关系、轮回业报、世界物质本原思想对后世影响重大。公元前6—前2世纪，印度形成两大著名的史诗——《摩诃婆罗多》和《罗摩衍那》，印度哲学进入所谓史诗时期。除流行的婆罗门教思潮外，还有众多沙门（中文含义：勤息、修行）思潮。其中，后来得到持久发展并对印度哲学产生重大影响的有佛教、耆那教和顺世论。佛教把世界一切现象的原因归结为各种相互依存的关系或条件（因缘），人生一切皆苦，而苦则是由十二因缘引起的，十二因缘之首即无明（无知）。所以去除人生的痛苦在于除无明，在于觉悟，在于信佛，亲证"三法印"：诸行无常、诸法无我、涅槃寂静。耆那教认为世界由命（灵魂）和非命（非灵魂）构成，一切有生命物类的灵魂本性是清净的，但受到肉身的阻碍，失去光辉，主张通过不杀生、不欺诳、不偷盗、不奸淫、不蓄私财等五戒和持正智、持正信、持正行三宝来扫除旧业，防止新业——业是行为引发结果的集合，以使灵魂呈现出原有的光辉，求得解脱。顺世论认为构成物质的是四大元素：地、水、风、火，一切有生命的东西都是四大元素和合而成，死后又归于四大元素，否认轮回业报，认为幸福在于现世生活，相信感觉经验是知识的唯一来源，这是一种古老的唯物主义思想。

从公元前4—前2世纪，婆罗门教哲学经过奥义书时期和史诗时期的历史演变，最终形成了六个主要哲学派别：数论派、瑜伽派、胜论派、正理派、弥曼差派和吠檀多派。史称"正统六派哲学"。这六派形成的重要标志是各派根本经典的出现。因此，这一时期通常被称为经书时期。六派哲学产生后，佛教、耆那教和顺世论也有了较大发展，陆续出现了各自的重要经典。这三派被称为非正统的"异流三派"。公元4世纪到公元9世纪，印度哲学各派进入系统化时期。婆罗门教逐渐演化为印度教。正统六派哲学的经典被不断注疏和新解。非正统派中佛教思想更加精致化，流传地域不断扩大。

公元9—18世纪，外族长期入侵南亚次大陆。此时印度教中的一些派别在印度社会各阶层保持着极为广泛的影响。正统六派中的吠檀多派吸收了佛教的一些理论，在思想界占据了主导地位。佛教在9世纪开始逐渐演化为一种单纯致力于宗教实践、偶像崇拜的流派，并被印度教同化，影响日益式微，伊斯兰教的入侵最终导致佛教衰亡。到13世纪，佛教在印度本土消亡。耆那教也受到外族入侵等因素影响，但作为一个派别始终保留下来。18世纪下半叶，印度逐渐沦为英国殖民地。在西方文化的冲击下，出现了一些既继承传统哲学（印度教中主要是吠檀多派，伊斯兰教中主要是苏菲派），又吸收西方近代思想的启蒙哲学家如罗易（Roy，1772—1833）、辨喜（Datta，1863—1902）。1947年印度独立后，甘地（Gandhi，1869—1948）、泰戈尔、高斯（Ghose，1872—1950）、薄伽梵·达斯（Bhagavad Dasa，1869—1958）等综合印度吠檀多派和西方思想而创立的哲学思想在印度占统治地位。马克思主义哲学在印度也有比较广泛的传播。

中国哲学史略

中国哲学孕育于夏商周三代，形成于春秋战国时期，发展至今已有3000多年的历史。大致可以分为先秦哲学、秦汉哲学、魏晋南北朝哲学、隋唐哲学、宋明哲学、明清之际哲学和近现代哲学等阶段。

先秦时期是中国哲学的萌芽、兴起和奠定基本格局的时期。成书于商周之际的《易经》为最早的哲学著作，虽为儒家六经之首，也为各家各派所尊崇。《易经》包括《经》《传》两个部分，涉及自然、社会、人文等各个方面，思想非常丰富，主要有太极生成论、对立统一观、变化发展观等。春秋战国时期，中国哲学进入真正觉醒阶段，形成诸子百家争鸣之势。百家之中，以儒、道、墨、法最具哲学成就和影响。儒家的创始人是孔子，其代表人物还有孟子（公元前372—前289）和荀子等，经典有《论语》《孟子》等。儒家哲学以"仁学"为核心的伦理哲学体系以及特有的天人观和人性观对后世中国哲学产生了全局性的影响。一般认为，儒家哲学是中国古代哲学的主干。道家的创始人是老子，继承人是庄子，史称"老庄学派"。道家的经典有《老子》和《庄子》等。道家以"道"统摄宇宙、人生问题，主张以"道"为世界之根本，以"合于道"为人生追求的终极目标。老子因道而倡导"无为"，庄子因道而崇尚"逍遥"。在先秦时期，与儒家同为显学的是墨家，墨家因创始人墨翟（公元前475—前395）而得名，代表作为《墨子》一书。墨家的核心思想是"兼爱"和"非攻"，还对认识论、逻辑学作出了重要的探索，在主要以人文思想见长的中国哲学史上显得十分可贵。法家思想起源于春秋时期齐国的管仲（公元前719—前645），实际创始人为战国时期的李悝、吴起、商鞅等人，而法家最著名的代表人物，也是法家之集大成者是战国末期的韩非（公元前280—前233）。《韩非子》是法家的经典著作。韩非主张"法"（法令）、"术"（权术）、"势"（政权）三者密切结合，以巩固和维护政治统治。中国历史上的第一个中央集权的封建国家——秦王朝可以说是按照法家的理想建立起来的。

秦开创的大一统局面势必要求思想上的统一，反映在哲学上就是从百家争鸣而走向正统思想的确立。秦朝信奉法家哲学，治国"以法为教、以吏为师"，甚至发生焚书坑儒的事件。汉朝初年，统治者吸取秦亡教训，改而崇尚道家思想的变种黄老之学。在汉之鼎盛时期，汉武帝采纳董仲舒（公元前179—前104）"罢黜百家、独尊儒术"的建议，中国哲学史从此开始了长达2000年的儒学主导时期。在两汉时期，儒家经典被尊为"经"，研究儒家经典的学问就叫作"经学"。故两汉哲学又被称为两汉经学。道家学说则成为影响最大的非正统思想，这也是整个中国哲学史的真实——清代诗人袁枚有云："大道有周孔，奇兵出庄周。"与此相应，在天人关系问题上，形成了以儒家思想为基础的天人感应说和以道家思想为基础的天道自然观。前者以董仲舒为代表，后者以王充为代表。西汉时期，佛教传入中国；东汉后期，中国本土宗教道教诞生。这两个事件使得中国哲学出现了新的复杂局面。

魏晋南北朝近400年，社会动荡但哲学思想十分活跃。有鉴于东汉末年杂糅阴阳、谶纬之学的儒家思想的荒诞、烦琐，以抽象性、思辨性为突出特征的玄学应运而生，并在魏晋时期盛行，故魏晋哲学往往被概括为魏晋玄学。玄学为何晏（193—249）、王弼（226—249）所创始，代表人物还有嵇康、阮籍、郭象等。他们祖述老庄，以《老子》《庄子》《周易》为经典"三玄"，大大发挥了道家自然主义思想，对抽象的本体论进行了深入的研究，提出了一系列新的哲学范畴、概念和命题，如有无、体用、本末以及名教与自然之辨、言意之辨，等等。在玄学的鼎盛时期，讨论的核心问题是名教与自然的关系问题，实际上就是纲常礼法与自然无为的关系问题。与此同时，印度佛教在中国逐渐流传，中国道教也建立了自己的宗教神学体系。佛教、道教、儒家思想都对玄学产生了重大影响。面对日益势重的佛教，南北朝时期的范缜（450—510）提出"形质神用"说，从根本上否定佛教的神不灭论。

隋唐时期哲学的总体格局是：儒、释（佛）、道并立，三家互相批判又相互吸收。但是，儒释之争贯穿唐代，表现最为突出。经过魏晋发展，至隋唐时期，在中国僧人的努力下，佛教日渐"中国化"，形成诸多具有中国特色的佛教宗派。主要有：（1）玄奘（600—664）创始的法相宗（唯识宗）。注重对法相（事物相状）的分析，主张"万法唯识"，认为一切事物都是识的变现，事物不能离开识而独立存在。（2）法藏（643—712）创始的华严宗。提出"六相圆融""十玄无碍"等学说，认为一切有差别的事物之间都是交互含容、全息统一的，真心与妄念、本质与现象以及现象与现象之间都是相即相入、圆融无碍、和谐共处的关系。不少学者认为，华严宗哲学理论代表着中国佛教哲学最高水平。（3）由慧能实际创始的中国禅宗（相传创始于印度人达摩，慧能为六祖）。是中国佛教的实践派，其基本思想体现于中国僧人著述中唯一被称为经的著作《坛经》中。禅宗认为"万法尽在自心"，强调"自悟""无念"，标榜"教外别传"，不立文字，直指人心。认为自己所传的是佛祖的心印，亦即佛教的觉悟之心，因此禅宗也被称为"心宗"。唐代中期，儒家学说经过几百年的沉睡后重新觉醒，一方面，奋起批判佛道二教，试图从理论层面与之划清界限，维护儒家正统地位；另一方面，开始自觉吸收佛教思想的合理成分，为其所用。韩愈（768—824）的"道统说"和李翱（772—841）的"复性说"就是这方面的代表。

面对外来佛教和本土道教的挑战，宋明之际一批儒家学者，包括周敦颐（1017—1073）、张载（1020—1077）、程颢（1032—1085）、程颐（1033—1107）、朱熹、陆九渊（1139—1193）和王阳明（1472—1528），以接续儒家孔孟道统为己任，以《周易》哲学为基础，吸取道家和佛家的思想资源，开创了中国儒学的一种新的历史形态，即宋明理学。宋明理学主要有道学（狭义的理学）、心学和气学三大流派。道学将理本体化，侧重于从哲学上论证儒家伦理纲常的永恒性和至上性；心学认为"心外无理"，强调主观精神的作用，侧重于说明道德的内在根据与道德主体性；气学立场则接近于道学，但提出了"太虚即气"的思想，对世界本体做了唯物主义的问答。宋明理学发展了先秦以来的传统哲学，又借鉴佛教和道教在本体论上的先进成果，使得儒家道德信条式的理论体系终于变成了以哲学形而上学作基础的完整的哲学理论体系。

明清之际的实学是中国古代哲学发展的最后一个阶段，经世济用、注重实际是其最重要特征。代表人物主要有黄宗羲（1610—1695）、顾炎武（1613—1682）、王夫之（1619—1692）、颜元（1635—1704）等。在自然观方面，清代实学各家各派都以"气"为存在之根基，进而确立了较明确的主客体理念，强调实践力行；在道器关系上，一反传统的观点，指出"非器则道无所寓"；在"心物（知行）"关系上，强调"知"依赖于"行"，顾炎武更提出了实事求是的宗旨；在人性、理欲问题上，以"血气心知"规定人性，认为天理与人欲不对立，推崇先秦儒学倡导的大同、平等、自由、仁爱的伦理道德精神；在社会历史领域中，实学则反对君主"私天下"，以"复古"为形式，主张以实行民主民本政治（实则为朴素的民主学说）。清代实学"复古"以"开新"，总结了中国古代哲学的成果并将之推向了前所未有的水平，为后来的启蒙思潮奠定了初步的哲学基础。

鸦片战争后，西方思潮对中国产生了重大影响。同时，中国近代历史发展的中心问题"中国向何处去"也深刻地影响着中国近代哲学的主题。龚自珍（1792—1841）、魏源（1794—1857）等人的思想为近代哲学诞生做了准备。严复（1854—1921）、康有为（1858—1927）、谭嗣同（1865—1898）等人的哲学思想标志着近代哲学的形成。孙中山（1866—1925）、章太炎（1869—1936）都提出了以进化论为基本特征的哲学思想。五四之际，马克思主义哲学传入中国，后来逐渐与中国实际结合，形成毛泽东哲学思想，实现了中国哲学的革命性变革。与此同时，一些学者和政治人物将中国传统哲学与一些西方哲学相结合，提出了新理学、新唯识论、唯生论、力行哲学等哲学体系。1949年新中国成立，标志着马克思主义哲学在中国获得了国家哲学的地位。如今，中国哲学中的正统将自己的任务定位于马克思主义哲学的中国化。

三 东西哲学的相互影响

随着民族交往的增加，不同民族文化的交流也就成为了必然，作为各具特色的各民族文明活的灵魂的哲学也在交流中相互碰撞、相互影响、相互启发、相互促进，推动整个人类精神的发展。立足中国，我们将从西方哲学、印度哲学对中国哲学的影响和中国哲学对西方哲学、印度哲学的影响两个方面来进行了解。

西方哲学、印度哲学对中国哲学的影响

西方哲学对中国产生影响首先是基督教哲学,时间最早可以追溯到唐代。公元635年,基督教聂斯脱利派(Nestorians)传教士叙利亚人阿罗本(Olopen)将基督教传入中国。在当时基督教被称为景教,盛极一时,阿罗本一度被唐高宗尊为"镇国大法王"。但随后的武宗灭佛(公元845年)株连景教,致其一蹶不振。13世纪中叶,罗马教皇的使者、传教士以及蒙古西征掳来的基督徒相继来华,使元代的基督教(时称"十字教"或"也里可温教")传播一度复兴。但这种复兴随着元朝的终结而顿挫。

西方文化及其哲学之正式传入中国,其奠基工作一般认为是从意大利人利玛窦(Matteo Ricci,1552—1610)入华开始的。他的工作使基督教(时称"天主教")得以被明末的一些达官显贵和知识分子所了解和接受。这一影响延及清朝康熙时期,其时基督教信徒已达30万之众。传教士们最早所介绍的西方哲学主要是中世纪奥古斯丁、托马斯·阿奎那的哲学。中国学者徐光启(1562—1633)通过与利玛窦合译《几何原本》而对西方逻辑学有所认识;葡萄牙传教士傅泛际(Francois Furtado,1557—1653)和李之藻合译了《名理探》一书及后来比利时传教士南怀仁(Feidinand Verbiest,1623—1688)翻译的《穷理学》对亚里士多德的逻辑学进行了系统介绍。"费录所费亚"(即Philosohia)的说法也在此时传入中国,并以中国理学比附之。基督教在其传入过程中与中国的儒家、佛教都发生过论争,分别叫天学与理学的论争、天学与佛学的论争。17、18世纪,基督教在中国又引起了所谓礼仪之争,焦点就是中国基督徒能不能或应不应该继续参与"祭祖"。论争最终以罗马教廷的专断否定祭祖在教义上的合法性和康熙、雍正的"禁教"而画上句号。中西文化及哲学的交流随之中断。总的来说,直到19世纪初,一方面,由于东西交往的不发达;另一方面,由于中国在世界上的强大,西方哲学对中国的影响是十分有限的,它远远赶不上印度哲学(主要是佛教哲学)对中国的影响。

鸦片战争后,学习、借鉴西方哲学逐渐成为中国先进知识分子批判本国落后状况，寻求救国自强的精神武器。洪秀全（1814—1864）领导的太平天国运动所组织的"拜上帝教"就吸取了基督教哲学的平等、博爱等思想。19世纪中期，一些开明地主、官员在进行洋务运动的同时，争论应该如何吸收西方文化，形成"中体西用"与"西体中用"两派，所谓"体"在此就是价值核心和指导思想的意思。主张"西体中用"的人其实就是强调西方文化及其哲学思想对中国的指导作用。随之，译介西方哲学著作也成为一种潮流。英国传教士艾约瑟（Joseh Edkins, 1823—1905）通过翻译和中文编著向国人系统介绍了亚里士多德、笛卡儿、培根、莱布尼茨、休谟、康德、斯宾塞等人的哲学。与此同时，中国学者以极大的兴趣学习和翻译西方哲学特别是西方近现代哲学。其中，最著名的是严复（1854—1921），他先后翻译了赫胥黎的《天演论》、亚当·斯密的《原富》、孟德斯鸠的《法意》、约翰·穆勒的《群己权界论》和《名学》、斯宾塞的《群学肄言》等西方名著，将西方的进化论、实证主义哲学、法哲学思想介绍到中国。1905年，革命党人朱执信还开始了对马克思主义哲学的介绍。尽管近代中国对西方哲学的译介不全面且多主观随意性，但西方哲学的输入对于近代中国社会的变革起到了巨大的推动作用：逐渐破除了传统思维对于人们的束缚；为中国社会的变革培育了一批中坚力量；直接为现实的政治斗争提供了理论指导。康有为、梁启超（1873—1929）的哲学思想及其他们领导的戊戌变法都受到西方哲学的重要影响。此外，清朝末年，清政府开始实行留学生制度，留学生直接接受西方哲学的熏陶，归来的青年学生促进了西方哲学在中国的传播。辛亥革命则完全是一场以西方资产阶级政治哲学思想为指导的资产阶级革命，它使得西方政治哲学的民主、自由观念深入中国知识分子的心灵。

五四新文化运动是以西方哲学为核心的西方文化来批判中国传统文化、建立新的中国文化的运动。这一时期，西方哲学全面、系统而深入地输入中国。现代西方哲学中的科学主义、人文主义思潮的各种派别和马克思主义哲学都被比较系统地介绍到中国。英国哲学罗素和美国哲学家杜威（John Dewey, 1859—1952）分别于1919年、1920年来华讲学，引起极大轰动，体现了西方哲学在中国影响的一时之盛。随着中西哲学的交汇，出现了以康有为、辜鸿铭为代表的顽固守旧派与陈独秀（1879—1942）、李大钊（1889—1927）为代表的新青年派之间的论争，事实上为后来两次著名的大论战揭开了序幕。所谓两次大论战是指：一是东西文化论战，论战的双方是主张东方文化救中国、救世界的杜亚泉、梁启超、梁漱溟等和反对复古的胡适（1891—1962）、吴稚晖、瞿秋白等；二是科学与人生观论战，论战的双方是主张科学破产的玄学派张君劢、梁启超和主张科学万能的科学派丁文江、胡适以及以陈独秀、瞿秋白为代表的唯物史观派。正是在五四时期，马克思主义哲学在中国真正传播开来，并从一开始就与中国革命结合在一起，最终形成了中国化的马克思主义哲学——毛泽东哲学思想。马克思主义哲学在本来意义上是属于现代西方哲学范畴的，而1949年后马克思主义哲学在中国成为国家哲学表明，西方哲学影响中国及其哲学是多么得深刻。

中华人民共和国成立以后，曾经一度将马克思主义哲学之外的西方哲学以唯心主义哲学、资产阶级哲学的名义加以批判和禁止传播（只对其唯物主义派别有所宽容）。改革开放以来，西方哲学开始较全面、及时地介绍到中国，存在主义、弗洛伊德主义等各个流派都对中国、首先是对中国知识分子产生过重大影响。到现在，西方哲学对中国的影响几乎是同步的，西方产生了什么新的哲学流派，在中国马上就有人进行研究。正是在西方哲学的大规模传播和中西哲学的深入交汇（包括五四时期和改革开放以后），促成了中国现代哲学流派的诞生。中国现代哲学大致包括四大思潮：中国化的马克思主义哲学、中国化的科学哲学、现代保守主义哲学（包括现代新儒学、国民党的三民主义哲学、形形色色的后现代主义哲学）和自由主义哲学。

印度哲学对中国的影响主要是宗教尤其是佛教的影响。公元前2年（汉哀帝元寿元年），大月氏王使臣伊存口授浮屠（即佛陀）经，此为佛教传入中国内地之始。从西汉末年开始，中国人就致力于翻译佛典，到北宋末年的一千多年时间中，汉译佛典达5000多卷，其中最著名的译者是玄奘。佛教传入后又形成不同宗派，极大地影响了中国的思想文化及其核心哲学。中国道教吸收佛教的一些内容和戒律，逐渐完善。南北朝时期的范缜和唐初吕才的哲学思想都明显受到印度宗教的影响。宋明理学的形成也得益于诸多借鉴佛教思想。谭嗣同的哲学思想更是直接受佛教影响。章太炎甚至用印度哲学反对当时日益流行的基督教。20世纪初，受日本的影响，中国学界对印度哲学兴趣大为增加，尤以梁漱溟为代表。1924年，印度著名文学家、哲学家泰戈尔对中国进行访问，对当时文化界产生巨大冲击，直接影响到当时正在进行的东西文化论战。这可以看成是现代哲学史上印度哲学对中国哲学产生影响的生动写照。

中国哲学对西方哲学和印度哲学的影响

公元前五世纪，中国丝绸已成为希腊上层社会喜爱的衣料，希腊史学家克特西亚斯（Ctesias）最早在其著作中提到会织丝绸的东方"赛里斯人"（Serica）。圣经有一处提到"秦国"（Sinim），传教士们相信，这就是指中国。元朝的崛起使西方在与中国人的直接会面中视野得以突然扩大。旅行家和传教士则充当了中西文化交流的使者。旅行家马可·波罗（Marco Polo，1254—1324）的游记激起西方了解中国及其文化的极大兴趣。传教士利玛窦不仅是将西方哲学介绍到东方的第一人，也是将中国哲学介绍到西方的先驱人物，他曾于1591年将《四书》提要译为拉丁文，其晚年所著《中国传教史》曾经在西方产生了重大影响，书中指认中国所熟悉的唯一较高深的哲学就是道德哲学。从16世纪末开始的一个半世纪里，主要依靠传教士的翻译，《易经》《道德经》等中国哲学的主要文献及其基本思想大体上都已经传入西方。17、18世纪的礼仪之争的后果虽然是中断了中西交流，但也正是在礼仪之争中，中国成为欧洲最热门的话题，从而刺激了西方汉学（Sinology）的兴起和欧洲持续的中国热，出现了研究中国文化及哲学的专职人员。甚至可以说，欧洲的中国热使得中国哲学的思想对欧洲的哲学变革起到了积极的作用。

在法国启蒙时期，笛卡儿、帕斯卡尔已经信手拈来地谈论中国文化；1641年，瓦耶尔第一次在书上将孔子称为中国的苏格拉底；马勒伯朗士（N. Malebranche，1638—1715）写过题为《一个基督教哲学家与一个中国哲学家的对话》的著作，对中国理学有所介绍；培尔指出中国哲学的无神论倾向，认为中国是"无神论社会"的典范；法国启蒙运动的旗手和精神领袖伏尔泰崇拜孔子，对中国的道德与人心、人生相结合的哲学十分赞赏，甚至认为欧洲的文艺复兴就应该复兴中国儒家文化；孟德斯鸠则对中国的儒家"礼教"与家治思想提出了尖锐的批评；狄德罗在《百科全书》中撰写"中国哲学"条目，并对整个中国哲学史进行了勾勒；霍尔巴赫（Holbach，1723—1789）几乎把中国看成理想国，赞赏和鼓吹中国政治与道德的结合；重农学派经济学家魁奈（Francois Quesnay，1694—1774）把孔子及其学说奉为楷模，以此为哲学基础，提出了他的经济学思想——他一度被誉为"欧洲的孔夫子"。

中国哲学对德国哲学也产生过影响。莱布尼茨因发现自己的发明的二进制与《周易》中阴阳思想的巧合而痴迷上中国哲学，断言中国人的哲学基础同他自己的哲学基础完全一致。他不仅自己毕生对中国哲学进行研究，而且促进欧洲各国成立专门机构进行中国文化与哲学的研究。莱布尼茨的学生沃尔夫（Chritian Wolff，1679—1754）做过《中国的实践哲学》的演讲，认为儒家学说乃是一种理性的教养。莱布尼茨—沃尔夫的唯理论为德国古典哲学开了先河。不少学者在检讨这两位哲学家的成绩时认为，其哲学思想的来源有二：一是柏拉图哲学；一是中国哲学。黑格尔把中国哲学纳入自己的庞大体系，成为其世界精神王国中的一员。不过，他对中国哲学评价不高，把中国文化称为幼年文化，认为中国哲学是一种未经反思、批判的史前哲学。黑格尔在《哲学史讲演录》中说，我们之所以提到东方哲学是为了表明我们何以少讲它。被奉为中国哲学经典的《论语》在黑格尔看来，"里面所讲的是一种常识道德，这种常识道德我们在哪里都找得到，在哪一个民族里都找得到，可能还要好些，这是毫无出色之点的东西。孔子只是一个实际的世间智者，在他那里思辨的哲学是一点也没有的——只有一些善良的、老练的、道德的教训，从里面我们不能获得什么特殊的东西"。"我们根据他的原著可以断言：为了保持孔子的名声，假使他的书从不曾有过翻译，那倒是更好的事。"他对《易经》是这样评价的："在这些概念的罗列里我们找不到经过思想的必然性证明了的原则。"[①]

与黑格尔拧着来的叔本华站在中国哲学思维的一面，嘲笑西方文化。他对朱熹的理学、道家、佛家极力推崇，认为朱熹的思想"与我的学说如此惊人的一致"，其唯意志论的悲观主义哲学一般都认为是受佛教重大影响而产生的。此后，马克斯·韦伯、雅斯贝尔斯、罗素等西方著名哲学家、思想家都对中国传统哲学进行过影响广泛的深入研究。通

---

① ［德］黑格尔：《哲学史讲演录》第1卷，商务印书馆1997年版，第119、120、124页。

过英国科学史家李约瑟（Joseph Needham，1900—1995）对中国科学技术史的研究，中国哲学中的自然哲学思想也引起了西方哲学的重视。冯友兰所著《中国哲学史》、陈荣捷编译《中国哲学原著》等英文本在美国出版，促进了西方对中国哲学的系统、深入了解。在当代西方哲学中，海德格尔推崇老子，其哲学与老子的思想有不少契合之处。一些后现代哲学思潮也将老子、庄子的思想奉为重要思想资源。

中国哲学对印度哲学也有一定的影响。印度佛教在中世纪受过中国大乘佛教和道教影响。印度《度母经》记载印度密教大师曾来中国学习炼丹术。甚至印度密教中 18 位修行"成就者"有两位是来自中国。唐代玄奘在印度期间与顺世论进行过直接的辩论。中国对印度哲学最大的贡献可能在保存其典籍方面：印度古老的顺世论的经典在本土已经被婆罗门教所销毁，其思想材料只有在中国翻译的经典中有记述；中国保存的《金七十论》是印度数论派最古老的经典；印度胜论派的重要经典《胜宗十句义》在印度也已经失传，而中国还保存着它的汉译本；很多经典，印度虽然还有，但梵文写本保存在中国。

随着世界交往的扩大、加深以及中国、印度等东方国家的崛起与复兴，中国哲学、印度哲学的价值日益为世界所瞩目，世界各哲学传统正逐渐走向平等对话、相互影响、相互学习的阶段。

思考：

1. 从西方哲学、印度哲学、中国哲学的起源思考神话、传说对于哲学的重要影响。

2. 三大哲学传统各自有什么特色，并举例说明之。

3. 宗教在西方哲学史、印度哲学史、中国哲学史上分别发挥什么样的重要作用？

4. 东西方哲学之间相互影响的历史对我们今天学习和研究哲学有什么样的启示？

第六讲　哲学的基本问题、派别和学科领域

作为一门古老的学问，哲学具有十分丰富的内涵。哲学不仅形成了不同的民族传统，而且也形成了不同的思想派别。随着近代以来的学科划分，哲学还形成了不同的学科领域。但是，不同的哲学传统、不同的哲学派别、不同的哲学学科又都有一个自觉不自觉的共同点，即都是围绕着一个共同的哲学基本问题展开思想而追求着现世的智慧的。

一　哲学的基本问题

从一定意义上可以说，哲学是问题之学，它起于对问题的惊讶，贯穿着对问题的思考，哲学活动的结果虽然不能立竿见影地解决问题，但它可以把问题引向深入、深刻，为问题的观察、解答提供方法上的指导。哲学甚至具有这样的特性，其在诞生之初产生的问题可能始终存在着，一直纠缠着整个哲学史以及古往今来的哲学家，这些问题在不同的时代被一再提及，似乎还常说常新。英国哲学家艾耶尔（Ayer，1910—1989）曾说：

> "哲学的进步不在于任何古老问题的消失，也不在于那些有冲突的派别中一方或另一方的优势增长，而是在于提出各种古老问题的方式变化，以及对解决问题的特点不断增长的一致性程度。"[1]

在哲学发现、产生、累积和涉及的众多问题中，作为一门学科的哲学有着自己的基本问题。什么样的问题才有资格说是哲学的基本问题呢？我们觉得，同时具有贯穿性、全局性、不可避免性等特性的哲学问题才可以

---

[1]　[英]艾耶尔：《20世纪哲学》，上海译文出版社1987年版，第19页。

称之为哲学的基本问题。

所谓贯穿性是从哲学的历史角度说的，也就是说，从哲学诞生之时起，这个问题就始终存在；只要哲学还存在，这个问题就将继续存在。哲学基本问题与哲学共始终，不因时代的变迁而有所变化，不因哲学潮流的演化而有所改变。所谓全局性是就哲学的共时性说的，也就是说，无论是哪个哲学传统、哪个哲学派别都概莫能外。哲学基本问题是哲学问题、哲学特色的差异性中的"同"，是哲学问题"多"中的"一"。所谓不可避免性是从哲学的根本属性说的，也就是说，任何人一旦从事哲学活动就必须回答这个问题，差别只在于自觉与不自觉、直接与间接以及表达方式的不同。离开了对这一问题的回答，就不可能进行哲学研究，或者说，其学问就不能称之为哲学。哲学基本问题对于哲学研究、哲学活动而言既是前提性的，也是如影相随的。正因为如此，人们也把哲学基本问题称为哲学的根本问题或哲学的最高问题。

哲学基本问题的上述性质事实上为我们确定哲学基本问题到底是什么提供了重要的方法论启示：一是我们必须以尽量广博的视野来审视全部的人类哲学及其历史；二是我们必须突破某一民族哲学传统的中心话语，平等地对待所有哲学传统；三是这个问题必须是哲学所独有的或至少是只有哲学才专门进行研究的。按照这样的启示，我们同意这样的观点：哲学的基本问题是人与世界的关系问题。

从发生学的角度看，任何哲学发生的前提是人的在世，因此，人与世界的关系问题是最为原初的问题；作为一种把握世界的特殊方式，任何真正的哲学都是为了更好地处理人与世界的关系，以使人更好地在世；任何哲学传统都无一例外地以人与世界关系问题为焦点，只是表述各异：在中国传统哲学中被称为天人关系，在印度哲学中被称为梵我关系，在西方哲学中则表现为主体与客体、精神与物质、思维与存在的关系。作为哲学的基本问题，哲学要研究人是什么、世界是什么的问题，科学也可能要研究这样的问题。但是，仍然有两点使哲学与其他学科区分开来：一是哲学更侧重于研究人与世界的关系，或者更为精确地说，哲学是把人与世界的关系作为自己的反思对象的，而不仅仅是研究人与世界本身；二是即使在哲学研究人、世界的时候，也是在一种人与世界关系的反思之中进行的。哲学不能离开世界来研究人，也不可能离开人来研究世界。

哲学的基本问题——人与世界的关系问题——至少涉及四个方面的主要内容：

第一，世界从何而来？世界的本质是什么？由于人是在世界中提问的，人自身是世界的一部分，所以这个问题还必然蕴涵或附带着另外两个问题：一是人从何而来？人的本质是什么？二是人与世界在时间和逻辑上分别是何者在先？所谓时间在先，是就产生、出现的时间顺序而言的；所谓逻辑在先（logical priority）是从道理、逻辑上说明何者更为根本。这些内容都属于所谓本体论的范围。由于在西方哲学史上，大多数哲学家都从物质、存在与精神、思维的角度去理解世界与人的本质，所以对这些问题的追问往往转变成何谓物质、精神，何谓存在、思维，物质与精神、存在与思维何者第一性的问题。对这一问题的不同回答就形成了唯物主义、唯心主义的不同哲学倾向。

第二，人能否把握世界？如何把握世界？哲学是人把握世界的特殊方式，因而人与世界关系问题当然包括人能否把握和如何把握世界的问题。人能否把握世界，在西方哲学中往往被称为思维与存在是否具有同一性的问题；同样，人如何把握世界，在西方哲学中往往被称为思维与存在如何同一的问题。前者侧重于一种哲学立场的表达，不同的回答形成可知论和不可知论（怀疑论）的不同哲学立场；后者侧重对哲学方法的探究，不同的回答形成不同的认识路线与认识方法。这些内容都属于所谓认识论范围。但是，我们需要注意的是，"把握"是广义的认识，既包括对自然的把握，也包括对社会、人自身以及文本（text）的把握；既包括理性的、科学的认识方法与辩证的方法，也包括一些如直觉、顿悟等被人们称为非理性的认识方法。

一般而言，哲学基本问题前两方面的内容是最为根本的，也最为哲学家们所关注。恩格斯就明确地认为哲学基本问题包含着本体论与认识论两个方面。风靡世界的哲学普及读物《哲学的故事》也这样指出，"从最基本的角度看，哲学有两个最基本的核心问题：第一个问题是：'存在的本质是什么？'第二个问题是：'根本而言，我们如何进行认识。'"[①]

---

① ［英］布莱恩·麦基：《哲学的故事》，生活·读书·新知三联书店2002年版，第8—9页。

第三，人如何改变世界？人们把握世界并不是终点，人们把握世界的目的在于通过自己的行动对世界有所改变，使人能不断超越自己的有限性，从而实现更好地存在。因此，人与世界的关系除开把握与被把握的关系之外，更为重要的是改变与被改变的关系。当然，人是世界中的一部分，人在改变世界的过程中也改变着自己。这一方面内容一直是哲学不自觉的功能，马克思则是第一位明确这一方面内容的哲学家，他强调指出，以往的"哲学家们只是用不同的方式解释世界，问题在于改变世界"。[①]马克思对哲学基本问题的这一论述实现了哲学历史上的革命性变革，哲学开始了一种实践的转向。

"人如何改变世界"与"人如何把握世界"是"如何处理人与世界的关系"问题的重要部分，其核心内容构成了所谓哲学的方法论。由于以往的哲学只注重认识世界而忽视改变世界，因此以往的哲学方法论更多注重如何认识世界，而完整的哲学方法论则包括两者。哲学智慧不同于一般的知识，就在于它提供的是方法，提供认识世界和改变世界的方法。可见，方法论在哲学中居于十分重要的位置。

第四，人如何"看"自己与世界的关系？人不仅在世界中与世界发生着各种关系，而且必然对这些关系进行反思性观照，这种反思和观照总是负载着一定的价值判断，即总是要对人与世界的关系进行某种评价，以批判"不好的"，倡导"好的"，给人们对于世界的把握与改变以某种"应该"的规范。这在哲学上属于所谓价值论的内容。哲学智慧不仅告诉人如何把握世界和改变世界（正确地做事），而且要告诉人们应该怎样把握世界和改变世界（做正确的事）。哲学智慧的生存境界与人文关怀的核心即是一种价值、意义的追求。

当我们确认哲学的基本问题是人与世界的关系问题的时候，必然会涉及另外一个重要问题，那就是在中国如何理解恩格斯关于哲学基本问题的论述。恩格斯是在古希腊哲学家巴门尼德和德国古典哲学家黑格尔、费尔巴哈（Ludwig Feuerbach，1804—1872）相关思想的基础上明确提出哲学基本问题的。1886年，恩格斯在《路德维希·费尔巴哈与德国古典哲学的终结》中明确指出，"全部哲学，特别是近代哲学的重大的基本问题，

[①] 《马克思恩格斯选集》第1卷，人民出版社1995年版，第57页。

第六讲　哲学的基本问题、派别和学科领域　125

是思维和存在的关系问题"①。并对哲学基本问题的主要内容进行了两方面的理解，即思维与存在、精神与物质两者何者第一性的问题（本体论）和思维与存在是否具有同一性的问题（认识论）。毫无疑问，恩格斯关于哲学基本问题的论述是十分深刻的，可以说是达到了他那个时代的最高水平。但是，恩格斯从来没有认为他的结论是终结性的。立足世界哲学发展的事实，我们觉得，不能简单地沿用恩格斯的思想。理由如下：

　　1. 恩格斯的结论是从西方哲学中得出的，更适合于西方。恩格斯所说的"特别是近代哲学"无疑是就西方哲学而言的。恩格斯还进一步指出，"这个问题，只是在欧洲人从基督教中世纪的长期冬眠中觉醒以后，才被十分清楚地提了出来，才获得了它的完全的意义"②。也就是说，即使是在西方，这一问题也不是自始至终以典型的方式出现的。在中国哲学、印度哲学传统中则几乎见不到这种典型形式和"完全的意义"，因为他们基本上不使用"思维"、"存在"这样的哲学范畴。将所有哲学的基本问题规定为思维与存在的关系问题，必然导致一种西方中心的话语，对东方哲学的理解也会显得很牵强。英国著名学者李约瑟在谈到中国哲学的重要特点时曾经指出，几乎全部中国自然哲学的最重要特点之一，是它那对欧洲人关于有神论与机械唯物论的无休止辩论的免疫性。李约瑟所说的"有神论与机械唯物论的无休止的辩论"就是西方关于思维与存在、精神与物质关系的辩论。这种辩论在中国传统哲学中很少能找到。作为哲学基本问题必须具有普世性，能涵括不同的哲学传统。因此，思维和存在的关系问题是不适合作为哲学基本问题的。

　　2. 恩格斯关于哲学基本问题的两方面的内容遮蔽了哲学的一些重要内容，甚至有些在我们今天看来是本质性的内容。首先，恩格斯的观点没有凸显哲学的方法论功能，没有包含如何把握世界、如何改变世界的方法论内容，而内蕴着方法恰恰是哲学之为智慧学的重要特征。其次，恩格斯的观点没有涉及人与世界之间的改变与被改变的关系。不能很好地反映马克思哲学的革命性的变革，更不能反映现代哲学实践转向的时代精神。最后，恩格斯的观点忽略了人与世界之间的一种意义评价关系。哲学固然要

---

① 《马克思恩格斯选集》第4卷，人民出版社1995年版，第223页。
② 同上书，第224页。

追问"世界是什么"的大问题，但是哲学追问大问题的初衷及更高的境界则是对人类存在状态的一种牵挂，是一种终极的人文关怀。而且，随着现代科学的日益分化与发展，许多关于"世界是什么"的问题都从哲学中分化出去，成为科学的内容，哲学对于人与世界之间意义关系的探讨则更加凸显其重要地位。

当然，我们丝毫没有全盘否定恩格斯的贡献的意思。我们认为，恩格斯所揭示的思维与存在的关系问题是人与世界的关系这一哲学基本问题在西方哲学、特别是近代西方哲学中的一种特殊表现，正如人与世界的关系问题在中国传统哲学中表现为天人关系问题、在印度哲学传统中表现为梵我关系问题一样。哲学基本问题在西方哲学中的典范形式的完整揭示者、系统阐述者正是恩格斯。

二 哲学的主要派别

哲学总是自觉不自觉地围绕人与世界的关系这一基本问题展开、发展的。对于哲学基本问题的各个方面内容的不同回答不仅形成不同的哲学传统，而且在同一个哲学传统中还形成不同的哲学派别。这些哲学派别可能是共时地存在的，也有可能是前后相继地存在着的。"道不同不相与谋"，这些派别彼此展开争论，甚至相互攻击。哲学既然是思想的功夫与思想的历史，那么哲学思想的历史就决不是亡灵的画廊，而是思想的战场，哲学史因之表现为派别性争论的历史。黑格尔曾形象地说：

> "全部哲学史这样就成了一个战场，堆满着死人的骨骼。它是一个死人的王国，这王国不仅充满着肉体死亡了的个人，而且充满着已经推翻了的和精神上死亡了的系统，在这里面，每一个杀死了另一个，并且埋葬了另一个。""这样的情形当然就发生了：一种新的哲学出现了。这哲学断言所有别的哲学都是毫无价值的。诚然，每一个哲学出现时，都自诩为：有了它，前此的一切哲学不仅是被驳倒了，而且它们的缺点也被补救了，正确的哲学最后被发现了。但根据以前的许多经验，倒足以表明新约里的另一些话同样地可以用来说这样的哲学，——使徒彼德对安那尼亚说：'看吧！将要抬你出去的人的

脚，已经站在门口。'且看那要驳倒你并且代替你的哲学也不会很久不来，正如它对其他的哲学也并不会很久不去一样。"①

相对而言，中国哲学中的派别性争论可能远不如西方哲学中那么激烈，但存在着哲学派别的争论却是不争的事实。哲学的派别性争论决不是一种无谓、无聊的事情。哲学事实上成为了一个公共的世界，不同哲学流派尽管角度不同、看法各异，但他们关注的都是同一客体，那就是人与世界的关系，目的是获得哲学智慧。因此，不同派别的哲学往往以各自的片面性为代价获得了某种极端的深刻性，从而共同铸就了整个哲学的全面、系统和深刻，推动了整个哲学史的发展。也就是说，哲学的派别性争论既是哲学得以发展的动力，也是哲学得以发展的方式。黑格尔就曾这样"教导"我们：

"哲学系统的分歧和多样性，不仅对哲学本身或哲学的可能性没有妨碍，而且对于哲学这门科学的存在，在过去和现在都是绝对必要的，并且是本质的。"②

综观整个哲学史，主要有唯物主义与唯心主义、辩证法与形而上学、可知论与不可知论（怀疑论）、经验论与唯理论、科学主义与人文主义、现代哲学与后现代哲学等派别或思潮的争论。一般认为，在众多哲学派别中，唯物主义和唯心主义的争辩是最为基本的，它贯穿于各民族哲学传统发展史的始终，我们因此称之为哲学的基本派别。

1. 唯物主义（Materialism）与唯心主义（Idealism）

唯物主义与唯心主义是基于对世界本质、本原看法的对立观点而形成的。这也是划分唯物主义与唯心主义的唯一标准。唯物主义认为世界是物质的，唯心主义则认为世界本质是意识的。正如恩格斯说的：

---

① [德] 黑格尔：《哲学史讲演录》第1卷，商务印书馆1997年版，第21—22页。
② 同上书，第24页。

"凡是断定精神对自然界说来是本原的……组成唯心主义阵营。凡是认为自然界是本原的,则属于唯物主义的各种学派。除此之外,唯心主义和唯物主义这两个用语本来没有任何别的意思。"①

唯心主义又分为客观唯心主义和主观唯心主义两种基本形态。客观唯心主义认为某种客观的精神先于(包括前述的时间在先和逻辑在先两种情况)物质世界而存在,物质世界不过是这种客观精神如理念、绝对精神等的外化和表现。古希腊的柏拉图哲学,中国宋代的程朱理学,近代德国的黑格尔哲学,就是客观唯心主义的典型代表。宿命论是客观唯心主义的极端形式。主观唯心主义则把个人的某种主观精神,如感觉、经验、心灵、意识、意志等看作是世界上一切事物产生、存在和发展的根源与基础。中国宋明时期的陆王"心学",近代英国提出"存在就是被感知"的贝克莱哲学,是主观唯心主义哲学的典型。主观唯心主义的极端形式是唯我论。

唯心主义并不神秘,即使在现代生活中,经常能看到它的表现。例如,有些人依然相信命运的观念,以为"生死有命,富贵在天";有些人对算命、相面、占卦、占星术、星座等深信不疑;有些人信仰宗教、相信封建迷信等等,这些都是客观唯心主义的表现。另一些人则极度强调自己的主观能动性。例如中国20世纪"大跃进"时期有这样的口号:"人有多大胆,地有多大产""不怕做不到,就怕想不到""天上没有玉皇,地下没有龙王。我就是玉皇,我就是龙王。喝令三山五岳开道,我来也!"而今天,我们经常能在媒体上听闻到"心有多大,舞台就有多大"等说法。其实这些都属于主观唯心主义的表现。

唯物主义经历了古代朴素唯物主义、近代机械唯物主义、现代实践唯物主义三个发展阶段。古代朴素唯物主义把万物的"本原"归结为某种具体的物质形态,如水、木、土、火、金等,具有明显的自发性和朴素性。近代机械唯物主义以新的实证知识和科学方法论证了世界的物质统一性,但把物质理解为自然科学意义上的原子,把物质运动归结为机械运

---

① 《马克思恩格斯选集》第4卷,人民出版社1995年版,第224—225页。这也启示我们,唯物主义和唯心主义的使用是有严格范围的,并不能作为一个标签去"鉴别"一切理论。

动，并用孤立、静止、片面的观点来解释世界，具有明显的机械性、形而上学性。17 世纪英国唯物主义、18 世纪法国唯物主义和 19 世纪德国费尔巴哈的唯物主义，是这种唯物主义的著名代表。古代朴素唯物主义和近代唯物主义还有一个共同的局限，那就是不彻底性，即在自然观上是唯物主义的，而在历史观上则是唯心主义的。由马克思开创的现代实践唯物主义认为世界是在实践的基础上统一于物质的，实现了辩证法与唯物主义的统一、自然观与历史观的统一，是彻底的唯物主义。

作为两大对立的哲学派别、思潮，唯物主义和唯心主义阵营都拥有许多伟大的哲学家，都有着极其丰厚的历史积淀，在内容上具有十分丰富的复杂性。因此，我们不能简单地认为，唯物主义派别和体系中的一切内容都比唯心主义正确或是更加深刻。情况有时甚至可能是恰恰相反的，正如列宁（Lenin，1870—1924）曾经指出的，"聪明的唯心主义比愚蠢的唯物主义更接近于聪明的唯物主义"[①]。

2. 辩证法（Dialectic）与形而上学（Metaphysics）

在唯物主义与唯心主义两大基本派别的斗争中交错着辩证法和形而上学的对立。辩证法原是指一种谈话的艺术、逻辑论证的辩论技巧，借由论证过程揭示对方的矛盾以逐渐逼近真理。古希腊哲学家芝诺被称为辩证法的创始人，他曾经运用悖论的方式驳斥运动的观点，最为有名的论证就是"飞矢不动"和"阿喀琉斯追不上乌龟"。苏格拉底开创的"精神助产术"则被认为是古代辩证法的典范。

相传，苏格拉底习惯到热闹的雅典集市上去发表演说和与人辩论问题。一天，苏格拉底拉住一个过路人说道："对不起！我有一个问题弄不明白，向您请教，什么叫有道德？"那人回答说："忠诚老实，不欺骗别人，才是有道德的。"苏格拉底装作不懂的样子又问："但为什么和敌人作战时，我军将领却千方百计地去欺骗敌人呢？""欺骗敌人是符合道德的，但欺骗自己就不道德了。"苏格拉底反驳道："当我军被敌军包围时，为了鼓舞士气，将领就欺骗士兵说，我们的援军已经到了，大家奋力突围出去。结果突围果然成功了。这种欺骗也不道德吗？"那人说："那是战

---

① 《列宁全集》第 55 卷，人民出版社 1990 年版，第 235 页。

争中出于无奈才这样做的，日常生活中这样做是不道德的。"苏格拉底又追问起来："假如你的儿子生病了，又不肯吃药，作为父亲，你欺骗他说，这不是药，而是一种很好吃的东西，这也不道德吗？"那人只好承认："这种欺骗也是符合道德的。"苏格拉底并不满足，又问道："不骗不是道德的，骗人也可以说是道德的。那就是说，道德不能用骗不骗人来说明。究竟用什么来说明它呢？还是请你告诉我吧！"那人想了想，说："不知道道德就不能做到道德，知道了道德才能做到道德。"苏格拉底这才满意地笑起来，拉着那个人的手说："您真是一个伟大的哲学家，您告诉了我关于道德的知识，使我弄明白一个长期困惑不解的问题，我衷心地感谢您！"苏格拉底把这种通过不断发问，从辩论中弄清问题的方法称作"精神助产术"。

苏格拉底的学生柏拉图进而把辩证法视为认识世界本质的方法。近代哲学家康德提出了有名的二律背反（antinomies），即对同一问题可以形成各自成立但相互矛盾的观点。他认为这是理性所固有的、不可避免的辩证法。到黑格尔那儿，辩证法不仅是一种研究事物本质矛盾的方法，同时也是适用一切现象的普遍法则，是一种宇宙观。马克思、恩格斯则把辩证法看成是肯定矛盾基础上的关于联系与发展的科学。

形而上学一词也起源于古希腊。公元前60年哲学家安德罗尼柯（Andronicos）在编撰亚里士多德遗著时，先将关于自然的、可感觉运动变化事物的著作编在一起，命名为《物理学》，而把现在所谓《形而上学》的各篇章放在《物理学》之后，并集合在一部书内，取名为Metaphysika，即今之metaphysics。"metaphysics"由"meta"（之后）和"physics"（物理学、自然学）这两个词组成，字面意思是"物理学（自然学）之后"，表示研究物理学（自然学）背后的东西。在古希腊，科学还没有分化，因而物理学（自然学）大体上相当于今天所谓科学尤其是自然科学。所以，这个词的意思就是：研究自然科学背后的东西。在希腊语中，meta（在……之后）同时具有"超越的"、"更深层"、"元"的含义。这与亚里士多德所说的"最高的智慧"或"第一哲学"恰恰是一致的，也就是广义的本体论。中国古代的《周易·系辞》有"形而上者谓之道，形而下者谓之器"之说，形而上、形而下的区别一直沿用至今。借用这里的术语，人们以"形而上学"来翻译西方的"metaphysics"。

在近代哲学中，弗兰西斯·培根开始把形而上学的主要研究对象理解为研究物体永恒不变的形式。黑格尔在著作中除开把形而上学指称研究经验以外的哲学之外，开始把形而上学指称为与辩证思维相对立的思维方法。恩格斯引申和发挥黑格尔这一说法，认为"形而上学是一种反对发展论的宇宙观"。后来斯大林（Сталин，1879—1953）进一步强化了这种理解，明确提出辩证法与形而上学的对立是"哲学上的两军对战"和哲学"阶级性"的体现。通过德波林、尤金和艾思奇（1910—1966），这种理解又影响了毛泽东。

现在，特别是在中国哲学界，普遍地存在这样一种观点：辩证法主张从普遍联系、运动和发展中去理解世界，认为世界是不断发展变化的活的有机整体。与此相反，形而上学总是用静止、孤立、片面的观点去看世界，其世界图景是零散的、绝对的、孤立的画面的拼凑；辩证法强调用矛盾的观点看世界，形而上学则否认矛盾的客观性与普遍性；辩证法在本质上是批判的，形而上学则是非批判的。辩证法经历了古代朴素辩证法、唯心主义辩证法和马克思主义的唯物主义辩证法三阶段。古希腊的赫拉克利特、中国的老子的思想都包含着朴素的辩证法思想；黑格尔是唯心主义辩证法的集大成者；唯物主义辩证法则是由马克思、恩格斯所创立的。形而上学有可能是唯心主义的也可能是唯物主义的，西方近代的机械唯物主义又被称为形而上学唯物主义。

3. 可知论（Knowability）与不可知论（Agnosticism）

可知论与不可知论是回答哲学基本问题中的"人是否能把握世界"这方面内容而形成的不同派别。哲学史上的绝大多数哲学家对这个问题进行了肯定的回答，是为可知论。正如爱因斯坦所感慨的，这个世界上最不可思议的事情，便是世界是可以思议的。早在古希腊，巴门尼德就认为，能够思维到的和能够存在的两者是同一的。也就是说，世界是可知的。莱布尼茨可算是可知论的极端代表，他不仅认为自然、人文世界都可以认识，甚至致力于发明一种万能算学，使人的思想取得像数学一样的严密性。"有了这种东西，我们对形而上学的道德问题就能够几乎像在几何学和数学分析中一样进行推论。""万一发生争执，正好像两个会计之间无须乎有辩论，两个哲学家也不需要辩论。因为他们只要拿起石笔，在石板前坐下来，彼此说一声（假如愿意，有朋友做证）：我们来算算，也就行了。"①

不可知论最早可以追溯到古代的怀疑论思想，而作为一种系统的哲学理论则出现在 18 世纪的欧洲。1869 年英国学者赫胥黎（Thomas Henry Huxley, 1825—1895）正式提出"不可知论"（agnosticism）一词。不可知论否认人认识世界的可能性或否认彻底认识世界的可能性，断言人的认识能力不能超出感觉经验或现象的范围、不能认识事物的本质和规律。

中国古代庄子的思想中也有不可知论的思想。庄子曾经说：

"无形者，数之所不能分也；不可围者，数所以不能穷也。可以言论者，物之粗也；可以意致者，物之精也。言之所不能论，意之所不能察致者，不期精粗焉。""吾生也有涯，而知也无涯。以有涯随无涯，殆已。已而为知者，殆而已矣。"（《庄子·秋水》）

近代哲学中最为著名的不可知论的代表是休谟和康德。休谟认为，人类认识不能超出感觉的范围，感觉之外的客观事物是否存在，也是无法知道的。而康德则认为人只能认识事物的现象，不能认识事物的本质。在现代哲学中，马赫主义、实用主义、存在主义等也宣扬不可知论。

随着相对论和量子力学理论的提出，在当代科学哲学中产生了一股强烈的怀疑论思潮，科学哲学家波普尔就认为我们对世界的把握都是一种假设，我们的理性始终是有限的。政治自由主义思潮甚至用不可知论为其政治思想进行辩护。哈耶克（F. A. Hayek 1899—1992）认为，社会生活中始终存在着理性不及的因素（non-rational factors）和智识不及的部分，无论个体的人，还是某个集团因之存有不可避免的无知（inevitable ignorance）而处于必然的无知状态（necessary ignorance），不可能拥有关于世界的全部知识，人们引以自豪的知识的增长也必然是无知的增长。怀疑论也成为后现代思潮的一种基本态度，他们认为这个世界根本没有可供认识的本质，我们获得的都是差异性的意见。

不可知论对于批判机械论和独断论，揭示认识过程中现象与本质、有

---

① 转引自［英］罗素《西方哲学史》（下），商务印书馆 2005 年版，第 119 页。

限与无限等矛盾,使人类始终保持谦卑而非理性自负的态度有着积极的作用。当然,尽管人类对于世界总是有所知有所不知,但人类总是试图获得越来越多的有知。从人类思维的现实性来说,总是存在无知方面的,而从人类思维的可能性上说,世界只存在没有被认识的事物,而不存在不可认识的事物。哲学恰恰居于人类思维的极限之处,是操作于有知与无知之间的思想功夫。

4. 经验论(Empiricism)和唯理论(Rationalism)

经验论与唯理论,又被译为经验主义和理性主义,主要是西方哲学中关于认识问题的争论而形成的哲学派别,关心的是知识的对象、起源、性质、方法和检验问题。一般来说,经验论者认为知识源于感觉经验,而唯理论则主张"天赋观念";经验论在认识方法上主张归纳法,唯理论则强调演绎法;经验论认为只有感觉经验最可靠,唯理论则认为只有理性知识是真实可靠的。

在西方,经验论和唯理论的对立最早可以追溯到古希腊,伊壁鸠鲁、亚里士多德是经验论的代表,而巴门尼德、柏拉图则是唯理论的代表。在中世纪,经验论与唯理论的争论表现为唯名论与唯实论的争论。他们争论的焦点是普遍性的概念(共相)到底是人为抽象出来的,还是实实在在的存在。前者为唯名论,近于经验论;后者为唯实论,近于唯理论。在中国先秦哲学中也存在过"名实之辨",儒家、道家、墨家和名家都卷入其中,特别是儒墨之争颇近于西方唯实论与唯名论的争论。以孔子为代表的儒家强调"正名",以礼来规范现实,以做到名实相符;以墨子为代表的墨家则认为不是名决定实,而是实决定名。

经验论与唯理论的典范形式出现在近代西方哲学史上。经验论的代表人物有培根、霍布斯、洛克和休谟,唯理论的代表人物有笛卡儿、斯宾诺莎、莱布尼茨。经验论主要流行于英国,唯理论主要流行于欧洲大陆。所以,中国学界常有英国经验论与欧陆唯理论之说。即使在当代哲学中,经验论与唯理论的争论依然以各种方式存在。

人既是感性的存在物,也是超越感性的理性存在物。经验论与唯理论的斗争就是根源于人们生活中感性与理性的矛盾,是对其中一个方面的片面强调。也有一些哲学家,例如康德,试图超越经验论和唯理论的争论。

康德认为，思维无感性则空，直观无概念则盲。真正的知识是一种所谓先天综合判断，即既有先验的范畴，又有后天的经验。尽管如此，康德还是被看作一位极其重要的理性主义哲学家，被人们归到唯理论的阵营之中。

经验论与唯理论后续争论事实上也突破了知识论的范围，形成两大对立的社会政治哲学思潮。经验论倾向于主张一种自生自发的、不断演进的社会发展道路，倡导改良，反对整体革命；唯理论被认为是主张一种人为、建构、设计的社会发展道路，倡导社会整体的革命或制度安排。哈耶克等人还将之上升到资本主义与社会主义两条道路的斗争。

5. 科学主义（Scientism）与人文主义（Humanism）

从整个哲学史特别是西方哲学史来看，一直或明或暗地贯穿着科学与人文对立的两大哲学思潮。从泰勒士开始，古希腊的哲学家都好"仰望星空"，对自然科学，特别是数学、几何学情有独钟。甚至柏拉图学园门外就挂着一个写着"不懂几何学的人不得入内"的牌子。这些其实孕育了西方科学主义的走向。同时，苏格拉底"认识你自己"和普罗泰哥拉"人是万物的尺度"的思想可以视做人文主义的源头。但是，作为典型意义的科学主义思潮与人文主义思潮则出现在现代哲学中。

科学主义哲学之所以得名，就在于，这一流派对现代的科技文明持完全肯定态度，主张按照自然科学的观点和方法看待一切，认为科学是合理性的唯一形式，凡称得上科学的才是合理的。科学主义者认为，只有用实证科学（自然科学）的理论和方法改造哲学，才能使哲学真正变成"科学的哲学"。在科学主义看来，哲学也只应研究方法论，而不应探究世界的本原和最一般规律，人的价值问题也被排除在科学之外。科学主义主要包括实证主义、实用主义、语言分析哲学和科学哲学等有代表性的哲学思潮。

现在人们一般理解的人文主义主要有三种含义：一是14、15世纪文艺复兴时期的文学艺术思潮，反对禁欲、蒙昧和专制，追求幸福、理性与自由，其实并不与科学主义相对立；二是费尔巴哈的人本主义，是反对宗教神学、以人为中心的哲学；三是泛指强调人的价值和意义的哲学思潮。与科学主义相对的人文主义是泛指现代哲学中承认人的价值和尊严，以人性、人的价值、人的本质等为研究重心的哲学思潮，包括唯意志主义、生命哲学、现象学、存在主义、弗洛伊德主义、法兰克福学派、解释学等。人文主义哲学在现代西方逐渐成为哲学的主流,流派繁多,对西方乃至世界的文化、生活较之科学主义产生了更为广泛深刻的影响。

科学主义与人文主义的对立直接地是对哲学理解上的对立,科学主义试图以科学改造哲学,使哲学成为科学的效仿者,使哲学科学化;人文主义则认为哲学应该是研究人本身的"人学"。归根结底,科学主义与人文主义的对立是源于生活中事实与规范、真理与价值、实在与意义的矛盾。科学主义侧重于从事实、真理、实在的角度理解哲学,而人文主义侧重于从规范、价值、意义的角度理解哲学。

在现代科学主义与人文主义两大思潮中,还蕴涵着理性主义(Rationalism)与非理性主义(Irrationalism)对立。理性主义与非理性主义的冲突在西方可以追溯到太阳神阿波罗与酒神狄奥尼索斯的神话传说。完整意义上的理性主义哲学产生于近代,以笛卡儿、黑格尔等人为代表。理性主义认为,只有理性所把握的东西才是普遍必然的,才具有永恒性,理性是人高于动物的本质所在;非理性如情感、本能、意志等则是"邪恶"的力量。完整意义上的非理性主义哲学是以对近代理性主义的批判者的姿态登上哲学舞台的,其主要代表是叔本华、尼采的唯意志主义,柏格森(H. Bergson,1859—1941)的生命哲学,海德格尔和萨特为代表的存在主义哲学等。他们与理性主义针锋相对,认为人之为人最根本的是非理性的、本能的、潜意识的一面,必须将人的非理性、本能、潜意识从理性的压抑下解放出来。在现代哲学中,科学主义哲学一般都是理性主义哲学,而大多数人文主义哲学也可以划归为非理性主义哲学。

总体来看,科学主义和人文主义各自张扬的是科学精神与人文精神,对于人类及其哲学而言,科学精神与人文精神缺一不可,相辅相成。因此,科学主义与人文主义不能简单地以对错区分之,而应该把它们看作是相互补充的关系。值得注意的是,当代科学主义与人文主义已经出现了相互融合的趋势。

6. 现代哲学与后现代(Postmodern)哲学

其实这算不上严格意义上的哲学派别,而是由于所谓后现代哲学出现后突现的两大对立思潮。后现代主义(postmodernism)哲学源于20世纪六七十年代法国的所谓后现代的文学艺术思潮。它们反对现代社会的日益制度化，强调科技进步对社会的消极影响，反抗现代工业文明对人的自由的束缚和造成的精神家园的失落，要求回归自然。后现代主义在哲学上批判整个现代西方哲学，致力于颠覆、破坏，而不是建设。它们认为这正是其不同于现代哲学的特色，它们称自己的哲学为"后现代"哲学。"后（post）"不是时间意义上的，而是批判、反对、超越的意思。也就是说，后现代哲学认为自己的哲学比现代哲学更高级。但事实上，有不少人认为后现代哲学只是现代哲学中人文主义思潮中比较激进、极端的一支。

后现代哲学的代表人物主要有法国的德里达（J. Jacques Derrida, 1930—2004）、利奥塔（Jean-Francois Lyotard, 1924—1998）、福柯（Michel Foucault, 1926—1988），美国的罗蒂、詹明信等。传统哲学总认为事物存在现象与本质之分，本质决定现象，透过现象可以看到本质，所以，认识事物就在于认识事物的本质。后现代主义哲学认为事物根本就不存在什么本质，我们除了语言的游戏之外，什么也不能认识。传统哲学强调一元，认为对一个事物的正确认识只有一个。后现代哲学则认为只有各自不同的意见，根本不存在客观的真理，所谓权威和中心都是霸权主义与专制主义的表现，倡导多元主义和宽容原则，容许不同意见的存在。后现代哲学还反对科学至上主义、科学霸权主义，认为自然科学只是一种工具性的知识，它不能给予人生意义，相反导致人性的扭曲。与此相对，后现代哲学倡导文学艺术活动，认为它才体现人性，体现人生的价值。后现代哲学强调一切都是偶然的、不连续的、多元的，因而也是不确定的。因此他们的人生态度或学术趣味都努力地表现得没有立场，反对追求高尚、宏伟、未来的东西。一言以蔽之，后现代哲学强调的是一种游戏的态度。

后现代哲学在当代中国一度很流行，甚至有人说，中国古代老子、庄子的思想就包含了后现代哲学思想，这当然是无稽之谈。后现代哲学是西方社会工业文明发展到一定程度后的产物，标新立异，一些洞见也十分深刻，富于启发性。但总体来说，它是一种不太积极的哲学。对于需要加紧发展、实现民族伟大复兴的中国来说，后现代哲学总体是不适用的，甚至是有害的。非常耐人寻味的是，一方面，在后现代哲学内部，出现了所谓建设性后现代主义（Constructive Postmodernism），试图对激进的后现代哲学进行反思、修正，但"建设性"本身就与"后现代"旨趣相矛盾，这表明，后现代哲学走向了自己的逻辑尽头；另一方面，当中外哲学界热炒多年后现代思想以后，有关"现代性"（modernity）的讨论反而成为了学术焦点。毕竟后现代主义欲对现代性而"后"之，必须首先弄清楚究竟什么是现代性。诚如哈贝马斯所言，无论对于西方还是东方而言，现代性都还是未竟的事业。

从以上详略不一地列举的哲学派别可以看出，主要还是以西方哲学传统为主要线索的。我们的确需要警觉西方中心论的话语，但迄今的哲学话语主要是由西方哲学奠定的。因此，我们的哲学探索完全避免西方话语是不可能的，我们只能努力而为之。

三 哲学的学科领域

哲学有着悠久的历史，而且在其相当长的时期内，充当着人类智识总汇的角色。各有所专的哲学派别与哲学家们则在自己偏爱的角度将哲学推向纵深。派别林立与著作浩瀚反映着哲学内容的丰富。哲学理性的冲动很早就促使人们对哲学的内容进行一定的划分，特别是在近代学科分化大潮的影响下，哲学内部的领域划分更为精细，形成了我们今天看到的不同的学科研究领域。

在西方哲学史上，最早对哲学内容进行划分的是亚里士多德，他把哲学（当时包括所有的人类智识）分为三类：一是理论哲学，包括数学、物理学和形而上学；二是实践哲学，包括政治学、伦理学、经济学（家政学）；三是创造性哲学，包括诗学、修辞学和生产技艺。另外还有一门工具科学逻辑学。古希腊晚期的斯多葛派则把整个哲学比喻为田地，逻辑学是田地的围墙，物理学即自然科学是土壤，而伦理学是田地长出来的果实。关于哲学学科分类另一个有名的比喻来自笛卡儿，他认为全部哲学就像一棵大树，形而上学是树根，物理学是树干，别的一切都是树干上长出来的树枝，其中最重要的树枝有三：医学、机械学、伦理学。18世纪的德国哲学家沃尔夫将哲学分为两部分：一是理论哲学，包括本体论、宇宙论、心理学和神学，又统称为形而上学；二是实践哲学，包括伦理学、政治学、经济学。逻辑学则是一切学科的导论。在沃尔夫的划分中，数学、物理学、诗学、修辞学、生产技艺等均已不再属于哲学了。在沃尔夫之后，政治学、经济学、心理学也相继"自立门户"，哲学逐渐向着我们今天所熟悉的内容靠近。黑格尔则继承斯多葛派的传统，将哲学分为三部分：逻辑学（涵盖形而上学）、自然哲学、精神哲学。

20世纪以来，西方和中国港台地区相继出现了一批类似于《哲学导论》《哲学概论》的哲学入门教材和普及读物。分析其对哲学内容的把握和领域划分，我们可以看到，大多还是比较接近的。一般来说，都倾向于把哲学的内容分为本体论、认识论、社会历史哲学、价值论、人性论等部分。这些也将构成本书后续内容的一个内在逻辑依据。不过，在此之前我们有必要来了解一下哲学在目前中国学科划分中的状况。在目前的中国学科划分中，哲学是众多一级学科之一，而在哲学之中一系列既相互独立又彼此相关的分支学科被称为哲学的二级学科，主要包括马克思主义哲学、中国哲学、外国哲学、逻辑学、伦理学、美学、宗教学、科学技术哲学（自然辩证法）。

马克思主义哲学（Marxist Philosophy/ Philosophy of Marxism）是由马克思和恩格斯在19世纪中叶创立的（值得注意的是，马克思本人并不认为自己的理论是一种哲学，也明确反对"马克思主义"的提法），在世界范围内得到广泛传播，在目前的中国处于一种国家哲学的地位。在当代中国，马克思主义哲学往往被视为人们学习和研究哲学的最重要的、最基本的理论内容，也是人们学习和研究各种哲学最重要的、最基本的指导思想。马克思主义哲学在中国哲学界事实上长期充当着"哲学原理"的角色。马克思主义哲学不仅是人类文明史的必然产物，也是那个时代的时代精神的集中体现，更具有与时俱进的品质。人们通常用辩证唯物主义与历史唯物主义来称谓马克思主义哲学，也有人将马克思主义哲学称为实践唯物主义。无论如何，如下说法是比较一致的：马克思主义哲学的核心内容是唯物史观，首要的观点是实践，最大的特征是实践性。正因为此，我们说，马克思主义哲学实现了整个哲学史的革命性变革，不少西方哲学家也指出，马克思主义哲学是当今世界唯一不可超越的哲学。从大学本科课程的安排上看，马克思主义哲学往往包括马克思主义哲学原理和马克思主义哲学史两门课程。

中国哲学（Chinese Philosophy）是世界三大哲学传统之一，是中华民族智慧集体的、历史的结晶。它以迥异于其他民族的范畴，致力于研究天人关系和古今历史的演变，形成了独具特色的自然观、历史观、人性论、认识论和方法论。与欧美哲学与印度哲学不同的是，中国哲学与宗教、神学结合不是很紧密，而与儒家的经学结合，特别重视哲学与伦理的联系，具有十分鲜明的生命实践特征。关于中国哲学的范围有着不同观点，一种观点认为，中国哲学上起殷周之际，下迄1949年新中国成立；另一种观点认为下迄至今，包括今天所谓的新儒家、新道家；还有一种观点是在第二种观点的基础上再加上中国化的马克思主义哲学。不少中外哲学家相信，面对目前人类面临的诸多问题，中国哲学拥有更多的智慧。中国哲学也已成为了世界哲学界研究的重要内容。对于每位中国知识分子、哲学爱好者来说，"讲西学必先通中学，乃不忘其祖也"（张之洞《劝学·序》）的警戒值得记取。就目前国内的中国哲学研究来看，十分注重史的研究，"中国哲学史"是学习中国哲学最为核心的内容。

严格说来，外国哲学（Foreign Philosophies）应该包括一切非中国的哲学，人们大致把外国哲学又区分为东方哲学和西方哲学两大部分。不过，这里的"东方"和"西方"不是严格意义上的地域概念，而是在地域基础上生发出来的历史文化概念。东方哲学的研究范围包括印度哲学、日本哲学、朝鲜哲学、阿拉伯哲学等东方国家的哲学。西方哲学的研究范围包括古希腊罗马哲学、中世纪哲学、文艺复兴时期哲学以及近现代西方（欧美）各国哲学。因此，外国哲学可以说是研究西方哲学和东方哲学在历史上的产生、形成、演变的过程以及现状和发展趋势的一门学科。它已经形成了包括通史、断代、流派、国别和主要哲学理论等方面的学科体系。就目前国内大多数大学的本科课程安排来看，外国哲学主要指西方哲学（western philosophy）。"哲学"一词诞生于西方，西方哲学积淀了雄厚的哲学基础，被很多人认为是哲学的典范类型，人们在哲学研究中往往不可避免地遭遇"西方中心"的话语霸权。因此，对于当代中国人来说，学习外国哲学，尤其是学习西方哲学是研究哲学的必经之路。

逻辑学（Logos/Logic）是以人的思维为对象、研究人的思维的形式结构及其规律、规则的学科。在中国古代和近代，曾被称为"形名之学""名学""辩学""理则学""论理学"。其核心工作在于研究人们如何进行正确的推理活动。从最宏观的层面看，逻辑可分为演绎推理为主的演绎逻辑和以归纳推理为主的归纳逻辑。由亚里士多德奠基，由康德正式命名的形式逻辑（主要是演绎逻辑）是逻辑学最成熟的，也是主体的部分。逻辑不问是非，只讲求命题真伪以及推理是否有效。现代西方一些学者已经将逻辑与数学结合，以追求更大的精确性，产生了所谓的数理逻辑或曰符号逻辑，正逐渐成为现代逻辑的主流，它事实上是形式逻辑的现代形式。在康德的所谓先验逻辑的基础上，黑格尔建构了所谓辩证逻辑，研究概念的辩证运动。在现代逻辑中，还包括模态逻辑、多值逻辑、道义逻辑等非经典逻辑。从亚里士多德开始，逻辑学就一直被认为是从事学问研究，特别是哲学研究的基础性工具。当然，对于非逻辑专业的人来说，掌握形式逻辑就基本够用了。

伦理学（Ethics）是关于伦理道德的学说，又称道德哲学，主要研究道德的产生、发展、本质、评价以及道德养成的规律。在汉语中，"伦"有类、辈分、顺序、秩序的含义，引申为关系；"理"是玉的纹路，引申为道理、规则。中国古代的伦理是指人与人之间的道德原则和规范。伦理学一词则是在19世纪才从西方传来的。在古希腊，"伦理"一词含有风俗、习惯、气质和性格的意义。西方最早的伦理学著作是《尼可马可伦理学》，据说是亚里士多德的儿子尼可马可根据亚里士多德的讲稿谈话整理出来的。西方伦理思想传统强调追求以人的至善为特征的个人幸福；中国的伦理思想传统则注重个人品德修养，强调与"外王"相结合；印度伦理思想与宗教结合，强调人的精神生活。现代中国的伦理学研究受西方的影响深刻，形成与西方接轨的三种路径：一是实践的或规范的伦理学，认为伦理学是通过研究道德现象，给人们指出应当遵循什么样的行为规范，履行什么样的义务；二是理论的或纯粹的伦理学，注重道德的理论探讨，往往与哲学本体论结合起来，认为伦理学就是道德哲学，是对善恶所做的纯哲学思辨；三是分析的伦理学，其突出特点是从逻辑学和语言学方面对道德概念、判断、推理进行分析，而不管经验与历史。随着社会的发展，人类面临着许多挑战和危机，反思性已经成为人类的经常性机制，而任何一种反思都将引向对人类行为的规范。因此，广义地说，伦理学的范围正在不断扩大，伦理学有着很好的前景。

美学（Aesthetics）的希腊文词源含义是对一般感觉经验的研究。德国哲学家鲍姆嘉通（A. G. Baugartem，1714—1762）在1750年出版的著作《美学》中认为，相对于研究"知"的逻辑学、研究"意"的伦理学，应该有专门研究感性的"情"的审美学科。此后，美学成为一门专门的学科，鲍姆嘉通亦被尊为美学之父。一般认为，1790年康德的《判断力批判》问世，美学体系才真正地诞生了。美学大体上以美（丑）的本质、审美和艺术为研究对象，是研究美的本质及人的审美活动的学科。但事实上，时至今日，人们对美、美学的定义仍有分歧。通观中西古代美学思想及现代美学的发展趋势，美学研究主要有三种路径：一是哲学的路径，以哲学思辨的方式对美学的基础理论进行探讨。柏拉图、康德、黑格尔、叔本华、马克思、柏格森等都把美学看作是自己哲学体系的一部分或延伸；二是艺术或艺术社会学的路径，从社会历史的角度探讨艺术诸形式的审美体验与接受的问题；三是心理学路径，着重对审美经验进行心理研究，被称为审美心理学或文艺心理学，现在已经成为美学研究的主体部分。我们常说，爱美是人的天性。也许，在哲学的诸学科领域中，美学是最能接近人们的生活世界的，也是最"可爱"的。

宗教学（Science of Religion）是以人类宗教现象为研究对象的综合学科①。宗教现象有着悠久的历史，但宗教学作为一个学科时间却很短，它在19世纪下半叶形成于欧美，标志性的事件是英籍德国学者缪勒（M. Muller，1823—1900）1870年在其《宗教学导论》一书中第一次提出宗教学这一概念。中国的宗教学研究起步较晚，开始于20世纪晚期，尚未形成独立的理论体系。宗教学不同于以论述神灵存在为前提的神学。从应该的层面上看，宗教学更为自觉地遵循"价值中立"的原则，以社会历史中的具体宗教现象为对象，从形式与内容方面考察其观念、行为、组织，探讨宗教起源与演化的过程，以及宗教产生与存在的基础，研究宗教的性质、演化规律与社会作用。一般而言，宗教学主要包括两大部分的工作：一是探讨历史上的各种宗教形态，即各种宗教传统；二是解释宗教信仰形成的主客观条件以及宗教信仰的当代价值。前者是基础，后者则是目的。当代科技进步、社会发展并没能消除宗教现象，相反，在一个充满不确定、风险、未知可能的世界，宗教所具有的吸引力超乎想象。宗教学研

---

① 严格地说，作为哲学分支的应该是宗教哲学（Philosophy of Religion），是对宗教及其观念和问题的哲学思考。

究在中国刚刚起步，拥有很大的发展空间。

科学技术哲学（Philosophy of Science and Technology）主要从哲学的高度研究自然界的一般规律、科学技术活动的基本方法、科学技术及其发展中的哲学问题、科学技术与社会的相互作用等内容。西方的科学技术哲学一般体现在自然哲学、科学哲学、技术哲学、自然科学的哲学问题等研究之中，并没有严格统一的学科。中国的科学技术哲学脱胎于自然辩证法（Dialectics of Nature），它以恩格斯所著《自然辩证法》为起点。中国一度曾形成具有自己鲜明特色的自然辩证法学派。目前，科学技术哲学的学科定位依然在讨论之中，存在着哲学与社会学的两种不同倾向。大多数国内高校的科学技术哲学都设置有自然哲学、科学哲学、科学社会学和科学史等课程。科学的昌明、技术的发达及其带来的诸多问题都呼求一种哲学的解答，科学技术哲学的发展方兴未艾。

以上八个二级学科的划分在中国是约定俗成的，甚至可以说是经过官方确定的。但事实上，当各门具体科学离开哲学怀抱之后，随着现代科学技术、社会社会生活的高度复杂化和分工无限细化，形成了形形色色、难以细数的更小的学科及其专题领域。然而，一方面，天生怀着整体性冲动的哲学总是"牵挂"着这些细小的学科，试图"下凡"以观照它们；另一方面，具体学科对其前提性问题的思索往往使自己自觉不自觉地"升天"到哲学层面。于是出现了众多类似于政治哲学、经济哲学、法律哲学、管理哲学、教育哲学、医学哲学、工程哲学等哲学分支。

就哲学的本性而言，学科化、领域化本身就是一种异化，真正的哲学家从来不会囿于这些畛域的束缚。在社会分工精细化、哲学研究学院化的背景下，哲学二级学科或分支哲学就成为了不同背景的人们走进哲学的方便之门。好在只要我们深入进去，进行真正的哲学思考，就会发现，哲学的内部是相互贯通、浑然一体的。

思考：

1. 为什么说人与世界的关系问题是哲学的基本问题？如何理解恩格斯关于哲学基本问题的论述？

2. 哲学的派别性争论在哲学史上发挥着什么作用？

3. 尝试着为不同的哲学流派寻找最具代表性的哲学家和典型的哲学命题。

4. 就中国目前的哲学八个二级学科而言，你对哪个学科最感兴趣？为什么？

第七讲　世界观与本体论

确如大多数人所理解的，哲学至少是一种世界观，即包含着对世界最为根本的看法：世界是什么，又是怎样存在的。哲学家们并不满足于我们在日常生活经验中看到的那样的世界，而总是要穷根究底地追问我们看到的这个世界是"如何可能"的。尽管对这样的问题可以作出很不相同的回答，但对这样问题的"思考并不只是'你的观点'，它也是你生活的方式，你所做的一切事情的基础。一种未经表达、未经考察和未经论证的浅薄的基础是没有保障的。"[1] 哲学的一个重要职责就是去发现这样的基础，为世界寻找最终而牢靠的支撑，让人们得以安身立命。因此，在哲学史上，特别是在古代西方哲学史上，形而上学（metaphysics）就成为哲学的别称。在现代哲学中，这部分内容往往被称为哲学本体论。形而上学或哲学本体论在整个哲学中具有基础性的地位，亚里士多德将之称为第一哲学和关于最高原因的理论，海德格尔将之称为"最广泛、最深刻的问题，它又是最原始的问题"[2]。我们经常认为哲学谈论的是大问题、深问题、难问题，是向着人的思维极限进行的一种挑战，哲学本体论可谓最典型的代表。当然，人们对于哲学的种种诟病也往往与哲学本体论有关。

一　面向终极的追求

我们都生活在世界之中，世界上的事物千差万别、五光十色。当人们通过各种科学的手段去探索、发现、改造这个世界的同时，只要进行思

---

[1]　[美] 罗伯特·所罗门：《大问题：简明哲学导论》，广西师范大学出版社2004年版，第157页。

[2]　[德] 海德格尔：《形而上学导论》，商务印书馆2005年版，第8页。

考，总会有一种疑惑和冲动。疑惑于人们所面对的万物究竟哪些是真实的（reality）？现实真的是如我们看到的那样的吗？万物有无统一的共同本质与规律（principle）？冲动于去追寻真实事物（哲学上称之为实体）中最为真实的东西，去追寻潜藏在"多"（manyness）下的"一"（oneness），即万物背后的统一性（unity）。这就是我们经常说的"世界从哪儿来""世界由什么构成""世界的本质"等大问题所指的内容。

从哲学诞生之日开始，哲学家们就对上述问题进行着不断的探索和争论。古希腊哲学家亚里士多德第一次为这种哲学探索进行了学术定位。亚里士多德把当时人类所有的学问都称之为哲学，但认为在这其中

> "有一门学术，它研究'实是之所以为实是'，以及'实是由于本性所应有的禀赋'。这与任何所谓专门学术不同；那些专门学术没有一门普遍地研究实是之所以实是。它们把实是切下来，研究这一段的质性。"①

亚里士多德把这门研究"不变动的本体""最基本的事物"的学术称为"第一哲学"。显然，亚里士多德清晰地把自己的第一哲学与其他科学区分开来，第一哲学的普遍性、深刻性是其他学科没法比拟的。从安德尼罗柯开始，人们把亚里士多德的第一哲学称为"形而上学（物理学之后）"。

在亚里士多德的形而上学中，既研究超感性的东西如质料、形式、潜能、运动，也研究超自然的东西如神、第一推动者。近代德国哲学家沃尔夫进一步将形而上学分为一般形而上学（metaphysica generalis）和特殊形而上学（metaphysica specialis）。特殊形而上学指研究自然的宇宙论（cosmology）、研究人的哲学心理学（philosophical psychology）、研究神的自然神学（natural theology）；一般形而上学就是我们今天所谓的本体论。黑格尔基本继承了沃尔夫的划分，将形而上学划分为本体论、理性心理学、宇

---

① [古希腊]亚里士多德：《形而上学》，商务印书馆1996年版，第56页。海德格尔认为，"形而上学就是一种超出存在者之外的追问，以求回过头来获得对存在者之为存在者以及存在者整体的理解。"参见[德]海德格尔《路标》，商务印书馆2000年版，第137页。

宙论、理性神学等部分。总的来说，形而上学的划分被认为是基于自古希腊以来，尤其是中世纪以来西方人的世界观的。西方人认为世界万物可归为自然、人、神——海德格尔则称为天、地、神、人，特殊形而上学不过是关于这些方面的超验思辨，而一般形而上学即本体论，则为特殊形而上学奠基。

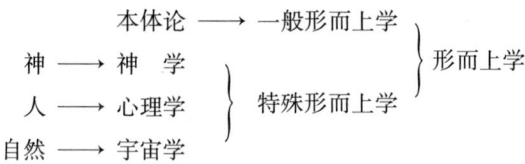

海德格尔为我们这样解释道：本体论努力追问的是形而上学基本问题的先导问题，"先导问题根本不会被置于基本问题之外，它简直就可以说是在询问基本问题时所点燃的火种，是所有一切追问的发源地"①。他甚至明确指出，在本真的意义上，本体论就是形而上学的本质。我们也可以理解为，特殊形而上学是一般形而上学的运用、引申与创造。可见，在整个形而上学中，本体论处于最核心和最基础的地位。在现代哲学中，人们往往把形而上学与本体论等同，不是没有道理的。

在西方，本体论（ontology）一词是德国经院哲学家郭克兰纽（Rudolphus Goclenius, 1547—1628）在17世纪初提出的，ontology一词溯源于希腊文，乃是关于on（复数形式为onta）的logos。而在希腊文中，on（拉丁文ens，英文being，德文sein）同时具有是、存在、有的意思。ontology这一含义复杂的词在中文中很难找到完全对应的词，因此中国哲学界对ontology的翻译一直存在是论、（万）有论、存在论的争论。不过，哲学界普遍采用的还是"本体论"这个译名。这一译名起于19世纪末的日本，影响中国至今。我们可以简略地认为，西方意义上的本体论是关于存在（或有、是）本身的学问，是以存在（或有、是）为核心的逻辑体系，目的是试图对我们生活于其中的世界（宇宙及其万物）作出本源、本质性的陈述或描述。

在中国传统哲学中，确实没有明确的本体论的说法，但在中国传统哲学中说到过"本""体"和"本体"。在这些说法中，至少有三层含义值

---

① ［德］海德格尔：《形而上学导论》，商务印书馆2005年版，第42页。

得我们注意：一是"本"即"根""本根"，从会意的角度可以看出，本根是"万物所由"，探究本根就是探究世界万物的产生、发展、变化的根本原因和根本依据。"归根到底""穷本溯源""君子务本"中"根""本"就是这样的含义。中国传统哲学还认为"知本"是"知之至"，把知本作为认识的最高境界；二是本末之辨是中国哲学一对重要范畴，与"末"相对，"本"是指事物的根本，亦即事物矛盾的主要方面。人们认为"物有本末"，先本后末才近乎于道，强调追根求本，举本统末、本举末张、得本以知末、以本释末，反对本末倒置、舍本逐末；三是"体"与"用""器"相对，"体"是在有形世界之外的、无形无象的，被称之为形而上的东西，而有形有象的世界却是由之而来的。中国传统哲学中也有"本体"合用的情况，例如张载所谓"气之本体"，朱熹所谓"天理自然之本体"和王阳明所谓"心之本体"。这一"本体"在中国哲学中最为普遍的称呼是"道"。道同时具有本根、根本、形而上的含义。可见，在中国传统哲学中，与西方本体论接近的是一种关于道的学问，即论道之学。

综合观之，尽管中国传统哲学与西方哲学的旨趣殊异，但也有共同之处，我们可以得出一个大致能通约中西哲学的本体论定义：本体论是对世界（存在）的基本规定性进行追问的论道之学，从普遍接受的本体论的性质来看，它具有终极性和超验性两个重要特征。

终极性的追求是本体论最重要的特征。本体论就是要为我们所在的世界找到一个这样的终极性的东西（本体）：世界上丰富多彩的万物都是这一本体的变相；世界的一切变化、发展都能在本体那儿得到统一的、最终的解释；人生价值与世界的意义在本体那儿得到最高的观照和关怀。一句话，本体论就是要从根本上、终极上追问我们所在世界是"如何可能"的。2300多年前的中国古代思想家屈原曾向天发问：

"遂古之初，谁传道之？上下未形，何由考之？冥昭瞢暗，谁能极之？冯翼惟象，何以识之？明明暗暗，惟时何为？阴阳三合，何本何化？"（《楚辞·天问》）

南宋理学家朱熹幼年时父亲对他进行启蒙教育，指着天说："天也。"

朱熹反问："天之上何物？"(《宋史·朱熹传》)屈原、朱熹这种发问体现的就是一种终极性追求的思维。亚里士多德说："这一终极目的，个别而论就是一物的'本善'，一般而论就是全宇宙的'至善'……所谓'善'亦即'终极'。""万物同归于终极而复于本善。"亚里士多德还认为，终极性是有理性的人的必然追求，失去对终极的追求，"世上也将失去理性；有理性的人总是符合于一个目的而后有所作为，这就是定限；终极也就是'定限'。"①

雅斯贝尔斯为我们这样描述居于"哲学推究的终点"的"终极"：

"它是面对存在时的沉默……这个终极（ultimate）只是在超越一切思想时才能获得。它自身是不可超越的。在它面前，一切欲望都消失，而只能满足于自己的命运（lot）。这儿是处避难所而不是固定的家。这儿有种安憩，它能支撑着我们漫游世界时面临那些不可避免的动乱。这儿，思想必然会融化而成光辉。这是一个既没有进一步的问题，也没有答案的地方。在对问题与答案的哲学超越中，我们达到了极限，达到了存在的寂然无声（stillness）。"②

金岳霖指出，研究本体论与研究其他学问不一样，"不仅在研究的对象上求理智的了解，而且在研究的结果上求情感的满足"③。本体论所追求的终极本体包含三个层面：终极存在、终极解释和终极价值。所谓终极存在，乃是一种关于抽象的世界统一性问题，即世界从归根结底的意义上统一于什么？这也是狭义的本体论的内容；所谓终极的解释，乃是一种关于世界的知识统一性问题，即关于世界的知识统一性原理、"基本原理"、自明的"始因"（arche，亚里士多德）是什么？所谓终极的价值，乃是一种关于人生最高意义、最高价值的问题。相对而言，西方哲学传统比较重视终极解释，而中国哲学传统更重视终极价值。这两种倾向也被人概括为知性形而上学和德性形而上学，前者侧重追求"物理学之后（meta-

---

① ［古希腊］亚里士多德：《形而上学》，商务印书馆1996年版，第4—5、35、40页。
② ［德］卡尔·雅斯贝尔斯：《智慧之路》，中国国际广播出版社1988年版，第32—33页。
③ 《金岳霖文集》第2卷，甘肃人民出版社1995年版，第157页。

physics)"以穷天理,后者侧重追求"伦理之后(meta–ethics)"以尽人性。从存在(being)、知识(knowledge)、价值(value)的角度看(关于终极解释和终极价值的问题我们将在后面的认识论、价值论中比较详细地涉及,本讲着重于终极存在的讨论),本体论的终极性都表明它们在级别上是最高的,其他的一切哲学问题都是从属的和等而下之的。中国哲学的本体论即论道之学又称"元学","元"就具有终极的含义。

超验性是由终极性而来的。本体论的产生是起于人们对感觉经验的不信任与质疑的。正如西方本体论的奠基人巴门尼德认为的,感觉经验把握的只是现象,获得的是各种意见;思维、思想把握的才是本质,获得的才是真理。所谓超验性也就是超越感觉经验的性质。超越感觉经验事实上就走向两条道路:一是走向逻辑思维;一是走向直觉顿悟。前者更多是西方哲学的路径;后者更多是东方哲学特别是中国哲学的路径。逻辑思维对事物本质、本体的把握具有抽象性,直觉顿悟对事物本质、本体的把握具有神秘性,这大概都是超验(transendence)的代价吧。中国哲学中把研究本体的论道之学称为"玄学",而把西方的以本体论为核心的哲学翻译为"形而上学",这正道出了本体论的超验性特征。在此意义上,本体论是在思维中通过逻辑或直觉的方式建立一种超验的宇宙统一图景,以图为经验世界的统一性提供先验基础的哲学冲动与尝试。

然而,在哲学史上,中西方关于本体论的探讨并不是一步就达到典型意义的,哲学家们关于本体的看法也不是一致的,而且也不是一成不变的。

在各民族哲学的早期,哲学家们关于本体论的探讨主要表现为自然哲学的宇宙论(Cosmology),而在宇宙论中又集中兴趣于宇宙、世界的起源和结构问题,以寻找万物的始基和确定人们在世界中的位置。中国周代就曾有关于宇宙结构的天圆地方说,认为穹隆状的天覆盖在正方形状的平直大地上,大地静止不动,日月星辰在天穹上随天旋转。后来又出现了"浑天说",认为"浑天如鸡子,天体圆如弹丸,地如鸡子中黄,孤居于天内,天大而地小。天表里有水,天之包地,犹壳之裹黄。天地各乘气而立,载水而浮"(张衡:《浑天仪图注》)。东汉时还有一种解释宇宙本质的"宣夜说"。它认为"天了无质,仰而瞻之,高远无极""日月众星,自然浮生虚空之中"(《晋书·天文志》),已经认识到宇宙是无限的。古代巴比伦人认为，大地犹如拱起的乌龟，天空乃是半球形的穹庐。在古代印度人的世界观中，天地之间有一座须弥山（梵语 Sumeru，意为宝山、妙高山），日月绕着须弥山转动，整个大地则驮在四只大象背上，大象站在龟身上，海龟浮在海洋上。古希腊对于宇宙结构有不同的学说，有人认为地球是一个浮在水面的扁盘；有人认为地球是一个球，居于世界的中央，这大概是"地球中心说"的雏形；也有人认为，地球绕轴旋转分昼夜，绕日旋转成周岁，这大概可算是"太阳中心说"的前驱了。但在古代西方占统治地位的宇宙结构学说是托勒密的"地球中心说"。它认为，地球居于宇宙的中心，日月星辰在以地球为中心的一些大小不同的同心圆上运转。

近代以来，随着学科的分化，自然哲学意义上的宇宙论探讨逐渐归为从哲学中分化出来的自然科学的内容。在宇宙结构问题上具有革命性意义的学说，是 16 世纪波兰天文学家哥白尼（Copernicus Nicholas，1473—1543）提出的"太阳中心说"。它认为，太阳是宇宙的中心，地球和水星、金星、火星、木星、土星等绕太阳旋转于天穹的运动只不过是地球自旋的反映而已。在哥白尼之后，伽利略（Galileo，1564—1642）、布鲁诺等人把哥白尼的学说朝前发展，认为宇宙是无限的；天上无数个星星就是无数个世界，所以太阳并不是宇宙的中心。对无限的宇宙来讲，根本无所谓中心，或者说，处处是中心。哥白尼的学说第一次把宇宙学放在科学的基础上。其后，开普勒根据他的老师第谷的大量观测资料，总结出行星运动的三大定律；特别是牛顿发现了万有引力定律和总结出动力学三大定律后，经典的现代宇宙学形成了。相对论、量子力学、宇宙大爆炸理论和黑洞理论又给予当代宇宙论以全新的视野，也给予现代哲学本体论研究以深刻的启发。

人们在想象宇宙的结构的同时，开始追寻宇宙的始基（本原）。所谓寻找始基，就是哲学家们试图在世界的万物中寻找一种或几种最基本的东西，它决定着其他一切事物，万物从它那产生出来，但它自身不受万物的任何影响。中国古代早期的哲学思想认为世界是金、木、水、火、土相生相克而形成的。印度的早期哲学则认为世界是由水、火、土、风四元素构成的。古希腊的哲学家们曾经把水（泰勒士）、气（阿拉克西美尼）、原子（德谟克利特）看成是世界的本原与始基。这些都反映了人们试图透过诸多现象世界追寻统一的普遍性冲动。但这些都还不是严格意义上的本体论思想，因为都还是用直观的具体事物的形态去想象世界的本质与始基，而没有用超验的方式来研究存在的规定性。只能算是特殊的形而上学，而不能成为一般的形而上学，即本体论。

在西方哲学中，毕达哥拉斯和赫拉克利特的思想为严格意义上的本体论思想的诞生起到过渡性的作用。毕达哥拉斯认为，万物的始基是数。尽管毕达哥拉斯所谓的数要比今天人们所理解的数更具有感性的色彩，但毕竟数不是事物现象本身直接呈现的，是要靠人的思维才能把握的，因此，数具有一定的抽象性。赫拉克利特在提出"万物的本原是火"的同时，认为火的一个本质性的规定性就是 logos（尺度、规则），logos 是客观、普遍的，只能靠人的思想才能把握。赫拉克利特还启示人们：智慧就在于认识 logos。而且，赫拉克利特把 logos 看成是运动、变化着的（logos 的含义颇近于中国哲学中的"道"，后来由 logos 演变而来的词缀"‐ology"意谓"关于……的学问或研究"，译为"……之道"也是恰当的）。

巴门尼德在继承毕达哥拉斯、反对赫拉克利特的辩证思想的基础上提出了自己的思想，将哲学引向我们所谓的严格的本体论思想。巴门尼德第一次明确区分了现象与本质、意见与真理、感觉与逻辑思维。他认为，感觉只能认识现象，获得的只是意见，而把握本质以获得真理只能靠逻辑思维。他所说的事物的本质就是存在（being）或太一（the One），它是单一、永恒不动的，是完全超乎经验的。巴门尼德的存在论思想同时具有终极性与超验性的特征，已经是典型的本体论思想了。

在中国传统哲学中，本体论思想的确立是以"道"的思想的确立为标志的。在中国几千年的传统哲学中，存在着儒、释（佛）、道三家并立而崇道的现象。早在《易经》中就对道作了一些描述，最为著名的莫过于"形而上者谓之道"，点出了道的超验性特征。对道作出全面规定的是道家的创始人老子。老子认为，道是"先天地生""可以为天地母"（《老子》第二十五章）。道化生万物的过程是"道生一，一生二，二生三，三生万物。"（《老子》第四十二章）道生成万物而又蕴涵于万物之中。但是，道是混沌的，不能用感觉器官去把握，"视之不见""听之不闻""搏之不得"（《老子》第十四章）；道也不能用普通的语言字词去表达，"道无名"、"道可道，非常道"。道是很玄妙的，"玄之又玄，众妙之门也"(《老子》第一章)。人们只能靠直觉体悟去把握,靠比喻、描述去摹状。道既"元"(终极)且"玄"(超验),符合所谓严格本体论的要求。庄子对于道的描述也能帮助我们很好地理解中国特色的本体论思想。庄子曰:

"夫道有情有信,无为无形;可传而不可受,可得而不可见;自本自根,未有天地,自古以固存;神鬼神帝,生天生地;在太极之先而不为高,在六极之下而不为深,先天地生而不为久,长于上古而不为老。"(《庄子·大宗师》)

在印度哲学中,本体论思想确立就体现为关于梵的系统论述。梵是万物的始基,人神所共出,万物依靠于梵且是梵的显现。梵是统一、永恒、先验和纯净的,超越是非,至高无上。

本体论不仅有着民族性的差异,而且不同时代、不同哲学家对于世界本体,特别是世界的终极存在有着不同的观点。从性质上看,这些不同观点可以划归为两大类,即唯物主义和唯心主义。唯物主义认为世界的本体是物质性的存在,唯心主义认为世界本体是精神性的存在。这是在世界本质、终极存在方面的分歧,根本性地决定了其他方面的差异,唯物主义和唯心主义因此也被认为是哲学上最基本的派别。

如果从思维方式或"量"的角度看,各种本体论还可以区分为一元论、二元论和多元论。一元论(Monism)认为,在丰富多彩的世界殊相背后有且仅有一个最终的、真实的存在或原理,它派生了万物,也给万物以终极的解释。彻底的唯物主义和唯心主义都持一元论的立场。西方哲学中的"太一"(the one)、"绝对精神",中国哲学中的"道",印度哲学中的"梵",宗教神学中的"上帝"都属于一元论。二元论(Dualism)认为,世上的事情无独有偶,世界的本体也不例外,像物质与精神、有与无、存在与非存在都是二元对立且不可彼此取代、还原或化约的。我们对世界终极的把握只能通过对立双方的解释循环才有可能。极端的观点则认为,世界的终极存在就是两个,而不是唯一。例如笛卡儿哲学就"完成了,或者说极近乎完成了由柏拉图开端而主要因为宗教上的理由经基督教哲学发展起来的精神、物质二元论。"① 多元论（Pluralism）则认为，终极的存在是多个的，这些多个的本体彼此分离、独立自存，而不可被再次还原。早期朴素的本体论中多元论思想比较丰富，例如古希腊的元素说、原子说。现代哲学中的多元论主要是一种价值论的立场。

二 本体论的流变

本体论确立以后，在漫长的哲学史中并不是固定不变的。不同时代的哲学家们所理解的本体有所变化，更有一些哲学家从根本上反对进行本体论的研究。

在西方，与希腊早期哲学倾心于探求世界始基不同，苏格拉底的哲学转向人自身，特别是道德问题的研究。不过，苏格拉底所致力的是寻求伦理道德的一般性或普遍性（universals）的定义，即探求与实例、殊相（particulars）相对的本质和概念，认为本质、概念是最为重要的，也是永恒的，是一类事物之中共同的本性，是这类事物成为其所是的原因。苏格拉底也认为，本质和概念必须通过理性思维才能求得。从苏格拉底开始，本体论或整个西方哲学开始摆脱早期的原始朴素性，逐步走上逻辑论证的道路。也有学者说，苏格拉底使本体论发生了一次转变，成为概念论的本体论。

柏拉图把苏格拉底关于寻求道德的普遍定义的思想扩展到整个世界，建立了真正意义上的形而上学的体系哲学。他认为，世界上一切可感知的事物都是易变的、不真实的，都是对一个永恒、普遍的"理念"（idea）世界的模仿或分有。柏拉图的理念具有本原性、超感性、永恒性、绝对性、客观性、真实性、目的性的特点。这样，我们就面对着两个世界：具体事物构成的感性世界和理念的世界，或者叫物质世界与精神世界。对感性世界的认识，获得的都是虚幻的意见；对理念世界的认识才是真实的、真正的知识。对理念世界的认识只能靠思想。可见，柏拉图是非常明确地把理念作为世界的本体的。在今天的人们看来，可能觉得"理念"一词天然就与人和人的主观思想联系在一起，但在柏拉图那里，理念是一种客观的存在。柏拉图还对理念自身进行层次的划分，最高的理念就是善的理

---

① ［英］罗素：《西方哲学史》下卷，商务印书馆2005年版，第91页。

念，它是理念世界的灵魂，是神。至善的神运用理念规定物质世界，神是宇宙的创造者，是目的因、动力因和第一因。当然，柏拉图意义上的神是非人格化的、哲学意义上的神，体现了本体的终极性与超验性。

按照柏拉图的理解，我们眼睛见到、手触摸到的这个世界上的圆东西，例如圆盘、车轮，都不是真实的，也不可能是绝对的圆。只有"圆"的理念才是永恒、绝对、真实、客观的，世界上一切看得见的圆都是对这一看不见的理念的圆的模仿。这一理念的圆只能通过思维才能达到。因此，最完美的圆始终只存在于我们头脑中。就此，我们不难理解，为什么人们常从本体论的角度把柏拉图的思想归结为客观唯心主义。

亚里士多德把"研究作为存在的存在"的本体论作为"第一哲学"，认为它在一切科学知识中最全面、最有价值、地位最高。亚里士多德和他的老师柏拉图一样认为，探求世界的本体不能通过感觉达到，但与老师不同的是，亚里士多德确认个别事物存在的真实性。亚里士多德把存在分为十类，而实体（substance，经常被翻译为本体）是中心，实体是独立的不依赖于其他东西的存在，它自身又是其他一切事物的基础。个别事物则被他称为第一实体。任何个别事物的存在都是由质料与形式的结合而成的。形式是将个别事物区分开的规定性，主要指本质和结构，它是最能动的、先在的，因而也是更重要的实体。这样，事实上，亚里士多德将形式看成了第一本体。但是，亚里士多德还不满足于此，他要追求"形式的形式"，它自身是永恒不动，但它又是一切事物的运动变化的最根本、最原始的原因，即第一因。这个在感觉事物之外永恒不动而独立的最高实体就是第一推动者——神。当然，亚里士多德的神也是一种哲学的逻辑范畴。亚里士多德和柏拉图把最高本体归结为神的思想对中世纪的神学本体论产生了重大影响。

中世纪是基督教的时代，基督教利用了柏拉图、亚里士多德的本体论及其他哲学思想，把上帝指称为存在（being），并论证上帝是宇宙中终极的存在、最高本质、绝对真理、人世间的一切行为的最高标准。安瑟尔谟（Anselmus，1033—1109）运用亚里士多德的三段论对上帝的存在进行了著名的本体论证明：上帝是一个我们所能设想的最完美的东西；最完美的东西就包括了它是实际上存在这一点；所以，上帝是实际的存在。托马斯·阿奎那（Thomas Aquinas，1225—1274）不满意安瑟尔谟脱离人们经验的先天证明，提出了从经验结果追溯终极原因的五个证明：依据事物的运动，必然推出第一推动者上帝；依据事物的因果关系，必有一个最初的成因即上帝；依据事物的必然性，必有一个终极的必然存在上帝；依据事物的完善性的等级，必有一个完善的最高等级上帝；依据自然的目的性推知"统制万物向其目的"的就是上帝。托马斯·阿奎那还依据亚里士多德的思想，将实体（本体）分为三类：物质实体、精神实体和上帝，上帝是最高实体。在经院哲学内部，围绕着神学本体，还展开了唯名论与唯实论的争论，即争论到底是共相（一般）是实在的，还是殊相（个别）是实在的。一般认为，这是柏拉图、亚里士多德本体论思想在中世纪的回响，而唯实论与唯名论事实上也成为后来唯理论与经验论的前奏。意大利梵蒂冈博物馆至今保留着16世纪艺术家拉斐尔创作的名画《雅典学院》，画中柏拉图右手向上指，亚里士多德右手掌向下，形象地表明了他们师徒哲学观念的分歧及对中世纪宗教的影响。

自本体论产生以来，长期遵循着客体的路线，即在与人无关的世界中探求本体。这种情况从笛卡儿开始发生了根本的改变。笛卡儿提出了著名的命题"我思故我在（Cogito ergo sum/I think, therefore I am）"。大意是，我可以怀疑一切，但有一点不能怀疑，那就是"我正在怀疑"，而我的怀疑是以我的存在为前提的，所以，我怀疑推论出我必存在。从我思出发，笛卡儿证明了上帝、物质世界的存在，而他也认为上帝是绝对最高的存在。这样看来，好像笛卡儿的结论与亚里士多德、托马斯·阿奎那没什么差别。但是，笛卡儿第一次把"我"作为一个独立的实体，将我思、自我意识、主体性作为哲学的起点来思考哲学的本体问题，开创了主体性研究的先河，本体论研究进入到主体有涉的阶段。不过，我们依然要注意到，笛卡儿所依据的"我"是一个思维实体、心理主体，并不是完整意义上的个体自我。英国哲学家贝克莱则从经验论的角度，把"我"看成一个感觉的主体，通过"存在就是被感知"的原理，肯定了精神实体的存在。一些近代的唯物主义者，如拉美特里、爱尔维修、霍尔巴赫等都把物质实体作为本体，与当时的自然科学发展同步。

康德试图解决唯理论与经验论的矛盾。康德认为，人类理性就有一种本体论的冲动，当理性超越经验之时，就产生了本体论。自苏格拉底以来，西方就走上了一条通过求知、逻辑推演的方式追寻本体的道路。康德则明确地否定了这一路径。他认为，人类知识只能认识现象世界、经验世界，而存在本身即自在之物（things-in-themselves，又译物自体）是不能被认识到的。灵魂、世界、神（上帝）都是理性追求绝对统一过程中产生的先验幻象，根本不是知识的对象。不过，康德认为，人们要过一种有道德的生活，追求至善的目标，就必须假定三者：意志自由、灵魂不朽和上帝存在。也就是说，作为"本体"的自在之物只能靠信仰！尽管有人说康德从前门（认识论）把上帝赶出去；后门（道德实践）又把上帝请回来。但康德本体论思想确实开辟了一条崭新的路径，即从传统的求知路径转变为实践（当时还只是道德实践）的路径。

黑格尔不仅是西方传统哲学的集大成者，也是传统本体论的集大成者。或者，毋宁说，黑格尔哲学就是一个庞大的本体论体系。黑格尔坚信思维与存在、理性与现实是同一的，同一的基础就是绝对精神（绝对理念）的活动。绝对精神是先于宇宙万物而永恒的、最高的、最真实的存在，包括人在内的宇宙万物都不过是绝对精神的产物与表现而已。不过，不同以往本体论的是，在黑格尔看来：（1）绝对精神不是静止不变，而是因自身内在的矛盾而永远地运动、变化、发展的，本体论第一次真正与辩证法结合了起来；（2）"实体即主体"，即本体自身是能动的、富于创造性的，正是绝对精神的能动、创造，才化生了世界万物；（3）实体的运动是概念的内在发展，或者说，本体的发展就是概念的逻辑运动，本体论与逻辑学是统一的。黑格尔的本体论与辩证法、逻辑学实现了统一，几乎囊括了西方哲学史的所有问题，把一切关于本体论的矛盾看法都变成了本体自身内部发展的某个阶段。抛开其客观唯心主义的立场，黑格尔的本体论强调变化、生成及其主体精神（尽管黑格尔说的主体不是人而是绝对精神）等方面对现代本体论的探索有着很深远的影响——虽然在他之后的本体论大多从批判他开始。

其实，自本体论甫定，就有不少哲学家对本体论进行批判或攻击。古希腊哲学家高尔吉尔（Gorgias，公元前485—前380）针对巴门尼德等人的本体论思想，论证了如下三个观点：无物存在——这很容易让人想起中国禅宗六祖慧能"本来无一物，何处惹尘埃"的诗偈；即使存在，也不能认识；即使能认识也不能言说。另一位古罗马哲学家阿格里帕（Agrippa，约公元 1 世纪）则认为，那些研究本体论的哲学家们都存在着五个共同的错误：一是他们观点分歧，我们应该存疑；二是他们的论证都是无限退缩，最终世界的本体究竟是什么悬而未决；三是他们都只能达到相对的有知，而不可能达到真知；四是所有本体论的起点是武断的假设；五是本体论都存在循环论证的毛病。阿格里帕的批评确实击中了西方传统本体论的要害。近代英国哲学家休谟认为，无论是物质实体还是精神实体都不过是人的知觉的集合，我们所唯一能认识的存在物就是知觉，超出知觉的所谓终极存在、上帝等是人类理智所不及的、不可知的。而且，休谟还认为因果联系是人们生活中形成的一种主观心理的习惯性联想，根本不具备必然性和普遍性，因此依照因果必然性去探求世界的本体根本是不可能的，人们相信一种独立的本体，完全是因为情不自禁。康德关于自在之物不可认识的思想也受到休谟思想的重要影响。

中国古代哲学家庄子也对追寻本体的可能性发出疑问：

"有始也者，有未始有始也者，有未始有夫未始有始也者；有有也者，有无也者，有未始有无也者，有未始有夫未始有无也者。俄而有无矣，而未知有无之果孰有孰无也。今我则已有有谓矣，而未知吾所谓之其果有谓乎，其果无谓乎？"（《庄子·齐物论》）

大意是：宇宙有一个开始，有一个未曾开始的开始，还有它未曾开始的未曾开始的开始。宇宙之初的形态有它的"有"，有它的"无"，还有个未曾有无的"无"，也有未曾开始的未曾开始的"无"。忽然发生了"有"与"无"，却不知道"有"与"无"谁是真正的"有"、谁是真正的"无"。现在我说了这么多，但不知道我果真说了呢，还是没有说？

以上这些都可以看成是从不可知论或怀疑论的角度对本体论进行的批判。

在黑格尔之后，"几乎二十世纪的每一种重要的哲学运动都是以攻击那位思想庞杂而声名赫赫的十九世纪的德国教授的观点开始的。"[①] 在反对黑格尔哲学过程中，"拒斥形而上学"成了一种普遍的哲学冲动。在此

---

① ［英］怀特海：《分析的时代》，商务印书馆 1981 年版，第 7 页。

之前康德曾经描述过的"形而上学"的惨状变得更为深重：形而上学曾经作为科学的女王受到尊敬，但是，"现在，时代的流行口吻导致对它表现出一切轻视，这位老妇遭到驱赶和遗弃，像赫卡柏抱怨道：不久前我还是万物之首，因子嗣众多而君临天下，而今却被放逐，一无所有。"[1]

黑格尔之后对本体论的批判主要有两种路径：一是实证主义；二是非理性主义。孔德（August Comte，1798—1857）开创的实证主义认为，追求超验的本体十分荒谬，与神学没什么差别。他认为，实证应该是哲学的第一原则，凡能实证的才是科学的，不能实证的形而上学、本体论都应该被废弃。分析哲学的精神教父维特根斯坦从语言逻辑的角度，把形而上学的命题判定为无意义的命题，从而拒斥了形而上学。叔本华、尼采开创的非理性主义也认为，终极存在、最高本质等都是人的主观虚构，理性也不是人最为本质的东西；相反，生命、意志等非理性的存在才是最为真实的和最为根本的；从苏格拉底以来的理性主义的本体论传统都错了，需要彻底清算和重估。事实上，对黑格尔哲学的批判开启了西方的现代哲学，而对传统本体论的批判也就开启了现代本体论思想的研究。

中国哲学总体上对本体论的研究没有西方那么深入，本体论的流变也没有西方那么复杂。先秦时期儒家的思孟（即子思、孟子）学派提出"诚"为本体，认为"诚者，天之道也。""诚者物之始终，不诚无物。"（《中庸》）把诚看作天人合一、人为主宰的基础。魏晋时期的玄学，形成"贵无"和"崇有"的争论，前者认为世界的本体是无，现实世界是无中生有而来的，后者则认为绝对的无不可能产生有。这是非常典型的本体论之争了。宋代张载提出"太虚无形，气之本体"的思想，认为"太虚""无形"的"气"是有形之气的本体。程颐、程颢、朱熹则认为作为本体的道就是"理"，世界只有一个理，而万物皆分有了这个理。借助佛教的说法，万物分有理，即所谓理一分殊，犹如月印万川。这与西方柏拉图、黑格尔的"理念""客观精神"之说异曲同工。陆九渊、王阳明则认为"心即理"，人心是世界的本体。明清之际的哲学家王夫之批判总结了中国历史上的各种本体论思想尤其是"诚"的思想，概括出"实有"这个

---

[1] 《康德著作全集》第4卷，中国人民大学出版社2005年版，第5页。赫卡柏是古希腊神话传说中的特洛伊王后，特洛伊陷落后她沦为希腊人的奴隶。

哲学最高、最普遍、最本质的范畴，认为"实有者，天下之公有也"（《尚书引义》卷三），即客观实在是宇宙万物之本体。尽管从西方的观点看，中国的本体论研究不那么集中、深入、超越和纯粹，但中国本体论研究比之于西方有着两个十分突出的优点是：一是具有鲜明的辩证特点，很少把本体看成自身是静止不动的，相反，中国哲学始终认为本体是运动、变化着的；二是始终与现实人生结合在一起，本体贯通着自然与人伦、天道与人文。随着西学东渐，中国哲学本来就不算兴盛的本体论研究逐渐衰落。

三　现代哲学视野中的本体论

对黑格尔本体论的集中批判并没有终结本体论的研究，形形色色的拒斥和废弃后来都被证明要么是徒劳的，要么是促进了本体论研究的某种转向。在中国，一般把黑格尔之后的现当代哲学划分为科学主义、人文主义和马克思主义三大思潮。它们对本体论的研究分别标志着现代哲学本体论的语言学转向、生存论转向和实践论转向。

科学主义本体论的语言学转向

孔德开创的实证主义似乎彻底抛弃了本体论，但是他的后继者们却日益发现，只要从事认识论问题的研究，就不可能回避本体论问题，他们总要提出一些蕴涵着本体论思想的概念，尤其是当实证主义发展到逻辑实证主义阶段的时候，坚决否定形而上学的呼声明显趋缓，在语言逻辑层面重建哲学本体论的新思潮逐渐抬头并呈越来越强劲之势。

分析哲学重要奠基人罗素认为，世界是由"原子事实"构成的，这些原子事实既不是物质，也不是精神，而是对物质和精神都采取中立态度的，比物质和精神更原始的东西；同时，罗素认为，人类语言的逻辑结构与世界的逻辑结构是同一的。不过，日常生活中的语言许多不能表达世界的结构。所以，罗素把自己的工作放在对语言进行逻辑分析，排除没有指称的虚假概念（例如上帝）。罗素事实上把本体论问题变成了语言与世界的关系问题，进而又把语言与世界的关系问题变成语言自身的意义问题。维特根斯坦早期的图像论思想与他的老师罗素的观点接近，认为语言是世界的图像，凡属世界中存在的，语言都能表达，如果语言不能表达，那就是世界本身不存在。基于此，维特根斯坦说出了他的名言：

> "凡能够说的事情，都能够说清楚，而凡是不能说的事情，就应该沉默。"①

在维特根斯坦看来，本体是不可言说的神秘事物，只能体验。在哲学中讨论这些问题来源于哲学家们对语言表达的误用与偏见，造成了理智的迷惑。维特根斯坦事实上将哲学的功能理解为语言澄清、治疗理智的工作。当然，维特根斯坦在其著作中也说了不少他认为不能说的东西。他是这样辩护的：自己的书是梯子，借梯子登上高处以后必须把梯子扔开。一般认为维特根斯坦彻底拒绝了本体论，但事实上，一方面，他和老师罗素一样蕴含着一种以原子事实为基础的本体论；另一方面，他后期回归生活世界，关注日常生活语言，恰恰要说那些他早期认为不能说的东西。总之，本体论并没有被彻底罢黜，而是在语言逻辑分析中再次出场。

逻辑实证主义（logical positivism）既强调逻辑，又强调经验。重要代表人物哲学家卡尔纳普（Carnap，1891—1970）自觉区分了关于外部世界实在问题与语言内部存在的问题，对前者明确予以拒绝，但对后者则表示可以容许。奎因进而认为，本体论问题可以简单地表述为"存在什么（What is there）"的问题。而对这个的表述又可分两种：一个是何物实际存在的问题，即本体论的事实问题；另一个是语言使用中何物存在的问题，即"本体论承诺（ontological commitment）"的问题。也就是说，本体论对于任何人的任何学说、理论都是不可避免的，它是人们认识的逻辑前提。"一个人的本体论对于他据以解释一切经验乃至最平常经验的概念结构来说，是基本的。"② 我们承认某种理论，实际上就是承认某种约定，即理论对某些存在物的存在的预设。因此，这个问题的解决是其他一切理论问题得以解决的基础。当然，奎因强调的本体论承诺是在语言使用中的，完全与语言相关，并不涉及世界实际上的终极存在。奎因从根本上改

---

① ［英］维特根斯坦：《逻辑哲学论》，商务印书馆 1985 年版，第 20 页。
② ［美］奎因：《从逻辑的观点看》，上海译文出版社 1987 年版，第 10 页。

变了形而上学在科学哲学中的发展进程和现代命运，并重新确定了形而上学及其本体论的理论地位和科学价值。正是在奎因哲学精神的引导下，重建本体论又重新成为科学主义哲学在当代发展的重要线索之一——尽管他们理解的本体论与传统本体论已经很不一致了，甚至现代信息科学领域也受其启发而广泛运用所谓的本体论。

人文主义本体论的生存论转向

当叔本华、尼采把意志看得比理性更根本，而把世界看成是意志的表象，对从苏格拉底以来的理智主义哲学传统进行清算的时候，他们只是认为自己在反对形而上学和本体论。殊不知，他们不知不觉中把意志安顿到了本体的位置。一如海德格尔所说："在尼采语言中，'权力意志'、'生成'、'生命'和最广义的'存在'，乃是同一个意思。"[①] 事实上，现代人文主义思潮中，无论是柏格森的生命、绵延，还是弗洛伊德本能、性欲，还是胡塞尔的先验的纯粹意识，还是萨特的存在，均以消解形而上学本体论出发，而以建构自己特色的本体论告终。他们的共同点在于，反对传统本体论将与人无关的抽象的物质、观念、精神当作世界的本体，也反对近代本体论仅仅将人理解为思想、理性的存在物，而认为应该从人，特别是从人的生存出发去理解世界的本体。在这其中，海德格尔的思想可谓是最典型的代表。

海德格尔明确地把"存在"问题看作是哲学本体论的基本问题。不过，海德格尔认为自古希腊柏拉图以来的本体论研究都犯了一个致命的错误，那就是误把存在者（德文 seiende，英文 beings）当成了存在（德文 sein，英文 being），从而造成了"存在的遗忘"（seinsvergessenheit）。简单地说，所谓存在者就是已经显现出来的，能被界说的具体的东西，而存在比存在者更根本，任何存在者必须先存在，才可能成为存在者。我们不能追问"存在"是什么，因为它是不可界定和言说的。但是我们可以描述存在是"什么样"的，海德格尔通过存在与形成、存在与表象、存在与思、存在与应当四个方面"描述"了存在的确定性：

[①] 《海德格尔选集》下卷，上海三联书店 1996 年版，第 784 页。

"在在与形成的对比中就是停留。

在在与表象的对比中就是停留着的模式,就是总是同样者。

在在与思的对比中就是作为根据者,现成者。

在在与应当的对比中就是总是当前作为还没有实现或者已经实现的应该做出来者。"

他进而总结道:"停留,总是同样,现成,当前——说的归根到底是同一回事:常住的在场。"①

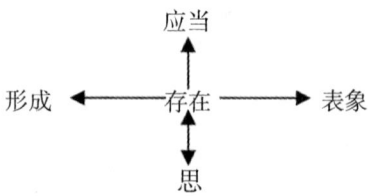

按照海德格尔的说法,我们不能用传统的方式去认识作为本体的存在,但可以揭示、领悟存在的意义。真正的本体论不是寻找一种终极的实体,而是追问存在的意义。要领悟存在的意义,唯一的切入点就是领悟一种特殊的存在者——此在(Dasein,人的亲在、缘在)。换言之,领悟存在的不二法门在于领悟人自身的存在,人也是一切存在物中唯一可以领悟自己的存在的存在者。海德格尔认为,此在是在世界中的,与万物共在;在人与万物打交道、发生活生生的关系的时候就赋予了万物以意义。海德格尔认为以往的本体论因为遗忘了存在都是无根的本体论,而他的本体论则是有根的本体论或基础本体论(fundamentaleontologie)。

尽管海德格尔的论证有些神秘、烦琐,但其本体论确实更为深刻,是现代人文主义思潮中本体论研究的最高成果。这一成果实现了传统本体论向生存论的转换。这样,玄奥的本体论终于回归于人的生存实际,直接而充分地展示了它人文关怀与可爱的一面。

马克思主义本体论的实践论转向

马克思是传统形而上学本体论的颠覆者,尽管在他的哲学中很少出现

---

① [德]海德格尔:《形而上学导论》,商务印书馆2005年版,第201页。

本体论一词，但他以自己独特的方式促使整个本体论研究发生了革命性的变革。作为一个唯物主义者，马克思当然承认世界的物质统一性。但作为一个新唯物主义、历史唯物主义、实践的唯物主义者，他认为更为重要的是从社会历史领域中去寻找这一物质世界得以统一、可能的基础。马克思认为，全部人类历史的第一个前提是有生命的个人的存在（从这点可以看出，马克思的本体论是包含着生存本体论的），而为了保证"有生命的个人"能够存在，人们就必须改变这个世界。马克思说，以往的哲学都只是在解释世界，而问题在于改变世界。用于本体论的研究，我们也可以说，以往的哲学家都是在非历史、非生成地追寻终极的存在，而真正的问题在于人是不断主动生成的存在物，也就是实践的存在物，人实践故人在！

马克思所理解的实践是一个总体性的概念，而不仅仅是认识论的一个环节。实践中最为重要的组成部分是生产与交往，一定历史条件下人们生产与交往的水平就构成了所谓社会存在的基础。马克思认为，一定的社会存在决定社会意识，而不是相反。马克思由此揭示了社会历史的结构、社会形态的更替以及社会发展的动力机制。不仅如此，马克思还从人的生产劳动实践入手，进行人的异化（Entfremdung，与自身本质背离）问题的研究，将人与世界的意义关系奠基于实践的基础之上。

马克思的本体论思想具有鲜明的特色：一是从关于人的存在开始，把焦点放在人的类本质——实践上，具有鲜明的生命活动特征；二是因为实践是主体与客体的中介与桥梁，马克思的本体论"从两极到中介"，彻底摆脱了传统本体论要么在客体中，要么在主体中寻找本体论的思路；三是具有鲜明的辩证法特色，作为本体的实践始终是流动和不断生成的，是向着未来敞开着的。这样也彻底终结了关于本体论的形而上学的特色。海德格尔甚至认为：

"随着这一已经由卡尔·马克思完成了的对形而上学的颠倒，哲学达到了最极端的可能性。哲学（指形而上学——引者注）进入其终结阶段了。至于说人们现在如何努力尝试哲学思维，这种思维也只能达到一种模仿性的复兴及其变种而已。"①

作为"构成一切真正的哲学思想的基础"的本体论同时也是"一个最困难的哲学观念"（雅斯贝尔斯语），对本体论的研究始终被视为哲学中最为上乘的思想功夫。事实上，无论是马克思，还是其他的哲学流派关于形而上学、本体论终结的思想，并没有也不可能终结哲学关于本体论的追寻。本体论始终在哲学园地的最高处或最深处发出全身心的、诱惑的微笑，吸引着一代又一代哲人去探索。

思考：

1. 如何理解本体论的终极性与超验性特征？
2. 本体论在哲学史上主要发生了哪些演变？
3. 如何看待哲学史上形形色色的反本体论的思想、拒斥形而上学的思潮？
4. 了解信息科学领域中所谓"本体论"的含义，并思考其有何启发。
5. 立足现时代，本体论研究的意义究竟何在？

---

① ［德］海德格尔：《面向思的事情》，商务印书馆1999年版，第70页。

第八讲　知识论和认识论

　　哲学是追求智慧的学问，因此它不同于一般的知识。但是，哲学从来都是需要知识的。因为，尽管真正的哲学的终极目的不在于解释世界，但认识和解释世界却从来都是哲学的重要内容与功能——况且，在最起码的意义上，任何真正的哲学思想都必须以知识为载体才能得以表现和传承。从上一讲我们可以看出，哲学形而上学或本体论的终极性含义之一就是追求世界的终极解释，形而上学哲学家们也是用知识论的支撑来论述自己的本体论的，很多反对本体论的哲学家也是从知识论的角度进行批判的。在哲学中，研究人是否可以把握世界、如何把握世界的问题就属于认识论的问题。在近代西方哲学中，认识论甚至成为哲学最重要的内容。在很大程度上，"作为一门学科的哲学，把自己看成是对由科学、道德、文化、艺术或宗教所提出的知识主张加以认可或揭穿的企图。它企图根据它对知识和心灵的性质的特殊理解来完成这一工作。"[1] 从广义上讲，哲学活动本身就是一种认识活动，因为它是一种操作于有知与无知间的工作，是对世界的一种特殊把握方式。德国哲学家费希特（J. G. Fichte，1762—1814）干脆把自己的哲学就称为"知识学"（Wissenschaftslehre）。有些哲学家则毫不犹豫地断定"哲学就是认识论"[2]。认识论（epistemology）与知识论（theory of knowledge）的区别很难厘清，我们一般视两者为同义。随着现代科学的迅猛发展和进入所谓的知识、信息爆炸时代，认识论或知识论的哲学探讨愈加引人注目。

---

[1] ［美］理查德·罗蒂：《哲学和自然之镜》，商务印书馆2003年版，第1页。
[2] 《毛泽东文集》第8卷，人民出版社1999年版，第390页。

一　真理：追求与怀疑

自从有了人类就有了人类对世界和自身的认识，认识的结果是形成了所谓知识。知识是以信息方式存在的人类把握世界的成果。问题在于，不同的人们把握世界而获得的认识、知识往往存在着差异，甚至大相径庭。这就出现了一个何种认识是正确的认识、正确的知识的问题，也即真理问题。真理总喜欢"隐藏"自己，人们决不可能随便找到她。庄子曰："天地有大美而不言，四时有明法而不议，万物有成理而不说。"(《庄子·知北游》)确实，"真理能引起痛苦，能使人灰心绝望。然而它，不问内容如何，单单由于是真的，也就能令人深得安慰了，因为：真理毕竟是有的。"[①] 哲学史决不是意见的展览馆，古往今来，无数的哲学家都以追求真理为要务，甚至为真理而献身。大哲学家亚里士多德有句名言：吾爱吾师，吾更爱真理；孔子、斯宾诺莎、马克思为了他们各自追寻的真理，有生之年颠沛流离，甚至穷困潦倒；苏格拉底、布鲁诺、谭嗣同则为了他们坚信的真理献出了宝贵的生命。真理是我们人生在世的一个大问题，更是哲学的大问题，而它直接是认识论的核心问题。

在哲学上，人们对真理的关注与追求发端于古代哲学寻求"本体"的困惑之中。在古希腊，当人们认为真正、完整的智慧（包括知识论意义上的真理）只存在于彼岸时，就意味着真理是超感性的，我们只能以对智慧的爱的方式即哲学的方式去接近真理。巴门尼德首次把真理理解为与意见对立的知识，意见来自于感觉经验，真理只有通过理性思维才能达到。巴门尼德还第一次明确了思维与存在的同一性问题。事实上，直至今日，人们一般都认为，认识论研究知识的来源、方法、检验标准等问题，其实质是研究人与世界、思维与存在关系中的同一性问题。可见，巴门尼德既是西方本体论的奠基人，也是西方认识论的奠基人；哲学的本体论与认识论从产生来看是合而为一的。苏格拉底在确认自己无知的基础上，十分强调人类追求知识的极端重要性，他的一句名言就是：美德即知识。柏拉图在阐发其本体论性质的理念说的同时，将经验与超验、感觉与思想、

[①] ［德］雅斯贝尔斯：《生存哲学》，上海译文出版社2005年版，第21页。

现象与本质、意见与真理的对立确定下来，成为哲学，特别是理性主义哲学的基本信念。

柏拉图在其《理想国》中有一个著名的洞穴隐喻：有一群囚犯在一个洞穴中，他们手脚都被捆绑，身体也无法转身，只能背对着洞口。他们面前有一堵白墙，身后燃烧着一堆火。他们在那面白墙上看到了自己以及身后到火堆之间事物的影子，由于他们看不到任何其他东西，这群囚犯以为影子就是真实的东西。最后，一个人挣脱了枷锁，并且摸索出了洞口。他第一次看到了真实的事物。他返回洞穴并试图向其他人解释，那些影子其实只是虚幻的事物，并向他们指明光明的道路。但是对于那些囚犯来说，那个人似乎比他逃出去之前更加愚蠢，并向他宣称，除了墙上的影子之外，世界上没有其他东西。这个隐喻一方面表明真理不在日常生活及感觉经验之中；另一方面也表明追求和获得真理的哲学家往往为人所误解。

在古代哲学中，哲学的主题主要是本体论（自然的、神学的），认识论只是处于从属的地位。特别是在中世纪，上帝成为真理的化身，认识真理只在于信仰上帝，真理与人无关。正是在批判中世纪宗教统治的启蒙运动中，西方近代哲学诞生了。西方近代哲学的核心问题是认识论问题。一般认为，哲学史上这一"认识论转向"是由笛卡儿奠定的。笛卡儿哲学的划时代变革可以从"我思故我在"这一命题集中体现出来。"我思"成为一切真理具有确实性的唯一出发点。"我思"之"思"虽然仅仅是理性之思，但毕竟是"我"之思，思维从此具有了主体内在性，真理从超越的天国降落到人间，认识也成为第一位的哲学问题。黑格尔这样评价笛卡儿的这一贡献：

"从笛卡儿起，我们踏进了一种独立的哲学。这种哲学明白：它自己是独立地从理性而来的，自我意识是真理的主要环节。""勒内·笛卡儿事实上是近代哲学真正的创始人，因为近代哲学是以思维为原则的。……思维是一个新的基础。"①

罗蒂（Richard Rorty，1931—2007）也说："笛卡儿的心的发明……

---

① ［德］黑格尔：《哲学史讲演录》第4卷，商务印书馆1997年版，第59、63页。

为哲学家们提供了新的立脚点。它提供了一个探究领域，这个领域似乎'先于'古代哲学家对其进行议论的那些主题。再者，它提供了一个领域，在其内与单纯的意见相对立的确定性得以成立。"① 其实，撇开笛卡儿具体的认识论思想不论，更为要紧的是笛卡儿反转了存在（being）与认识（knowing）的哲学问题秩序，使认识论在哲学中极大地凸显出来。被誉为"认识论之父"的英国哲学家洛克则为哲学认识论奠定了经验主义的基础。

认识论在于追求真理，因此探索真理所由而来的路径就是认识论的一个焦点问题。知识、真理从何而来？或者说"人的正确思想从何而来？"总的来说，哲学史上的回答都可以划分为两种对立的观点：先验论和经验论。

知识先验论的典型是笛卡儿所谓天赋观念论。笛卡儿认为，在人们各种观念中，天赋的观念是最可靠的。我们人人都天赋有这一理性能力，只要通过回忆、自明性的直觉、必然性的演绎，就能达到真理性的知识。斯宾诺莎、莱布尼茨等欧陆唯理论哲学家都持这样的观点。其实，这一思想最早可以追溯到柏拉图的理念论与回忆学说。柏拉图认为，灵魂是不死的，它在进入我们的肉体之前已经轮回了多次，拥有世间一切的知识，也就是理念。但是，当灵魂进入肉体的时候，也就是在我们出生的时候，灵魂受到肉体的玷污而忘掉了本来具有的知识。后天的教育只是让人回忆起本来就拥有的知识。的确，这似乎可以解释很多人生活经验中"似曾相识"的奇特感受。

中国的孔子认为："生而知之者，上也；学而知之者，次也；困而学之，又其次也；困而不学，民斯为下矣。"（《论语·季氏》）可见，孔子是承认有生而知之的人存在的，不过他认为自己是学而知之者。孟子发挥了孔子关于"生而知之"的思想，认为仁义礼智等观念"非由外铄我也，我固有之也""万物皆备于我"。所以，"学问之道无它，求其放心（寻求失掉的本心——引者注）而已"（《孟子·告子上》），尽心、知性即可知天。宋明理学认为世界本有一理，万物分有其理，天理昭昭，只有一个如何保存的问题。陆九渊则把心与理等同，"道不外索"，只要"存心、养

---

① ［美］理查德·罗蒂：《哲学和自然之镜》，商务印书馆 2003 年版，第 126 页。

心、求放心"即可。王阳明更明确"心外无物",心的本体就是良知。"是非之心,不虑而知,不学而能,所谓良知也。"(《传习录》)尽管以上中国哲学家的思想中都是联系伦理来谈知识来源的,但从性质上看,都可以划为先验论。

近代知识经验论的奠基人是培根。培根崇尚自然知识,提出了著名的"知识就是力量"的口号。他明确地指出,知识来源于经验,认为人们若非想着发狂,则一切自然的知识都应求之于感官。洛克将培根的思想向前推进了一步,针对先验论的天赋观念,提出了著名的"白板说"。他认为,每个人的心灵本来都是一张白纸,上面没有任何记号和观念。那么人的知识是从哪来的呢?一句话,是从经验得来的。我们全部知识是建立在经验上面的;知识归根到底都是导源于经验。贝克莱、休谟等英国经验论哲学家都持这样的观点。甚至,法国启蒙哲学家伏尔泰也继承洛克的观点,明确反对笛卡儿的天赋观念。他尤其反对笛卡儿关于像几何学一样的证明。他认为,世界的客观存在是不容怀疑的,怀疑一切也不能怀疑世界的存在。他讥讽笛卡儿道:尽管我无法对我有一个父亲和母亲进行几何学上的证明,但是我决不怀疑父亲和母亲的存在。其实,早在古希腊时期,恩培多克勒(Empedocles,公元前495—前435)提出所谓"流射说",确认了人类通过感觉器官认识事物。亚里士多德不同意他老师柏拉图的灵魂回忆说,提出蜡块说,认为人的灵魂有认识的能力,它以外部事物为认识对象,接受事物的形式而抛弃其质料,从而获得感觉。如同蜡块一样,金属物作用它时,它接受的是图纹而不是金属物本身。洛克的白板说一般被认为是继承和发展了亚里士多德的蜡块说。

中国哲学中的孔子虽然承认有"生而知之者",但其重点还是倡导人们"学而知之"。荀子、王充(27—100)、王夫之等唯物主义哲学家都比较鲜明地反对认识上的先验论,强调知识来自后天的经验学习。

先验论与经验论关于知识来源的对立其实也就蕴涵着认识方法上的分歧。先验论强调自明性直觉和演绎分析的方法。因为知识是天赋的,问题只在于使之明晰地呈现。所谓自明性直觉,就如笛卡儿认为的,凡是我们十分明白、十分清楚地设想的东西,都是真的。演绎分析是从普遍、整体到特殊、部分的逻辑推理方法,其结论已经蕴涵在前提之中,所以只要前提是真的,结论必然是真的。经验论则强调从特殊到一般的观察、实验、归纳的方法。康德认为，构成科学、正确的知识必须具备两个条件：一是具有普遍必然性；二是必须能够扩大人类的知识内容、提供新知识。先验论与经验论事实上是各持一端，都有局限性。克服两者局限性的途径在于把两者结合起来，从而形成所谓的"先天综合判断"（Synthetic a Priori Judgements）。康德断言，人具有三种先天的认识能力：感性、知性和理性能力，人的认识活动是用先天的认识能力（"形式"）去整理后天的感觉经验（"质料"）。应该说，康德关于知识来源与方法的论述是划时代的。但是，康德的理论并没能结束先验论与经验论的争论，许多经验论哲学把康德的哲学也归于先验论的范围，毕竟"先天的认识能力是如何可能"的问题并没有得到有效解决。

先验论与经验论的对立本身就折射出人类追求真理的艰难。确实，通往真理的光荣之路是狭窄的。认识达致正确、真理的困难是与人类自身的局限性有关的。作为先验论远祖的柏拉图以洞穴隐喻预示了这一点。近代经验论哲学的奠基人培根详细分析了人类认识真相、追求真理过程中的种种障碍，提出了所谓"四假象（idol）说"：第一种假象是种族假象，即人的天性或人类种族的特点决定了人们总是根据自己个人的感觉，从主观想象、愿望出发来认识、解释世界，从而形成人类中心的主观主义假象；第二假象是洞穴假象，每个人所受教育、处境、习惯、身体结构、个性、爱好不同，而人的认识往往受这些东西的局限，使人如同身处洞穴，坐井观天，从而造成对事物歪曲、片面的认识；第三是市场假象，人们在日常交往中往往运用一些选择得不恰当的词语，引起无休止的争论和混乱的认识，就像市场上的叫卖，混淆了真假好坏；第四是剧场假象，流行的思想都不过是舞台上的戏剧，尽管精彩，但不是真实的，人们却把不真实的东西奉为权威，这就会摧残科学和追求真理的事业。培根提出四假象说的初衷是为了拨开宗教神学长期以来给科学和认识造成的重重迷雾，但也显然具有普遍的启示意义。即使在今天，他的观点也仍然对我们有着重要的警醒作用。

正是基于追寻真理的困难性，一些哲学家对真理本身提出了质疑，本质上是质疑人能够正确地认识世界，这就是认识论中的怀疑论思想。怀疑论或不可知论思想古已有之。古希腊智者学派的高尔吉尔就曾经论证出这样的结论：人们无法认识事物，即使可以认识了，也无法把它告诉别人。一般认为，古代希腊怀疑论的创立者是皮浪（Pyrrhon，约公元前365

年—前275年)。他认为,事物根本不可以认识,对于任何一个事物都可以有两种相互排斥的意见,但我们不管是从感觉,还是从思想出发,都不能判断其真假,我们其实什么也不知道,甚至连自己是什么也不知道。所以,最高的善就是不作判断,不发表意见,以保持内心的宁静——这与苏格拉底关于"美德即知识"的论述正相反对。传说皮浪一次坐船遭遇了大风浪,船上其他乘客都惊慌失措,只有皮浪泰然处之。他说你看船上的猪,照样吃喝,一点没受影响,人就应该像猪一样不动心,这就是最高的境界。无独有偶,同时代的中国哲学家庄子认为,人们对于真理的追求、是非的决断是"日与心斗""寐以魂交",致使精神"日消",心近死亡。解决的途径就在于"齐是非",不做判断。他甚至认为物与我的差别都应该消弭。他在《齐物论》中现身说法:

"昔者庄周梦为胡蝶,栩栩然胡蝶也。自喻适志与!不知周也。俄然觉,则蘧蘧然周也。不知周梦为胡蝶与?胡蝶之梦为周与?"

既然没有物我之分、没有对错之别,当然也就无所谓对世界的正确认识了。

休谟和其他的经验论哲学家一样,把感觉经验看成是认识的基础和源泉。但他认为感觉经验就是一切,也是我们所知道的一切。感觉经验从何而来是人类理性所完全不能解释的。我们永远不可能确定,感觉经验是对客观世界的反映,还是来自心灵的创造,还是由上帝所赋予。人们所具有的因果观念并不是先天具有的,也不是我们对客观世界必然关系的反映,而是在人的经验中形成的一种习惯性联想。例如,我们经常看到太阳从东边升起来,就会认为这是一个必然性的规律。事实上,这只是一种恒常的偶合,所谓必然性是人心中形成的习惯。实际上,谁也不能断定明天太阳会不会从东边升起。休谟的怀疑论使得我们日常知识中最基本的原理和生活中最重要的指导原则都得不到有效辩护。休谟的思想深深影响了康德,康德为人的认识能力划定界限,认为人类没法认识自在之物。休谟和康德的这些思想也被称为近代形式的怀疑论。

非理性主义哲学家尼采以其特有的文学语言辛辣地讽刺了人类通过认识去获得真理的做法。他说:

"在那散布着无数闪闪发光的太阳系的茫茫宇宙的某个偏僻角落,曾经有过一个星球,它上面的聪明的动物发明了认识。这是世界历史的最妄自尊大和矫揉造作的一刻,但也仅仅是一刻而已。在自然作了几次呼吸之后,星球开始冷却冻结,聪明的动物只好死去。虽然他们自以为无所不知,但是他们最后还是无可奈何地发现,他们所知道的一切都是假的。他们死了,在临死时他们诅咒真理。那些发明认识的动物的命运就是如此。"①

尼采甚至断言,所谓真理就是无可辩驳的谬误!

对于认识论上的怀疑论,我们同意罗伯特·所罗门的看法:"从古至今,怀疑论都是一种强有力的哲学立场。它与其说是对大的哲学问题的解决,不如说是令人懊恼地宣称——没有答案。当我们考虑那些关于知识的基本问题时,这似乎是无法让人容忍的。我们难道真能怀疑世界的存在或者像有果必有因这种日常预设吗?正因如此,怀疑论通常更被认为是什么地方出了问题而应当加以避免,或是被当作一个需要迎接的挑战,而不是一种要去接受的哲学立场。在你的思考中,怀疑论应当成为一种危险的信号,使你能够时刻对那些太过显然和教条而实际上又不能做出辩护的回答保持警惕。"② 雅斯贝尔斯亦曾明确指出,怀疑论的积极功能只在于鼓励人们导向更为真实、深刻、彻底的确定性。人类的主流思想显然是可知论的,就如恩格斯所说的,现代工业等等的出现和极大成功从事实上对不可知论进行了最好的驳斥。但是,正是在怀疑论的不断刺激、预警下,人们一次次从独断论的梦境中醒转,在追求真理的道路上避免了更多的曲折与误区。

二 认识及其检验

人们认识世界的终极目的是为了"改变世界",而直接目的是为了获

---

① [德] F. W. 尼采:《哲学与真理》,上海社会科学院出版社1993年版,第5—6页。
② [美] 罗伯特·所罗门:《大问题:简明哲学导论》,广西师范大学出版社2004年版,第179—180页。

得真理。从哲学的角度看，人们追求真理的障碍不仅在于人类自身的种种认知能力的局限性，而且在于人们对于什么是真理，以及如何检验真理聚讼纷纭。如果我们说认识论的核心问题是真理问题，那么，什么是真理？如何达到真理？如何检验真理？这是真理问题的三个重要内容。上一节事实上已经讨论了如何达到真理的问题。这一节我们将集中探讨另外两个问题。

最早，人们将知识与真理等同，认为追求知识就是追求真理。古希腊的苏格拉底曾经运用自己的"精神助产术"得出真正知识的三个条件：一是它必须是真的；二是它必须被相信是真的；三是必须找到理由证明它是真的。这一思想集体反映了古代西方关于什么是真理的看法，对西方理智主义传统乃至整个西方文化都产生了重大影响。综观整个人类哲学史，人们关于什么是真理的看法，大致可以分为六类：符合论真理观、启示论的真理观、融贯论真理观、实用论真理观、主观论真理观、存在论真理观。

哲学上广为接受的，也是大多数情况下未曾言明的真理观乃是一种符合论的真理观。符合论真理观预设了思维与存在、意识与世界、主体与客体的相离，认为主体的思维、认识、信念、判断、语句等是否与世界、实在、事实、事物、对象——中国哲学则称为名与实——等相符合是判断真理的标准。凡是与客观事实相符合的认识就是真理；反之，就是谬误。一般认为，亚里士多德关于"真理是思想和物的符合"的论断是最经典的定义。亚里士多德说：

"首先我们若将'真与假'解释清楚，这就可明白，凡以不是为是、是为不是者这就是假的，凡以实为实、以假为假者，这就是真的。"[1]

一般而言，哲学史上的唯物主义大多持符合论的真理观。例如中国古代的荀子就认为"知有所合谓之智"（《荀子·正名》）。在现代哲学中，逻辑经验主义者罗素、早期维特根斯坦、石里克、早期卡尔纳普等，都认

---

[1] ［古希腊］亚里士多德：《形而上学》，商务印书馆1996年版，第79页。

为命题与事实之间存在严格的同构关系,这也属于符合论的真理观。因此,符合论又称图像理论,真理指图像与描绘对象的一致,是实在与思想的一致,语义形式与语义对象之间也是一种对应关系。后现代哲学家罗蒂把这种主客观相符合的知识观称为镜喻(mirror - metaphor)认识论,即将人的思维隐喻为一面镜子,认识只是一个照镜子的过程。

启示论真理观与宗教神学密切关联,或者说是一种神学真理观。在宗教神学中,既然确认了至上的神——例如上帝——是全知全能的,是真理的大全和化身,所以,人们只能通过对神的信仰,从神的启示中获得真理。神及先知的言论成为至高无上的金科玉律。在中国古代,"真理"一词最早出现于南北朝时期,其含义就是指当时的佛教教义。在印度哲学中,神所示教的真理性知识被称为圣教量,又名正教量、圣言量。在西方中世纪,还出现过所谓"双重真理"的理论,邓斯·斯各脱(Duns Scotus,1266—1308)、威廉·奥康(William Ockam,1300—1350)等唯名论哲学家大多持这样的观点,即认为真理有两种不同的形式:一是来自经验的符合论的真理,一是来自对上帝信仰的启示论的真理。这其实是当时唯名论与唯实论进行斗争及其妥协的观点。在科学技术昌明的现代,科学、实验并不能解释和验证世界上发生的一切事物,仍然有很多人信仰宗教,寻求启示论的真理。我们必须正视这一事实。

在另一些哲学家眼里,启示论的真理固然虚无缥缈,符合论的真理观也存在巨大的局限。因为在哲学中,真理不仅有事实之真,也有逻辑之真。逻辑之真往往是先验的,例如"$1+1=2$"。在一些哲学家,特别是有唯理论倾向的哲学家看来,感觉经验不可靠,不能提供真理。相反,逻辑的演绎才能提供真理。逻辑演绎得来的真理是概念与概念之间的符合,而不是概念与实在的符合。进而言之,在哲学的探究中,我们不是拥有了全部的经验,而只是拥有了一些相信的理由——论据、论证、原理以及我们的各种信念本身。

"当我们谈论真理的时候,我们的意思其实是这样的:真的意味着最能与我们的经验和信念的整体网络相一致。我们之所以接受一个原理,是因为它能与我们的其他原理相匹配;我们之所以接受一则论证,是因为它源自我们所相信的东西,并且由它所导出的结论我们能够接受；我们之所以能够就证据达成一致，是因为它与我们的假设相合，而且能够形成一幅融贯的图像。"①

这就是所谓融贯论的真理观。笛卡儿、斯宾诺莎、莱布尼茨、黑格尔都是这种真理观的持有者。

实用论真理观又称工具论真理观。持这种真理观的哲学家既不满意符合论真理观把人放在从属的位置，也不满意融贯论真理观满足于逻辑演绎而不顾认识的现实有效性。他们认为一个命题或者一种理论是真的，当且仅当它是有效用的。尼采认为认识无非是人用来满足自己、主宰世界的手段，真理则不过是强力意志的工具，并无客观和实在的意义。符合主体的目的、对主体有用的就是真理。或者说，真理本就是为了主体的目的而人为伪造、虚构的。美国的实有主义哲学家们是这种真理观的典型代表。皮尔士认为"有效果即真理"或"信念即真理"；詹姆斯则明确指出"有用即真理"。他认为真理之所以有用，是因为它是真的。或者可以等价地反过来说：它是真的，因为它是有用的。实用论的真理观突出了人类认识的最终目的以及在认识中人的"在场"这一事实。但其把人性、方便性和实用性作为真理的主要特征，只关心知识运用的结果，而不关心原因、客观条件和过程，使得真理一方面庸俗化，如很多市侩的打算；另一方面导致真理的主观化、相对化或者说是近于取消真理之说，一如尼采的相关思想。

主观真理观其实是相对于所有客观真理观而言的。客观真理观相信真理具有不以个人意志、意见为转移的客观内容。相反，主观真理就是那些被认为是依赖于主体及其信念的真理。事实上，实用论的真理观一般也被归纳到主观真理论中。主观真理观最坦率的拥护者是存在主义哲学家克尔凯郭尔（Kierkegaard，1813—1855），他认为，个人的真理、主观真理至少是众多真理中的一种，而且是最重要的一种，尤其是在科学不能给予我们明确回答的生活领域，例如宗教、伦理的领域，建立于信仰、信念的主观真理是十分必要的。因为主观真理使得个人的生活变得有意义。克尔凯

---

① ［美］罗伯特·所罗门：《大问题：简明哲学导论》，广西师范大学出版社2004年版，第189页。

郭尔认为,人生"关键在于去寻找一种为我的真理,找到那种将为之生、为之死的观念"①。他还认为,客观的重音落在说什么,主观的重音落在如何说。也就是说,主观真理更为切近主体。循此理路,我们甚至可以说,许多客观真理的支持者其实都是基于一种信仰、信念。例如,爱因斯坦的客观真理观是建立在相信"上帝不会掷骰子"的前提上。可见,主观真理观不能泛泛地被理解为承认"公说公有理,婆说婆有理"的相对主义。主观真理观带来的有效问题是:一是人生的意义问题;二是客观真理的前提预设问题。

很多哲学家也试图把上述真理观统一起来。美国哲学家希拉里·普特南(Hilary Whitehall Putnam, 1926—2016)通过对"真理自洽论""证实论""多元论"和"实用论"进行综合,提出以信念与经验的理想融贯为核心的内在实在论的符合论真理观。中国当代哲学家金岳霖在其《知识论》中,通过对融洽说、一致说和有效说进行分析后,认为这三种真理观各有不妥之处,提出以符合说为主线,将融洽、一致、有效三说融合起来的真理观。他指出:我们感兴趣的融洽是表示符合的融洽,感兴趣的有效是表示符合的有效,感兴趣的一致是表示符合的一致。

但是在海德格尔看来,无论是上述诸种真理观,还是对这些真理观试图进行统一的真理观从根本上都错了。他认为,使真理成为真理的东西才是最为根本和重要的。海德格尔通过词源的考察,认为真理 aletheia 一词在希腊文中从来不意味着认识的某种性质、某种状态正确无误之类,它只意味着得到揭示的存在者,相应的动词 alethenein 则指:把存在者从掩蔽状态中取出来让人在其无蔽状态中看。当然去蔽需要一种特殊的存在者,即此在(人)。

>"真理本质上就具有此在式的存在方式,由于这种存在方式,一切真理都同此在的存在相关联。"②

---

① 叶秀山、王树人主编:《西方哲学史》第七卷上,凤凰出版社、江苏人民出版社 2005 年版,第 458 页。

② [德]海德格尔:《存在与时间》,生活·读书·新知三联书店 1987 年版,第 273 页。

因而真理就是无蔽、开敞，是存在的澄明、显现。他认为，"科学在根本上不是真理的发生，而总是在已经敞开了的真理领域里的扩充，特别是靠理论和论证那些在此领域显现为必然正确的东西"[①]。如何才能把握真理呢？海德格尔认为，我们从感性个体的本真生存状态出发，倾听自然的声音，思到诗意的语言中，看护存在的家，也就把握了真理。海德格尔的真理观从人的生存出发，试图超越主观与客观的对立。这种真理观被称为存在论的或生存论的真理观。中国古代的道家主张通过"坐忘"和"心斋"的方式体悟道。所谓"坐忘"，即超脱形体局限，消除各种贪欲和智巧，从个体小我达到宇宙之大我；所谓"心斋"，即要求心中无知无欲，达到清虚境界，便能通达万象。道家这些主张虽有神秘性，但基本可以归于存在论的真理认识方式。毫无疑问，存在论的真理观已经不再是纯粹认识论意义上的真理，它将真理问题融入到本体、历史、意义的整体之中。

无论持什么样的真理观，是否获得真理性的认识总得有一个检验的标准。不同的真理观决定着不同的真理检验标准。归结起来，真理标准大致有如下不同观点：

第一种是证实标准。就是看人们获得的认识与客观事实是否相符合，能否在经验中得到证明。例如人们常说的"百闻不如一见""眼见为实""是骡子是马拉出来遛遛"等。近代，自然科学支撑下的证实标准在与宗教神学、形而上学的斗争中胜出，并随着实验、科学的进一步发展而被广泛接受。哲学中的实证主义思潮就把实证原则作为哲学的第一原则，认为凡不能证实的理论都不是真理。

第二种是经典标准。就是借助权威、经典来为自己的观点、理论提供真理性的辩护。在人文社会科学领域，人们的宗教、伦理、日常生活世界等，往往是经典发挥重大作用的地方。中国古人写作、说话动辄"子曰""诗云"，现代学术论文十分重视参考文献，都是明证。西方中世纪把《圣经》作为检验真理的绝对标准，成为一种教条主义。伽利略曾经说过这样一个故事：一名学生对经院哲学的教师说，他看到了太阳上的黑点。然而这位教师却板起面孔对学生说道：孩子，回家吧，无论是《圣经》

---

① ［德］海德格尔：《诗、语言、思》，文化艺术出版社1991年版，第59页。

还是先哲的学说都没有说到过太阳有黑点,这个黑点只在你的眼睛里,而不在太阳上啊!

第三种是自明或自洽标准。这主要是唯理论、融贯论真理观的真理标准。他们认为,真理是意识、思维同自身的同一。因此,真理的标准就在思维内部,其标准就是思维自身的清楚、明晰,是理论自身的自洽、无矛盾。甚至,哲学家斯宾诺莎就明确断言:真理自身就是真理的标准。

第四种是实用的标准。这当然主要是实用论真理观的检验标准。实用主义认为一个观念是不是真理就取决于能否使得个人获得成功,达到目的。一些非理性主义哲学则认为检验认识是否为真理就看其是否能满足人的本能、冲动等非理性欲望。这也属于实用的标准。

第五种是公共承认或约定的标准。这一标准由科学哲学家彭加勒(J. H. Poincare, 1854—1912)最早明确提出。他认为科学中的概念、理论、原理等等只是一些符号、记号,不是客观实在本身的反映。它们不是起源于具有客观基础的经验,也不是先天的,而是科学家们出于方便或简单性要求而彼此约定的,甚至是通过投票的方式确定的,是由于大家同意才发生作用的。中国清代哲学家戴震(1724—1777)也曾经把"同然"即公共承认作为真理的标准。

第六种是否证标准。这是科学哲学家波普尔最先提出的方法。他认为,所有的知识、理论其实都是一种假说,理论的真正检验不在于试图去证实它,而在于试图否证它,找出它的弱点,也就是廓清其假设的前提条件。一个理论的科学性(真理性)就在于它是在一定条件下能被驳倒的;一种不能被事实驳倒的理论(如宗教理论)就是非科学的。他进而指出,一个理论越精确,越容易被驳倒。

第七种是实践标准。这是马克思主义哲学所坚持的真理标准。马克思主义哲学认为,真理既不能在离开主体的客体中去检验,也不能在离开客体的主体中检验,而应该以沟通主客体的桥梁,同时也是人的生存活动基本方式,即实践来检验。实践是一个过程,真理的检验也不是一次就可以完成,真理是时间的女儿。实践标准论并不排除逻辑的证明,但马克思主义哲学认为,从归根到底的意义上和最高标准的意义上,检验真理的标准只能是实践。马克思有句名言:

"人的思维是否具有客观的真理性，这不是一个理论的问题，而是一个实践的问题。人应该在实践中证明自己思维的真理性，即自己思维的现实性和力量，自己思维的此岸性。"①

实践标准比之于证实标准，更具有生存论的优点，因为实践是人的类本质；实践标准比之于实用标准，更具公共性的优点，因为社会性是实践的根本属性。

当然，不少哲学家是综合运用各种标准的。中国古代哲学家墨子就是一个很好的例子。墨子在其著作《墨子·非命上》中首先强调真理标准的重要性，他说："言必立仪。言而毋仪……是非利害之辨不可得而明知也。"然后，他认为标准有三，称为"三表"。即"有本之者，有原之者，有用之者"。他解释说，"三表"就是要看是否符合古代圣王权威惯例（本之）；要看是否符合现实的实际情况（原之）；要看是否符合国家、百姓的实际利益和需要（用之）。以今天的观点来看，这是经典标准、证实标准和实用标准的综合。自觉不自觉地综合运用多种真理标准，恐怕也是现实生活中很多人的自在倾向。至于海德格尔等人的生存论的真理观，它已经不再属于传统的认识论范围，它的检验标准只能是生存本身。

三　哲学认识论的现代走向

近代哲学的主题是认识论，近代认识论也是哲学认识论的经典形态。无论近代认识论内部有什么分歧，但作为经典形态的认识论主要关注两个方面的问题："第一，寻求和确定一个绝对的知识标准，从而把知识与意见、谬误和未曾经受科学批判的常识区别开来；第二，为符合这种标准的科学知识的可能性寻找理论根据、理由和基础，从而达到论证和辩护此种知识标准及与此相关联的科学知识观的目的。"② 但是，在现代社会，随

---

① 《马克思恩格斯选集》第1卷，人民出版社1995年版，第58页。
② 黄颂杰：《西方哲学的多维透视》，上海人民出版社2002年版，第297—298页。

着社会、科学发展和学科的精细分类，经典认识论的很多问题已经从哲学中分离出去，成为心理学、物理学等经验科学的内容。在20世纪初，无论是在科学领域，还是在哲学领域，经典、纯粹的认识论都遭遇了巨大的挑战。在科学领域主要表现为相对论和量子力学的等物理学成就的出现。根据量子力学原理，1927年海森堡提出了测不准原理（不确定性原理，Uncertainty Principle），认为不可能设想出任何办法同时准确测量出互为共轭（孪生）的物理量，例如位置和动量，其中一方越准确；另一方就越不准确。因为当你用仪器观察到事物的时候，你已经在不可避免地改变着你的观察对象了。测不准原理似乎宣告了对世界进行精确认识在根本上是不可能的，怀疑论似乎在科学中卷土重来。在哲学中，经典认识论也逐渐被扬弃。我们可以从科学哲学、现象学、语言哲学、解释学、后现代主义的有关走向来简单了解一下现代认识论的特征。

科学哲学是现代哲学中最为集中涉及认识论或知识论问题的哲学流派。

科学哲学由实证主义经逻辑实证主义演化而来，但科学哲学不再试图为科学知识提供先验的哲学基础，而是侧重于科学方法与知识演化、认识发展的研究。

现代科学哲学的奠基者是波普尔，波普尔对传统经验论的归纳、证明逻辑进行批判，认为一切知识、理论都是一种假设，提出了否证（证伪）的理论，并对人类全部知识按照否证的原则进行了科学与否的划界。在否证论的基础上，他提出了科学知识演进的四阶段模式：P1→TT→EE→P2。"P1"表示科学开始于问题；"TT"表示针对问题提出各种相互竞争的猜想与假设；"EE"表示各种猜想与假设之间进行激烈的批判，并筛选出最"逼真"的假设；"P2"表示理论假设被否证，产生出新的问题。波普尔这一科学演进模式使认识论研究走向了整体的、历史的研究，并且贯穿了敢于犯错误、敢于批判、敢于革命的科学精神。

继波普尔而起的库恩（Thomas Kuhn，1922—1996）着眼于科学的历史与现状，将社会因素、科学家及科学家集团的心理、价值、信念等引入科学哲学的研究。库恩最大的贡献在于提出了著名的"范式"（Paradigm）理论。"范式"又称为"专业母体"，主要指某一科学家集团在某一专业或科学中所具有的共同信念。这种信念规定了他们的基本理论、基本观点和基本方法，为他们提供了共同的理论模型和解决问题的框架，从而形成为该学科的一种共同的传统，并为该学科的发展规定了共同的方向。库恩认为科学发展就表现为"范式"的不断转变。但库恩认为范式的转变并不是认识的深化，而是心理的变化；科学家们认识的世界并不是客观外在的世界，而是主观约定的世界，其"模样"完全取决于科学家们的共同信仰。比方说，日心说代替地心说，与其说是因为科学观测的结果，不如说是出于科学家信仰的转变。既然范式的核心是信仰，那么不同范式之间就是不可通约和比较的。库恩的理论尽管有些极端，但他使认识论从抽象的纯粹返归了历史的现实，他也成为科学哲学中所谓历史主义传统的奠基人。其范式理论被拉卡托斯（Imre Lakatos, 1922—1974）精致化后被广泛运用于人文社会科学研究之中。

　　费耶阿本德（Paul Karl Feyerabend, 1924—1994）将非科学因素对科学研究的影响推向极端，由历史主义走向了相对主义。费耶阿本德有三本著作的名字就可以反映他思想的核心精神："反对方法""告别理性""怎么都行"。他认为，科学和宗教、神话等非科学形态有着密切的关系，很多科学成就的取得都是非理性支配的结果。历史也似乎能找到许多这样的例证，例如牛顿，无论是在科学家、诗人还是宗教家看来，他都被定格为科学家的典范和理性的化身。但是，后来人们发现了牛顿的神学手稿。著名经济学家凯恩斯（John Maynard Keynes, 1883—1946）在研究牛顿的神学手稿后认为，与其说牛顿是遵循理性前进的科学家，不如说他是"历史上最后一位自然法术师"。牛顿的墓志铭甚至是这样写着的："对于自然、历史和《圣经》，他是一位勤奋、敏锐而忠实的诠释者。他用他的哲学证明了上帝的威严。"在费耶阿本德看来，科学完全不应该，也不可能凭借自己的力量排斥非科学形态，科学探索应该有一种民主、自由的风气，只要能增进知识，促进创新，什么样的方法都可以用——包括宗教的、神话的和巫术的。最可笑的神话有可能成为科学，科学也可能成为神话。他甚至认为，科学——包括自然科学和人文社会科学——取得进步的唯一方式就是追溯到它的原始形态，从古老的观念中焕发出青春。

在现代哲学中，自觉地继续近代认识论主题的是胡塞尔开创的现象学。

针对19世纪末20世纪初西方社会中的自然科学危机和社会危机，胡塞尔认为哲学的任务就是追求绝对真理。以往哲学之所以未能找到绝对真理，是因为它们没有找到哲学的真正对象。他宣称哲学的研究对象是"纯粹意识"（pure consciousness），即抽去了时间和空间、并清洗掉一切经验因素的意识本身。他认为，人都有一尘不染的先验自我意识，这是不可怀疑的。因为对自我意识的怀疑本身就证明了它的存在。通过对纯粹意识的把握，就可以对自然科学、精神领域以及社会生活中的所有问题作出解答。而这一切之所以可能，是因为意识的意向性特征。所谓意向性是指意识在自身活动中构造出种种对象的能力。对象不是在自我意识之外，而是包容在自我意识之内，它是自我意识构造出来的，并且被赋予了意义的。佛教所谓"万法唯识"的教义与此颇为接近。正由于意识具有指向对象的"意向性"和构造对象的能动性，我们才能通过反省主观意识获得对事物本质的认识，从而使经验世界具有意义，使科学知识得以成立。胡塞尔还提出了著名的现象学还原方法，其中最有名的又是所谓"悬搁法"或"括弧法"。就是把一切传统知识和外部世界的存在问题统统置于括弧中存而不论，不问它们是正确还是错误，根本不予考虑。我们只面对呈现在个人意识中的各种现象，这样才能获得绝对真理。这让我们想到中国古代哲学家庄子"独与天地精神往来"（《庄子·天下》）的态度。

但是，胡塞尔对近代认识论的心理主义倾向（笛卡儿）进行批判和拒绝。认为心理主义容易走向相对主义。尤其是胡塞尔晚年提出了生活世界的观念，认为生活世界是直观的，它先于科学世界和哲学世界，有了科学和哲学以后，生活世界依然存在，只是被改变了描述的方式——科学和哲学是生活世界的"理念的服装"。归根结底，科学和哲学都可以还原为生活世界，生活世界是唯一真实的世界。主要是从胡塞尔开始，"回归生活世界"逐渐成为哲学以及整个人文社会科学的一个重要口号。当海德格尔用"此在"代替胡塞尔的"纯粹自我"之后，以存在主义继续的现象学更为自觉地认识到人的生存、实践活动比人的认识活动更为根本和原始，知识的问题逐渐被存在的问题和意义的问题所代替。

语言分析哲学直接把矛头对准近代以认识论为核心的庞大思辨哲学体系，以语言分析的方式取消传统哲学问题，建立全新的认识论，使哲学从体系的时代进入到分析的时代。

在语言分析哲学早期，虽然哲学家们使用的是语言分析的新方法，但是除开消解形而上学之外，其根本精神与近代认识论并没有根本的差别。这可以从罗素的逻辑原子主义和维特根斯坦早期的图像论看出。两种理论都认为，语言与世界是一种对应关系，具有相同的结构——当然也只有在此基础上，语言分析才是可能的和合法的。成书于公元前的印度史诗《摩诃婆罗多》开篇就说："这里有的东西，在所有地方都存在；这里没有的东西，任何地方都找不到。"这句话很契合早期语言分析哲学的思想，被语言哲学家洪堡（Wilhelm von Humboldt，1767—1835）称为"唯一真正的哲学诗"。但是，在后期语言分析哲学中，这种旨趣发生了很大的变化。

后期的维特根斯坦提出了所谓语言游戏说。据说，他是受了一场足球赛的启发而产生这一思想的。他在看球赛时想到，足球的意义和用途只有在足球赛中才能看出，如果脱离了足球赛，足球本身的意义也就无所依托了。所以，他认为语言是人生活的工具，只有在使用中才能获得确定的意义，语言的使用其实是一种游戏，游戏规则是参与游戏的人即生活中的人们共同约定的。孤立地谈一个语词的意义是错误的，语词的意义不是固定的、不变的。哲学就在于描述这种生活中的语言游戏，解除由于语言误解导致的迷惑。这样，维特根斯坦在把哲学及认识论还原为语言问题之后，又将语言问题还原为了生活、日常生活实践的问题。后来，后现代哲学家利奥塔将维特根斯坦的语言游戏说做了进一步发挥，认为异质多样性是后现代文化的知识状况的基本特征。

奎因则提出了著名的译不准原则，即一种语言表达的意义，不可能在它原来使用的意义下，无歧义地翻译为另一种语言。这一原则的哲学意义在于，对于同一经验证据可以给出不同的解释，形成不同的理论，而且这些理论还是等价的。罗蒂利用库恩的范式理论将奎因的思想进一步极端化。罗蒂认为，不同文化、范式在根本上是不可公度的；一个人的知识根本就不是看你对事实的把握程度，而是看你的观点以及提出观点的方式是否符合某种社会行为方式、语言习惯。所谓知识，不过是社会地被辩护的信念。至此，认识的问题再次被归结为社会、历史、价值的问题，纯粹的认识已经消于无形了。

哲学解释学直接以对意义的理解为主题，认识论在新的视野中得到发展又走向了消弭。

传统认识论的视觉隐喻（visual metaphor，罗蒂）更多的是关于对自然的反映，人文社会现象要么在其视野之外，要么被视之与自然等同。施奈尔马赫（Schleiermacher，1763—1834）、狄尔泰（W. Dilthey，1833—1911）将解释学引进哲学，指出人文社会科学有着同自然科学完全不同的把握方式，即以解释、理解的方式进行。不同于反映性认识，理解、解释是一种生命直观、心灵创造的活动。通过海德格尔、伽达默尔（Gadamer，1900—2002），理解和解释被本体化了，理解本质上不是一种方法，也不是一种主体认识客体的主观意识的活动，而是人存在的一种根本方式。或者说，人具有一种不可避免的解释学情景，人理解故人在。

在哲学解释学看来，理解的历史性是其本质属性。这种历史性主要体现为任何人的理解都是以先见、偏见、传统为前提的，传统先我而存在，不能避免。当我们去理解历史的时候，我们已经在历史之中，我们获得的是一种效果历史（Effective History），而不是像传统自然认识论一样获得与主体、意义无关的客观存在的反映。在伽达默尔看来，理解的传统是一种先于认识活动而存在的前判断体系，决定着对意义和真理的预期，这就是理解的视域（Horizon），它是理解的出发点。同时，被理解的人文对象，无论是人还是文本，都拥有其自身本来的视域。当我们去进行认识、理解时，其实是多个视域融合成新视域的过程，这就是所谓视域融合（Fusion of Horizon）。在新的视域中扬弃了传统，又诞生了新的传统。而且，无论是对文本，还是对整个世界，理解是一个面向未来的无限敞开的过程。

另一些哲学解释学家则专注于对文本（text）的解读。利科（Paul Ricoeur，1913—2005）认为，文本具有隐喻的特点，它并不指称实在世界，有着很多言外之意，是一个不可实指的可能世界。甚至，文本独立于作者与读者，它展现一个随历史而变化的想象的世界。就像中国哲学经典《老子》，不同时代的不同人们读出不同的东西，这是正常的、平等的，即使老子本人复生也不能来评判对错。后现代哲学家德里达则提倡一种对文本的歧异性的阅读与理解，即在文本中寻找有歧义的地方，以此为突破，嫁接上自己所理解、所需要的内容，创造和产生新的意义。他还认为，一个文本的生命力就在于它能否提供这种歧异性。以此观之，像《老子》这样的著作之所以具有如此强大的生命力，其中一个重要原因就是它五千言构成的文本蕴含丰富的歧异性。

反对和解构近代以来认识论是后现代哲学的基本立场。

后现代主义毫无疑问是以反对近代以来的哲学为宗旨的，他们当然也就反对近代以来形成的经典认识论，甚至从根本上否认真理的存在。我们仅以利奥塔、福柯的相关思想为例来了解一下。

利奥塔是后现代哲学的开山人物。他认为，知识本就有两大类：科学知识和叙事知识（narrative knowledge）。后者是人文领域的知识，完全超出单纯的真假判断，而与人的内在精神的平衡和愉悦密切相关，更多地体现为一种价值性的精神体验。而且，包括科学知识在内的所有知识的合法性基础都依赖于叙事。也就是说，从归根结底意义上，人们是否相信某种知识就取决于叙事方式或者说是"讲故事"的方式。后现代哲学所反对的不是别的，正是现代哲学探求本质、强调真理的叙事方式。在利奥塔等看来，后现代的知识状况只能是一种悖论推理，即通过语言游戏，以宽容异质为原则，尊重不同见解。

福柯是后现代主义哲学中解构主义最具特色的代表。福柯认为，一切人类表面看来异彩纷呈的人文现象都受深层的结构制约，而这些结构是无意识、非固定的、断裂的。因此，在人文领域，获得真正知识只能透过种种现象，依靠层层深入发掘的方式、方法，福柯称之为知识考古学或知识系谱学方法。通过他的"考古学"分析，发现了知识与权力的关系。他认为，知识并不是理性认识外部实在世界的产物，而是权力的产物。人们之所以接受知识，是因为该知识受到权力的支持。一切知识、真理都是权力的创造！反过来，在知识与权力关系相对稳定时，只有拥有知识才拥有权力！在福柯眼里，知识因而不具有任何客观性和确定性。

从现代哲学中科学哲学、现象学、语言哲学、解释学、后现代主义关于认识论的内容来看，我们看到普遍地存在对传统、经典、纯粹认识论的扬弃与超越，而且尽管角度不同、程度不一，但在扬弃和超越中，都走向了对认识的社会历史性、认识主体的价值诉求的凸显。无独有偶，早在19世纪，马克思就对意识形态（Ideology）进行了专门研究。他指出，在阶级社会中，占统治地位的思想就是占统治地位的阶级的思想，尽管它有着普遍性的面貌，实质上是为统治阶级的特殊利益辩护的；在阶级社会消灭之前，人文社会领域的真理始终被意识形态的假象所遮蔽。20世纪20年代，由曼海姆（Karl Mannheim，1893—1947）开创出所谓的知识社会学，致力于研究知识、意识与社会的相互关系，研究知识、意识产生的社会根源及其对社会的影响，突出利益、价值观念在人们认识和意识形成中的重要作用。

值得补充强调的是，在中国传统哲学和印度哲学中，从来就没有纯粹和经典的认识论。以中国为例，道家认为"言不尽意"，其强调的坐忘、心斋决不是西方认识论意义上的认识方法，而是一种返璞归真、提升境界的方法。中国儒家则主张"尊德性而道问学"，格物、致知、诚意、正心、修身循序一体，把追求知识与修养道德统一起来，认识论只是"内圣"之学的一个组成部分。儒家认为认识对象包括天理与人性，人的认识要达到"穷理"与"尽性"的统一。《中庸》说：

"自诚明，谓之性；自明诚，谓之教。诚则明矣，明则诚矣。"

"诚"是尽性所得道德，"明"是穷理所得知识。两者是互通的，通过知识可以到达道德，通过道德也可到达知识。可见，中国传统哲学即使涉及到认识论，这种认识论也始终具有生命实践和伦理规范的特征。

思考：

1. 为什么说真理总是喜欢隐藏自己的？
2. 如何评价认识论上的怀疑论？
3. 在各种真理观和认识检验标准中，你服膺于哪些观点？为什么？
4. 中国传统哲学关于认识、真理问题有什么独特看法？
5. 哲学认识论在现代有哪些新的走向？给我们什么样的启示？

第九讲　历史观与历史哲学

人是在世界中进行着哲学思考的。世界不仅是一个空间概念，也是一个时间概念。哲学智慧不仅要"究天人之际"，而且要"通古今之变"。世界、人、人与世界的关系以及我们对它们的把握都属于流动着的历史中的一部分，考察历史是哲学的重要任务之一。当哲学对这种流动的历史性进行深刻沉思时，与辩证法相对意义上的形而上学才可能真正逊位，历史性或历史维度才逐渐占据了现代哲学本体论、认识论的核心，人们才把更多的注意力引向了 becoming，而不是 being 和 knowing。同时，哲学就是哲学的历史，哲学自身并没有先验的本质，它也是历史地存在着的，"历史性是哲学本身生成和存在的基础性概念……历史是哲学的根基之所在"①。因此，不仅完整的哲学包括历史观和历史哲学，历史哲学也揭示着哲学的本质属性。

一　哲学的"历史性"转折

在西方，"历史"（history）一词起源于古希腊历史学家希罗多德（Herodotus，公元前484—前425）一部闻名遐迩的著作名 historia，最初含义是讲故事、叙述②。在中国古代，最初以"史"来指称发生的事件及对这些事件的记录，直到晋代才出现"历史"一词。总的来看，"历史"一词演变至今至少拥有相互联系的三方面的含义。一是指以往发生的种种

---

①　韩震：《历史哲学》，云南人民出版社2002年版，第7页。
②　根据古希腊的神话，历史女神与诗歌女神是同一个神，即克利奥（Clio），她是记忆之神的女儿。因此，希腊神话可能告诉我们，历史包括记忆，但不是简单的探究（inquiry），而是包含赞扬、诗意与评价。参见［英］格鲁内尔：《历史哲学——批判的论文》，广西师范大学出版社2003年版，第156—157页。

事情，例如，我们常说："忘记历史就意味着背叛"；二是指对以往发生的事情的描述与研究（历史学），大学中历史系的"历史"就是这种含义；三是指一切事物存在的条件性和过程性，例如我们说"要历史地看问题"。长期以来，历史的前两种含义最为人知，且人们并不刻意地对这两种含义加以区分，因为长期以来人们都认为记载和描述的历史就是真正的历史（没有记载的历史以前的历史被称为"史前史"）。应该说，第三种含义是最具有哲学意味的，而且它在本质上制约着对前两种含义的理解。就历史是指以往发生的事情而言，"以往"总是以一定历史条件下的人们所处时期比较而言的，历史因人的记忆而存在；就历史是指对过去发生的事情的描述与研究而言，历史不过是人对于自己以往活动的认识成果，只有真正揭示出事物存在条件性与过程性的历史才是真正的历史；就历史是指一切事物存在的过程性与条件性而言，人乃是历史的存在物，严格地说，也只有人才是历史的存在物，一切历史都是人类历史。其他事物并不能自在地反思到自己的条件性和过程性，我们经常说的自然史、宇宙史、生物史等不过是人类历史的投射与比拟而已。

有了人类就有了人类历史，也就逐渐有了对历史的惊讶与反思。人们喟叹于"万里长城今犹在，不见当年秦始皇"（清·张英《家书》），"滚滚长江东逝水，浪花淘尽英雄"（明·杨慎《临江仙》）的历史沧桑变化；震惊于"后之视今，亦犹今之视昔"（晋·王羲之《兰亭集序》）的历史惊人相似；感慨于"青史几行名姓，北邙无数荒丘"（明·杨慎《西江月》）的历史生命意识。正是基于这种对历史的惊讶与反思，人们开始关注历史并试图从历史中获得某种智慧。在希罗多德看来，撰写历史的目的，"是为了保存人类的功业，使之不致由于年深日久而被人们遗忘，为了使希腊人和异邦人的那些值得赞叹的丰功伟绩不至于失去它们的光彩，特别是为了把他们发生纷争的原因给记载下来"[①]。中国古代的先哲们则特别强调历史的明智作用。杜牧在总结秦朝灭亡原因时感叹："秦人不暇自哀，后人哀之；后人哀之而不鉴之，亦使后人复哀后人也。"（唐·杜牧《阿房宫赋》）其实是强调吸取历史经验、教训的重要性。司马光则把"鉴前世之兴衰，考当今之得失，嘉善矜恶，取得舍非"作为其编纂《资

---

① ［古希腊］希罗多德：《历史》（上），商务印书馆1959年版，第1页。

治通鉴》的宗旨。龚自珍甚至认为:"出乎史,如乎道;欲知大道,必先为史。"(清·龚自珍《古史钩沉论》)也就是认为"道"在历史中了。英国哲学家培根也有句人们耳熟能详的名言:读史使人明智。不过,在很长时期内,东西方的人们都习惯于通过对历史事实的记载和描述来展现、体悟智慧。所以,长期以来,尽管有各种各样的历史智慧,但历史却始终未能真正迈向哲学。

就哲学自身而言,也长期没有聚焦于历史。在西方古希腊罗马时期,哲学的视野更多地投向了宇宙星空,侧重于对本体论的探讨。中世纪哲学则成为神学的婢女,核心的工作是论证上帝的存在。近代哲学从笛卡儿开始实现了认识论的大反转,近代科学与哲学认识论相互支撑,各自都得到了迅猛的发展。但是,这时的哲学认识论即经典的认识论还只是一种罗蒂所说的"自然之镜",一般所理解的科学也只是指自然科学。"这种传统总是倾向于指望着自然科学成为它的研究材料,而且已经形成了它那由于参照科学的模式所得到的有关究竟应该接受什么东西的标准。"[1] 甚至在西方近代哲学"教父"笛卡儿的视野中,历史、历史学都被明确地驱逐出知识、科学的领域。正是在这种情况下,有一位哲学家用今天看来完全是机智的方法开辟了哲学的一片新天地。这个哲学家就是意大利的维柯(Giambattista Vico,1668—1744)。[2]

维柯是以批判笛卡儿的认识论哲学登上哲学舞台的。他认为笛卡儿的认识标准完全是主观的或心理的标准,并不能证实。对于维柯来说,认识某个事物的前提就是创造该事物。这一后来被称为历史哲学"拱顶石"的原理的基本表述是:我们只能认识自己能够做或创造的东西。一言以蔽之:真理即行动。而且,维柯认为,历史是纯属于人类自身的历史,是人类自己创造的历史。由此他指出:

"过去哲学家们竟倾全力去研究自然世界,这个自然界既然是由上帝创造的,那就只有上帝才知道;过去,哲学家们竟忽视对民族世

---

[1] [英]沃尔什:《历史哲学导论》,广西师范大学出版社2001年版,第2页。
[2] 也有些西方学者把历史哲学回溯到更远的圣奥古斯丁的著作,甚至是《圣经·旧约》的某些部分。

界或民政世界（mondo civile）的研究，而这个民政世界既然是由人类创造的，人类就应该希望能认识它。"①

既然人类历史是人类唯一能够认识的对象，所以关于历史的认识才是唯一真正的科学，自然科学对于人类来说是不可能的，反而不是真正意义上的科学。为了有别于当时流行的种种研究自然的科学，受培根《新工具》的启发，维柯把他研究历史的科学称为"新科学（Scienza Nuova）"。在新科学中，维柯广泛地研究了历史的结构、动力、发展规律等问题。

按照维柯自己的说法，他最钦佩的两个学者分别是哲学家柏拉图和历史学家塔西佗（Tacitus, 55—120）。事实上，柏拉图在此代表着一种哲学的普遍性，它能发现真实的规律，但过于抽象；塔西佗在此代表着一种历史学的个别性，它能给予具体的确定性，但缺乏反思的真理性。维柯的新科学就在于用哲学来反思历史、用历史来确证哲学，把历史普遍性与个别性统一起来。历史普遍性与个别性的关系问题也就成为了历史哲学的基本问题，后来的历史哲学事实上一直存在着两条不同的路径：一是从哲学走向历史，可以称为历史的哲学；一是从历史走向哲学，可以称为历史学的哲学。

维柯从未使用过"历史哲学"一词——第一个使用"历史哲学"一词的是法国思想家伏尔泰——但人们一般都把他看成西方历史哲学之父。马克思称他的思想是"天才的闪光"。他事实上开创了一个哲学新时代，甚至有人认为他的贡献不亚于康德的哥白尼式革命。哲学家罗素认为，维柯脱离了当时理性主义的认识传统，埋头研究"社会如何形成与发展"，"首次提供了人类文明的一项真正理论"，并"简直不可思议地预见了19世纪及其哲学的发展。"② 不过，维柯所处的时代正是传统认识论，尤其是唯理论的认识论如日中天的时候，所以他注定是孤独的。正如柯林武德说的，"他确实是走在他时代的前面太远了而没有产生很大的直接影响。要直到两个世代以后，才在18世纪晚期的德国出现了历史研究的繁花盛开，这时德国的思想由于它自身的缘故而达到了非常类似于维柯的地步；

---

① ［意大利］维柯：《新科学》，人民文学出版社1986年版，第135页。
② ［英］罗素：《西方的智慧》（下），文化艺术出版社1997年版，第456页。

只有到了这时候,维柯的工作的特殊功绩才为人所承认。"①

从维柯的开创直到历史哲学的"繁花盛开"是有一个过程的,这个过程是以批评法国启蒙思想家的抽象的理性主义历史观念为特征的。法国启蒙哲学家的历史观念中有两个核心观念:历史进步观念和天赋理性观念。认为人人天赋理性,但只有经过启蒙的人才能运用自己的理性,遵从理性的指导历史就可以获得无限的进步。启蒙哲学家的这些历史观念较之于中世纪当然是很大的进步。但是,历史在启蒙哲学这里被简单化,历史的丰富性、复杂性被遮蔽。同时,启蒙哲学还很轻视对于未启蒙的所谓蒙昧、野蛮时代的研究,傲慢地将之归于史前史。在这种情况下,"在历史学思想(其实是指历史哲学——引者注,下同)能作出更进一步的任何进展之前,有两件事是必要的:首先,历史学的视野必须放得开阔,以一种更同情的态度去研究被启蒙运动看作是未启蒙的或野蛮的并听任其默默无闻的那些过去的时代;第二,人性作为某种一致的和不变的东西这一概念,必须加以抨击。"② 这两件事情主要是由卢梭和赫尔德(Herder, 1744—1803)来完成的。

卢梭本人就是启蒙哲学家,但他是以辩证的方式从属于启蒙时代的,事实上,他是第一位对启蒙思想进行反思和批判的哲学家。卢梭看到社会进步的对抗性矛盾,他指出,使人文明起来的理性能力同时也是人类一切苦难和不幸的根源,正是因为它,人类才不断堕落,社会才演化出不平等。他还指出,要想使人理性化,首先就得使理性人性化。卢梭改变了启蒙思想家仅仅关怀现在和最近的过去的倾向,开始注意人类发展的全部历史过程,尤其是人类从自然(蒙昧)状态向社会(文明)状态过渡的历史。他还实际上把人性作为衡量历史的准绳,开始从人的存在而非抽象的理性的角度来看待历史。文德尔班这样评价卢梭对历史哲学的贡献:"文化本身的价值和自然与历史的关系就这样通过卢梭刻意描述变成了最令人难忘的问题;这个问题……决定了历史哲学的开始。"③

在维柯、卢梭的基础上,第一次以这种新态度,亦即严格意义上的历

---

① [英]柯林武德:《历史的观念》,商务印书馆1997年版,第117页。
② 同上书,第137页。
③ [德]文德尔班:《哲学史教程》(下),商务印书馆1997年版,第690页。

史哲学的方式去研究人类社会的是德国哲学家赫尔德。赫尔德直接而明确地批判法国启蒙思想家的理性主义和机械主义的历史观念。他认为启蒙思想家过于轻视过去的历史，而过分强调自己和自己时代的作用，是一种自鸣得意。同时，简单地用野蛮与文明、无知与理性等对立的方式来规定历史阶段、状态和不同的民族是错误的。赫尔德强调要对各民族进行同情的理解，他热情地描述了世界各民族的特性及其文化表现。赫尔德还明确地把人性作为世界历史的目标。从赫尔德以后，历史哲学被彻底奠基了，并很快在德国呈现"繁花盛开"的景象。

那么，历史哲学为什么能逐渐出现"繁花盛开"之势，并成为当代哲学的一个重要部分呢？除开18世纪晚期德国的具体现实之外，更重要的原因在于两个方面：

一是历史作为近代科学"剩余"的升华。正如柯林武德的经典分析，哲学的题材往往取决于某个特定时期里人们在其中发现了特殊困难的那些特殊问题。"从16世纪到19世纪，思想的主要努力关注于奠定自然科学的基础，于是哲学就把这种关系作为自己的主题，即把人类心灵作为主体而把它周围空间中事物的自然世界作为客体这两者之间的关系。当然，在整个这一时期，人们也在历史地思想着，但是他们的历史思想总是比较简单的、甚至是起码的；它没有提出有什么是它发现不好解决的问题，而且从来没有被迫思考过历史思想本身。可是到了18世纪，当人们已经学会了批判地思考外部世界时，他们就开始批判地思考历史了"。因为，一方面，"根据数学或神学或科学或所有这三种合在一起便能穷尽一般的各种知识问题的这一假设而出发的知识理论，已不再能令人满意了。"另一方面，当时"流行的各种知识理论都指向科学的特殊问题……而在各方面都在勃兴的这种新的历史技巧却没有被人顾及。所以需要有一种特殊的探讨，它的任务应当是研究这一新问题或这一组新问题，即由有组织的和系统化的历史研究之存在而造成的哲学问题。这种新探讨就可以正当地要求历史哲学的称号。"[1] 确实，从18世纪开始，"历史学不再仅仅是一种闲暇话题或治国宝鉴，而是智慧和真理的储存器，生活的指南。"[2]

---

[1] ［英］柯林武德：《历史的观念》，商务印书馆1997年版，第31—33页。
[2] ［美］罗兰·斯特龙伯格：《西方现代思想史》，中央编译出版社2005年版，第171页。

二是人们对自身存在的历史性领悟。与形而上学的本体探求相适应，古希腊罗马哲学家一般只注重寻求变中不变的本质、存在，认为那才是真实、真理所在，而变化的只是表象世界。中世纪批判古希腊的循环、轮回之说，给予人以通往天堂的历史图式，人存在的历史性得以初步呈现。但是，上帝操纵历史的宿命最终扼杀了人对自己存在的历史性的领悟。文艺复兴以降，西方社会开始了所谓现代性的时期。现代性（modernity）首先是一种观念与态度，一种与过去决裂，注重现在、未来的观念与态度。现代性是一种理想，一种时代意识的觉醒，一种新的历史意识，本质上是人对自身存在的历史性的自觉。维柯、伏尔泰、赫尔德对历史哲学的探索正顺应了这一时代精神。不过，在现代性的早期，也即西方近代哲学时期，理性主义的教导虽然使人们开始勇敢地使用自己的理智，但理性代替上帝操纵着历史——这以黑格尔的哲学为极端代表，人们对理性（主要是先验的理性）的集中关注，并不能彻底地领悟人的历史性存在。当哲学告别形而上学，走向现代形态时（其标志性的口号是尼采喊出的"上帝死了"），其实也就真正完成了"历史性"的转变。正如有学者指出的，"当哲学家把深思的目光从幽冥苍穹收回反观自身时，当他们发现'逝者如斯，不舍昼夜'的时间竟是自己的本质时，他们不得不把自己睿智的目光盯住历史：历史哲学诞生了"[1]。

试图得出历史哲学的定义无疑是难的，但我们至少知道，源自西方的历史哲学主要指涉相互关联、相互渗透的三方面的理论、学说：一是探讨社会历史的过程与一般趋势、规律；二是研究历史认识、历史理解的方法与性质；三是对人的存在的历史性进行探究。因此，我们可以简约地认为，所谓历史哲学，就是人们对历史和历史性的哲学反思。与此相关，历史观则是人们对历史的理论化、系统化的根本观点。在不太严格的意义上，人们往往将历史观与历史哲学等同，但就历史哲学还包含对历史性的哲学反思而言，历史观不能等同于历史哲学。与我们对历史哲学的理解相应，历史哲学研究的主要问题有：历史的本质；历史的趋势与规律；历史变迁的动力；历史的认识、理解方法；存在的历史性等。

从历史哲学的诞生与发展来看，历史哲学与历史学有着千丝万缕的联

---

[1] 张汝伦：《历史与实践》，上海人民出版社1995年版，第15页。

系。20世纪以来的历史哲学发展也证明，它是在哲学与历史学的交流互动中历史地生成的。是从历史学还是哲学进入历史哲学将给历史哲学打上不同的烙印。历史学主要是对已发生事实的进行描述和解释的学问。相对于历史学，历史哲学以哲学的姿态出现，具有注重抽象、本质、整体、意义的特点。历史学的思维方式是具体的证实，用材料说话；历史哲学的思维方式是抽象的推理、论证。历史学追求的是历史的真实与具体原因；历史哲学追求历史现象或历史认识的本质，并对存在的历史性进行追问，达到的是"思想中的真实"。历史学侧重于关注作为历史局部的历史现象及其它们之间的关系；历史哲学则更重于从整体上把握历史，寻找普遍适用的规律或方法。历史学关注事实真伪以及事实与事实间的联系；历史哲学更注重历史现象的意义与价值。

历史哲学与社会学也有着密切的关系。正如李大钊先生曾经指出的，

"把人类的生活整个的纵向去看，便是历史；横着去看，便是社会。历史与社会，同其内容，同其实质，只是观察的方面不同罢了。"[①]

社会学和社会哲学更侧重于社会结构的分析与反思，历史学和历史哲学则更侧重于历史变迁的描述与规律性揭示。从时间上看，社会学的诞生晚于历史哲学，且社会学是反对形而上学的产物。事实上，正是历史哲学将哲学的视野引向社会历史以后，社会学才成为可能。社会学，尤其是早期经典的社会学，其理论与其说是实证的，不如说是哲学的。例如，孔德（A. Comte，1798—1857）、马克思、涂尔干（Durkheim，1858—1917）的社会学理论，在本质上乃是一种历史哲学。

二 历史哲学的历史

在历史哲学产生以前，决不意味着没有历史哲学思想。例如，中国早在公元前3世纪就形成了天下观念和五德终始说。所谓天下就是普天之下，超

[①] 《李大钊文集》第4卷，人民出版社1999年版，第378页。

越国家的整个世界。阴阳家邹衍还认为,"儒者所谓中国者,于天下乃八十一分居其一分耳。中国名曰赤县神州。"(《史记》)后世儒家,在修身、齐家、治国之上,最大的理想是平天下。这种天下观念为中国古代所独有,在今日全球化时代,亦有不少启示价值。五德终始说认为,历史朝代的更替是遵循土、木、金、火、水五种德性的顺序周而复始地进行的。这表明历史既是变化的,也是有规律的。在西方,无论是记叙英雄神创的《荷马史诗》,古希腊罗马哲学中至上的神,还是中世纪哲学中关于上帝之城与尘世之城的描述,其中都蕴涵着一种各具特色的历史观或原始的、不自觉的历史哲学思想。古代的历史哲学观念大致可以归纳为循环论(cyclical theory)和天命论(providential theory)两种。不过,在历史哲学真正奠基以后,历史哲学才形成了相对稳定的学科范式,有了更为体系化的自觉追求。

按照英国历史哲学家沃尔什的著名论断,历史哲学大体上可分为思辨的历史哲学、批判或分析的历史哲学两大流派。按照我们的理解,历史哲学大致可以分为思辨的历史哲学、批判的历史哲学、分析的历史哲学与马克思的唯物史观四大流派。历史哲学家德雷(William H. Dray)认为,

"思辨的历史哲学试图在历史中(在事件的过程中)发现一种超出一般历史学家视野之外的模式或意义,而批判的历史哲学则致力于弄清历史学家自身研究的性质,其目的在于'划定'历史研究在知识地图上所应占有的地盘。"[①]

在此意义上,我们确实可以把思辨的历史哲学称为历史的哲学或历史的本体论,而把批判和分析的历史哲学称为历史学的哲学或历史的认识论。一般来说,批判和分析的历史哲学是思辨的历史哲学破产的逻辑结果。马克思的唯物史观尽管诞生于 19 世纪中叶,但它在逻辑上扬弃了其他历史哲学,完成了历史哲学最为革命性的变革,也成为萨特所说的当今时代唯一不可超越的哲学。

思辨的历史哲学

思辨的历史哲学把焦点放在历史客体上,试图以逻辑思辨的方式探求

[①] [美]威廉·德雷:《历史哲学》,生活·读书·新知三联书店 1988 年版,第 2—3 页。

历史过程及其规律,体现了历史研究中的形而上学性质。正如沃尔什所言,思辨的历史哲学家"显示出了思辨的形而上学家的通常品质:大胆的想象、丰富的假设、一种追求统一性的热情"①。一般认为,思辨的历史哲学自身又可分前后两个时期,代表人物分别是康德、黑格尔和斯宾格勒(O. Spengler,1880—1936)、汤因比。

严格地说,历史哲学从一开始就是思辨性质的。维柯就把人类历史归结为神的时代、英雄的时代、凡人时代三个阶段;伏尔泰更是高举理性主义大旗,号召用哲学之光照亮黑暗的历史档案馆。与赫尔德等对法国启蒙哲学的批判不同,康德的历史哲学被看成法国革命的哲学版。康德认为,历史哲学就在于在历史领域揭示类似于开普勒、牛顿在自然界发现的规律。在康德看来,人类历史是自己创造的,同时,人类历史大体上可以看作大自然的一项隐秘计划的实现。所以,人类历史是合目的与合规律的统一。受卢梭的影响,康德的思辨体系具有丰富的辩证因素,把对抗性矛盾看成是历史发展的动力。按照历史理性的指导,康德还启示人们如何订立永久和平的法律,建立国际联盟——类似于今天的联合国,达致如今我们称为"全球治理"的状态。

近代历史哲学在黑格尔那儿达到了思辨的最高峰,在他的历史哲学中,以往的哲学主题和思路都在一个庞大的思想体系中获得一席之地。黑格尔把历史看成是理性的发展过程,"'理性'是世界的主宰,世界历史因此是一个合理的过程"②。也就是说,历史与逻辑是同一的,宇宙精神体现在有着逻辑关联的各种哲学、各民族的哲学之中,理性狡猾地利用一切人类动机最终迈向所有人的自由。英雄人物成了历史不自觉的工具,例如拿破仑就被黑格尔称为骑在马背上的宇宙精神。当然,黑格尔关于世界历史行程的理论是注定遭人诟病的:世界历史始于中国,经由印度、波斯、埃及传到古希腊,在那里才开始了真正的发展,最终在日耳曼实现了自由的目的。黑格尔使以后的历史哲学注重精神史、思想史的研究,这应该是他的一大贡献。同时,他也是第一位真正以世界的、历史的、哲学的眼光来研究全人类历史的哲学家,尽管他犯了十分明显的西方中心主义的

---

① [英]沃尔什:《历史哲学导论》,广西师范大学出版社2001年版,第4页。
② [德]黑格尔:《历史哲学》,上海书店1999年版,第9页。

错误。

　　第一次世界大战后，近代以来在历史哲学中风行的乐观主义的进步历史观遭受沉重打击，出现了所谓悲观派的思辨历史哲学。斯宾格勒 1918 年出版《西方的没落》一书，认为历史不过是生命的外在标志，有生命的文化才是历史的基本单元，历史规律就是"文化"的兴衰律。他认为，每个"文化"都要经历诞生（孩童、春）、生长（青年、夏）、成熟（成年、秋）、衰败（老年、冬）的周期，这个周期大约为 1000 年。斯宾格勒循此得出结论认为，他所处的时代从文学艺术的没落、机械城市的窒息和金钱的统治等方面都表明，西方"文化"必然地没落了。脱胎于斯宾格勒的思想，英国历史哲学家汤因比在《历史研究》一书中把世界历史分为 26 个文明单元。他认为，文明的核心是宗教，而文明的诞生是人类在对自然的"挑战"进行"应战"的过程中形成的，文明的传播依靠的是模仿。在此基础上，汤因比把历史规律归结为"文明"的兴衰律，认为每个"文明"都要像生物体那样经历生老病死的必然周期，由此预告了西方"文明"走向死亡的必然命运，并预言中国有可能把西方文化和中华文化融合起来，为人类提供一个全新的文化起点。

　　思辨的历史哲学怀着理性进步，或至少是历史存在客观规律（历史决定论）的信念对历史进行了置身于外的思辨的构造，以把握"历史是什么"和历史背后"看不见的手"。他们在力图使历史达到哲学的高度方面进行了不懈的努力，但由于排除了历史中生动的特殊因素，"历史哲学家们构造的历史实际上和真正的历史相抵触，根本无法令人满意地解释历史"[①]。思辨历史哲学的这种形而上学性质决定了它在现代哲学中遭受批判是必然的。事实上，20 世纪初开始，思辨的历史哲学在当代历史哲学中影响逐渐式微，逐渐为批判和分析的历史哲学所代替。批判和分析的历史哲学共同特点是不再把重点放在历史事实或客体上，也不再去寻找历史的规律、本质之类，而是把焦点放在主体方面，探讨人们怎样认识和解释历史，揭示历史对于主体的意义。如果说思辨的历史哲学关心的是历史哲学作为哲学如何可能的话，批判和分析的历史哲学关心的是历史哲学的历史学基础如何可能。或者更为简单地说，思辨的历史哲学更多地关心历史

[①] 张汝伦：《历史与实践》，上海人民出版社 1995 年版，第 24 页。

的本体，而批判和分析的历史哲学更多关注的是人们对历史的认识。

批判的历史哲学

人们一般对批判的历史哲学与分析的历史哲学是不加区分的。"我们把它当作是指一种对历史思维性质的批判探索、对历史学家某些研究程序的分析和它与其他科学（特别是与自然科学）所遵循的研究程序的比较。这样加以理解，历史哲学就成为哲学分支中的一部分，被称为认识的理论或者知识论。"[①] 但细致地考察，我们会发现，批判的历史哲学更注重突出历史科学的人文科学性质及其独特的认识方法；分析的历史哲学主要是在西方科学哲学和分析哲学影响下形成的，它们认为历史学认识是语言逻辑问题，历史与自然地有着统一的认识方法。在某种意义上，我们可以认为，批判与分析的差别是现代人文主义思潮和科学主义思潮在历史哲学领域的折射。

狄尔泰（Wilhelm Dilthey，1833—1911）堪称现代历史哲学的奠基者。他认为自己的任务就是要把康德式的理性彻底历史化。从生命哲学出发，狄尔泰认为生命与历史是同一个东西，凡用生命创造的东西都是可以理解，也是只能理解的东西。因此，历史科学与自然科学的差别就是在于它的研究对象是客观精神，而方法就是基于生命体验的理解。文德尔班（Wilhelm Windelband，1848—1915）、李凯尔特（H. Rickert，1863—1936）继续阐发历史科学（文化科学）与自然科学的不同之处，认为历史事件都是一次性的，并无规律可言，历史科学不在于概括规律，而在于描述特征。历史的本质是有意义或有价值的个别，价值是历史研究的根据。价值是一种有效性，而不是事实本身。依据价值，历史科学本质上是一门批判的科学。当然，一般认为，批判的历史哲学的得名是源于英国历史哲学家布拉德雷（Bradley，1846—1924）的一本书——《批判历史学的前提》。

在现代批判历史哲学中，最为著名的哲学家是意大利的克罗齐（B. Croce，1866—1952）和英国的柯林武德。作为新黑格尔主义者，克罗齐认为世界无所谓实在、自然，只有精神，自然科学所谓的认识是虚妄的概念，所谓认识只是精神的自我认识。历史与精神是同一的，对历史的把

---

① ［英］沃尔什：《历史哲学导论》，广西师范大学出版社2001年版，第123页。

握就是对精神的把握。历史就是一切,哲学也属于历史学,哲学的历史学是历史学的同义词。换言之,克罗齐是把哲学作为了历史学的方法论。克罗齐认为,历史并未远去,也不是客观的。只有仍旧具有生命的事件才能进入历史思想,历史存在于当代精神之中,人们总是以当代的心灵和兴趣去把握过去。所以,"一切历史都是当代史"。柯林武德受黑格尔、狄尔泰的双重影响,认为解释是世界的基础和本质,而人类精神生活有一个从低级到高级的历史过程:艺术(想象)、宗教(信仰)、科学(实证)、历史(过程)、哲学(逻辑)。历史(历史学)低于哲学的原因在于历史学只关注研究对象,缺乏对自己观点的反思和批判。他还明确地指出,批判的历史哲学与思辨的历史哲学的本质区别就在于它对历史思维进行批判。历史与自然的差别在于它是一种活着的过去,而过去活着的方式乃是历史思维活动,即思想,在思想之外没有历史。与克罗齐提出"一切历史都是当代史"对应,柯林武德认为,"一切历史都是思想史"。历史学——实际上是历史哲学——就是重演过去的思想。

分析的历史哲学

1938年雷蒙·阿隆(Raymond Aron,1905—1983)的《历史哲学导论》一书的问世,标志着分析的历史哲学的兴起。分析的历史哲学的主要代表人物却是波普尔和亨普尔(Carl Hempel,1905—1997)。

在波普尔看来,人是自然的一部分,按照其证伪理论,他认为把握人类历史与把握自然一样都靠猜想和理解,我们获得的历史都只是一种假设性的。因此,没有某事物的历史,只有关于某事物的历史。根据他的科学发展模式理论,历史是不断被改写的,历史本身也没有意义,是人给它以意义。波普尔历史哲学中更引人注目的是他对思辨的历史哲学及其历史决定论的批判。他认为一切思辨的历史哲学(马克思的唯物史观也被他归于此类,并受到其直接批判)都是不能被证伪的伪科学。他认为,知识的进步是不可预测的,而知识极大地作用于历史,所以社会历史也是不可预言,根本无规律可言。社会改造不能进行激烈的革命,而只能是逐步改良的社会工程,这是试错法在社会科学中的应用,就像在自然科学中一样,它是行之有效的。

亨普尔批评批判的历史哲学把历史科学与自然科学截然分开,在方法上对立的观点。他认为批判的历史哲学得出的只是一种对历史的虚假解释，任何真实的解释都必须是科学的解释。科学都是以普遍形式的假设为前提的，普遍规律是自然科学与历史科学共同基础，自然科学与历史科学的方法是统一的。历史学的根本目的不是叙述事件，而是像自然科学那样寻求普遍规律或科学假设，这样才能最终使历史事件获得科学的解释。不过，他说的规律与思辨的历史哲学的含义是完全不同的，凸显的是主体认识的特性。亨普尔所说的规律乃是一种所谓覆盖律（covering law），它包含着两个要点：（1）解释一个事件就是说明它是可以预言的；（2）要说明事件是可以预言的，就必须说明这个事件可以归入某些因果关系。在解释和预见之间获得一种逻辑上的对称性就是历史哲学所理解的规律。无疑，这种规律是一种概率性的规律。他还认为，对历史的解释和物理科学中的解释一样是不完整的，都是基于假设的，但也是不得不如此的。

唯物史观

马克思一生最突出的贡献在于历史哲学，即提出了影响十分广泛的唯物史观。马克思和他的战友恩格斯曾经说："我们仅仅知道一门唯一的科学，即历史科学。"[①] 在另一个场合，恩格斯甚至说过：历史就是我们的一切！列宁则十分深刻地指出，马克思特别坚持的是**历史**唯物主义，而不是历史**唯物主义**。法国当代哲学家阿尔都塞（Louis Althusser, 1918—1990）更是认为，马克思主义就是历史科学，是人类继数学和物理学之后开辟的第三门真正的科学。柯林武德认为，"当马克思说他已经把黑格尔的辩证法颠倒过来时……他心目之中的那些东西就是历史，也许历史是马克思所极感兴趣的唯一事物"[②]。有些历史哲学著作倾向于把马克思划归为思辨的历史哲学，其实这是错误的，因为马克思不仅反对康德、黑格尔的历史哲学，而且不承认有超历史的"一般历史哲学"。他认为，把他的历史哲学理论当作普遍的历史哲学，与其说给他过多的荣誉，不如说给他过多的侮辱。当然，马克思的思想显然也不能归入分析的或批判的历史哲学。马克思和恩格斯的历史科学重点不在于讨论如何认识世界和历史

---

① 《马克思恩格斯选集》第1卷，人民出版社1995年版，第66页。马克思对当时的哲学、历史哲学都采取批判、超越的态度，所以他拒绝直接使用"历史哲学"的提法。

② 柯林武德：《历史的观念》，商务印书馆1997年版，第186页。

（尽管也涉及这些内容），而在于如何改造世界和创造历史。"他那压倒一切的兴趣乃是实践的；他需要这种理论，与其说是为了它那思辨的内容，倒远不如说是为了它那预言的性质。"① 唯一可能的表达是，马克思开创了一种新的历史哲学。并且，甚至正如英国历史学家巴勒克拉夫（G. Barractbugh，1908—1984）所说的，马克思主义是今天仍保留着生命力和内在潜力的唯一的"历史哲学"。

众所周知，马克思的唯物史观确实揭示了社会历史的一些规律，如生产力决定生产关系、经济基础决定上层建筑、社会存在决定社会意识、历史向世界历史转变等；马克思的唯物史观也确实提出了一些研究社会历史的方法，如辩证的方法、从后思索的方法、历史与逻辑相统一的方法等。但是，马克思历史哲学更为本质的内容是对历史的存在论的把握或对人及人类社会存在的历史性洞察。在马克思看来，历史与存在是同一的，全部人类历史的第一个前提就是有生命的个体的存在。任何存在都是在历史中产生、发展，也必将在历史中消亡。事物就是它的历史过程本身。马克思第一次彻底结束了任何关于永恒的、形而上学的幻想。那么，历史和存在的本质是什么？马克思认为是现实的人的活动，即实践。历史不过是人的实践活动，实践创造历史；人是实践的前提，也是实践的结果，实践是人的类本质。马克思的唯物史观把焦点放在实践，就意味着既不像思辨的历史哲学那样外在于历史地虚构，也不像批判和分析的历史哲学那样只是停留于对历史的认识与解释。或者说，马克思的历史哲学对于历史的认识是一种实践的解释学，对历史的理解和把握就意味着改变、创造。马克思使得人们对历史的本体、认识、意义的探讨统一起来，人们对历史的理解、把握与其实践方式内在地统一起来。

在马克思看来，历史与自然的区别在于历史是人创造的，而且历史与人的这种创造活动是同一的。历史的发展就是人的发展。人并没有固定不变的本性，人和人的本性就是在历史活动中逐渐生成的，整个历史也无非是人类本性的不断改变而已。恩格斯甚至直接点出，他和马克思所说的"历史科学"就是"关于现实的人及其历史发展的科学"。历史规律和自然规律有着本质的不同，说到底是人的活动自身的规律。所以，人在历史

---

① ［英］沃尔什：《历史哲学导论》，广西师范大学出版社2001年版，第169页。

中的地位，一方面是创作剧本的"剧作者"；另一方面是按照剧本进行演出的"剧中人"。人们通过实践改变自然、社会、人自身的最终目的是获得个人自由而全面的发展。马克思的历史哲学或历史科学试图不仅给历史以科学，而且给科学以历史，努力实现科学与人文的高度统一。我们也可以说，马克思及其开创的历史哲学传统在逻辑上实现了对思辨的历史哲学、分析或批判的历史哲学的双重超越——尽管马克思的思想可能是时间在先的。

三　当代历史哲学新进展

20世纪中叶以来，随着时代的变化和现代哲学的发展，历史哲学获得了新的发展。总的来说，历史哲学逐渐告别了逻辑的思辨与分析，具有了三种重要的趋势：一是对存在的历史性的深刻追问使历史哲学向一种实践哲学转变；二是"继承"马克思历史哲学"改变世界"的精神走向社会批判；三是对叙述话语的关注走向与文学的合流。

对存在的历史性追问应该是历史哲学最深刻、最为根本的内容，但是由于批判、分析的历史哲学更倾向于"历史学的哲学"，关注主体对历史的认识、解释，对存在的历史性追问因而一度被疏离和遗忘了。在当代哲学中，存在主义和解释学则将这一问题推向了纵深。

早在克尔凯郭尔那儿，就试图走出逻辑思辨的家园，把存在，尤其是人的存在理解为生存（Existents），是生成的可能性存在，是具有时间性、动态性的开放过程。而海德格尔对存在历史性的探索堪称与马克思比肩。在他看来，走向作为科学的历史学完全是传统形而上学的产物，只是研究了存在者，而真正的存在和真正的历史反而被遮蔽了。只要真正去研究存在，就将发现"一切对存在的追问都以历史性为特征"①。如前已述，海德格尔认为，领悟存在的唯一途径是领悟此在（Dasein）。此在总是在时间、空间、关系中的情境性存在。作为必死的存在，此在总是先行到未来，从将来迈向自身，是时间性的存在。同时，此在是在世界中的存在，而且只有此在才使世界"在起来"。所谓世界是此在和他人及其非人的存

---

① ［德］海德格尔：《存在与时间》，生活·读书·新知三联书店1987年版，第27页。

在者的总体存在关系。所谓人生在世，就是在这种关系之中。这样，历史是此在在世界中的存在方式，此在的历史性本质上是世界的历史性。那么，此在是怎样与世界发生关系的呢？操心（Sorge，又译烦）——海德格尔意义上的实践！人们的实践的总体关系构成他们的存在，构成了他们的历史。在这里，海德格尔把存在、历史、实践统一起来。历史性成为了存在的本质属性。"这样，对历史的哲学思考就找到了它真正的本体论基础，或者说，历史哲学真正抓住了最原始意义上的历史。这就永远杜绝了把历史看作是理性的自我发展和体现诸如此类的唯心史观，也拒斥了把历史看作上帝意志的神学观点，否定了一切末世论的历史哲学。"[①] 至少在这些方面，海德格尔与马克思是异曲同工的。

伽达默尔继续海德格尔的历史本体论观点，认为历史就是人的世界，历史性是人在世的基本特征，理解是人存在的基本方式。因此，理解必然是历史的理解，我们不在于如何像科学那样排除理解的历史性，而在于正确评价这种历史性。理解的历史性具体体现为传统对理解的制约作用。传统的制约使得任何对历史的把握都是一种效果历史。这样，理解就不仅仅是意识的行为，它更以反思的方式在创造着历史。也就是说，理解本身是人的一种最基本的实践行为，人们以理解的方式创造着历史。没有人的实践、理解，就没有我们共在的世界，也就没有历史，实践是世界和历史的本体，一切关于历史性的追问最后都聚焦在人的行为实践上。最终，历史哲学的任务也就是从实践的角度来阐明历史本身，而不需要更多的描述和建构。历史哲学的必然归宿是实践哲学。

当西方哲学通过存在主义、解释学把历史哲学推向实践哲学的时候，西方马克思主义者早就以马克思的传人自居，发扬马克思历史哲学的实践批判性精神，对当代（主要是西方）人们的实践方式进行哲学反思，对所谓正统的马克思主义（主要指从恩格斯到苏联官方阐释的马克思主义）进行批判，开辟了历史哲学的社会批判维度。主要涉及如下主题：突出主体的历史辩证法、意识形态与文化批判、社会变革与人的解放的探索。

从西方马克思主义的创始人卢卡奇（Lukacs，1885—1971）、柯尔施（K. Korsch，1886—1961）、葛兰西（A. Gramsci，1891—1937）开始，就

[①] 张汝伦：《历史与实践》，上海人民出版社1995年版，第58页。

比正统的马克思主义更早、最自觉地强调马克思历史哲学的实践性、主体性。他们认为,辩证法是马克思历史哲学的实质,不理解辩证法就不能理解历史。但是辩证法决不是客观存在的自然辩证法,辩证法是与历史同一的,是历史的辩证法,历史是主体与客体辩证作用的结果,尤其是要看到历史主体在这一辩证关系中的突出地位。他们认为,以往的历史哲学和所谓正统的马克思主义历史哲学的错误都在于没有掌握总体的历史辩证法,而只能借助自然科学的方法对历史进行机械的说明。在法兰克福学派中,一方面,对主体进行历史、社会的理解,而反对把主体仅仅看作抽象的精神、意识主体;另一方面,强调主体比客体更为根本。阿多诺(Theodor Wiesengrund Adorno,1903—1969)的否定辩证法进一步揭示了辩证法的历史性、主体性特征。哈贝马斯则试图扬弃近代以来的主体性哲学,把主客体关系的行为称为工具行为,认为取而代之的应该是凸显主体间性(inter-subjectivity,交互主体性)的交往行为。

正因为西方马克思主义对主体的强调和其浓厚的学院派性质,他们逐渐放弃了像马克思那样对现实的政治、经济结构进行分析与批判,而对社会意识情有独钟。他们发挥了马克思关于异化和意识形态的理论,认为当代西方社会中的人们处于一种普遍的异化状态,根本的问题是受一种源自统治阶级文化霸权(cultural hegemony)制造的虚假的意识形态的支配。从法兰克福学派开始,认为科学技术日益成为一种意识形态。人们盲目崇拜、接受新的科学技术,统治阶级则通过不断提供更新的科学技术而获得了统治合法性。人们的政治生活非政治化了,人们的日常生活非生活化了,都被技术化。虚假意识形态与科学技术的协同作用的重要表征是所谓大众文化、文化工业的兴起,文化工业通过技术与市场制造了大众文化,但这是一种虚假的、异化的文化。最终,文化成为一种商业消费行为,人的个性成为虚幻的东西。整个社会成为缺乏反思、批判,没有反对意见的单向度的社会,人也沦落为单向度的人。

那么,对社会文化进行批判之后的解决途径在哪儿呢?西方马克思主义总的倾向是从意识、文化、人性、思想的改造中寻找答案。卢卡奇认为关键在于要有自觉的无产阶级的阶级意识;葛兰西则认为关键是要从统治者那儿夺得思想文化的领导权(文化霸权);马尔库塞(H. Marcuse,1898—1979)、弗洛姆(Erich Fromm,1900—1980)都致力于如何建立一个没有压抑，人的本能欲望和精神创造力都能得到充分发展的人道主义社会；哈贝马斯则认为，社会的一切问题都在于人们交往行为的不合理，他强调要增进交往主体的理性，建立一个交往合理化的社会。西方马克思主义的社会批判最终"被改造成了一种带有乌托邦意图的怀旧的历史哲学（a retrospective of history with utopian intent）"①。

后现代思潮中的历史哲学思想可以看成是历史哲学的最新动向。后现代历史哲学主要集中于对历史叙述的话语分析，最终将历史哲学推向相对主义。

后现代历史哲学当然厌恶思辨的历史哲学的路数，他们不承认历史有什么本质、规律，也对批判的历史哲学、分析的历史哲学关于历史陈述的真值问题不感兴趣，他们热心于关心历史学在总体上是以什么样的方式去叙述历史的。他们认为，历史不是科学，而是文学。根本没有原状的历史存在，历史依靠文学性的想象，历史就是讲故事。所以，历史的意义、话语的含义是不固定的。罗兰·巴特（Roland Barthes，1915—1980）认定：审定历史的不是事实，而是可理解性。换言之，不能被理解的事情，即使存在过，也不是历史。历史学家为了达致对历史的理解，必须运用文学的修辞手段，其中最为重要的是隐喻方法，是隐喻构造了历史事实。历史文本与小说无异。海登·怀特（Hayden White，1928— ）甚至断言：进入神话是科学必须运用语言的代价。

通过话语分析，后现代历史哲学家认为，一切文学、文化及其历史都受潜藏于人的语言深处的无意识、深层结构的制约。海登·怀特在《元历史》中总结了历史叙述三个环节：情节设计（浪漫、喜剧、悲剧、讽刺）；形式论证（形式、机械）；意识形态暗示（保守、激进、自由、无政府）。不同的组合构成不同的叙述模式，不同的模式选择赋予历史叙述以诗性和虚拟性。以往没有意识到这一点的历史哲学其实都是在讲一个自以为是的故事。福柯则通过对癫狂、监狱、性、疾病等历史的研究，认为历史的话语的背后是权力的逻辑。历史是强者的历史，真理是权力意志的话语。社会历史的进步、人的理性本质都是各种话语发明和制造出来的，

---

① ［斯洛文尼亚］斯拉沃热·齐泽克、［德］泰奥德·阿多尔诺：《图绘意识形态》，南京大学出版社2006年版，第75页。

是地地道道的神话。

既然如此，后现代历史哲学的态度就变成了对历史的宏大叙事（meta Enarrative，元叙述）的拒斥——告别大写的历史。在历史哲学视野中，元叙述就是先在于历史叙事的，有着鲜明目的性的历史构想，它支配着历史的具体写作，也是历史解释的最后根据。在后现代历史哲学看来，以往的历史学、历史哲学叙述都受虚假的意识形态支配，成为极权主义统治的狡猾帮凶。后现代历史哲学否认和积极解构一切统一、连续、客观、本质、固定的意义，鼓励微小叙事、地方化叙事，倡导差异、断裂、怀疑，甚至是混乱的价值。他们认为，这才是民主的表征、自由的保障。后现代历史哲学终于走向了"怎么都行"的相对主义。

思考：
 1. 历史哲学在哲学舞台上是如何登场的？
 2. 思辨的历史哲学、批判和分析的历史哲学各有什么特征？
 3. 如何评价马克思的历史哲学——唯物史观思想——在历史哲学中的地位？
 4. 如何理解人的存在的历史性？
 5. 如何理解当代历史哲学的新进展？

第十讲　价值观与哲学价值论

古希腊哲学家德谟克利特认为，智慧的全部含义在于：很好地思想，很好地说话，很好地行动。苏格拉底曾经说：未经省察的人生是不值得度过的人生。中国古人认为，哲学的目的在于"为天地立心，为生民立命"。在生活中，也有人说，哲学不仅帮助我们正确地做事，更重要的在于帮助我们做正确的事。那么，什么是"好"？什么是"值得"？天地之"心"、生民之"命"为何？什么样的事是"正确的事"？这些问题在客观世界中找不到答案，因为它不是一个事实的问题，而是一个价值、意义的问题。哲学智慧不仅要告诉我们如何认识、改变世界，更要启发我们以价值的思考，给人以意义的指导。追求真理和创造价值是人类活动的两大目标，而从终极的意义上说，人们追求真理的目的就在于创造价值，人是一种价值、意义的存在物。没有人类存在的世界是无所谓价值和意义的。因此，哲学价值论或价值哲学在哲学中占据着十分重要的地位，甚至也有哲学家，例如李凯尔特，认为哲学就是价值论。中国也有学者断言："就其本质而言，价值哲学不是哲学研究的一个分支，也不是哲学史上的一个哲学流派，而是一种新的哲学理念、哲学立场。"①

一　哲学价值论的一般理论

应该说，哲学从一开始就意味着对价值问题的探讨。古代西方哲学一开始就把自己的视线引向宇宙，目的却是为了安顿自身。中国哲学、印度哲学在本质上可以说就是一种价值哲学，它们的重点不在于探讨世界的真，而在于追问我们应该怎么做，"止于至善"更是传统中国为学为人的

---

① 冯平：《重建价值哲学》，《哲学研究》，2002年第5期。

最高追求。中国古代的哲学家在探讨人生理想和人的行为的评价标准时，围绕着善与恶、义与利、理与欲等关系所进行的争论，本质上乃是一种价值观的争论。从亚里士多德开始，今天所谓价值论的问题在西方都蕴涵在实践哲学的讨论之中，而实践哲学中的伦理学则一直是最集中体现价值论的论域。不过，在西方，价值论、伦理学的探讨一直循着理性主义的传统，把伦理、价值问题归结为认识、知识的问题，这集中体现在苏格拉底的一句名言：美德即知识。直到近代英国经验论哲学家休谟的警醒，价值论才逐渐与认识论分离，最终获得了在哲学中的独特地位。

休谟认为，伦理学家们经常不自觉地把"实然"（is）变成"应然"（ought），这是行不通的（在中国的文化传统中更不注重实然与应然的差异，例如，生活中人们往往把"有味道"与"味道好"等同）。也就是说，价值判断是超出认识论范围的，它与人的信仰、情感、兴趣、文化情景相关。在休谟的基础上，康德首次在哲学中把人的意识活动区分为知、意、情三部分，从而形成其哲学的认识、实践、审美三部分，并强调和突出了实践的优先性。这样就将价值论问题从认识论问题中完全区分开并凸显出来。此后，新康德主义关于文化科学（历史科学）相对于自然科学的独特性讨论兴起，与历史哲学汇流在一起。一方面，正如我们今天所理解的，文化的核心是价值；另一方面，历史哲学最终走向实践哲学、文化哲学的事实也表明，历史内在的规定是价值和意义。哲学家洛采（Rudolf Hermann Lotze，1817—1881）果断而鲜明地把价值观的地位提高到空前位置，把它放在了逻辑学和形而上学（以及伦理学）的顶端，洛采因此成为了哲学价值论的先驱。当哲学发展到 19 世纪末的时候，传统本体论衰落，经典认识论被各个科学学科所分化。曾经作为知识总汇的哲学突然发现自己只落得"李尔王"的下场[①]！文德尔班发现了哲学的这一尴尬，他指出，随着哲学的解体，"哲学只有作为普遍有效的价值的科学才能继续

[①] 典出莎士比亚四大悲剧之一《李尔王》：李尔王是英国古代传说中的国王。他退位前决定按照对自己的感情多少，把国土分给三个女儿。口蜜腹剑的大女儿、二女儿赢得宠信而瓜分国土，小女儿却因不愿阿谀奉承而一无所得。前来求婚的法兰西国王却慧眼识人，娶小女儿为皇后。李尔王退位后，大女儿和二女儿居然不给父亲栖身之所，当年的国王只好流落荒郊野外，与野兽为伍。小女儿为救父亲，率军攻入英国，父女得以团圆。但是，最终战事不利，小女儿被杀，李尔王守着小女儿的尸体悲痛死去。

存在"。而且，早在启蒙时代，关注文化、价值问题就发展成为一种运动，尼采后来的一句名言其实可以作为这场文化运动的口号：重估一切价值！所以，在文德尔班看来，

"哲学有自己的领域，有自己关于永恒的、本身有效的那些价值问题，那些价值是一切文化职能和一切特殊生活价值的组织原则。但是哲学描述和阐述这些价值只是为了说明它们的有效性。哲学并不把这些价值当作事实而是当作规范来看待。"[①]

文德尔班和李凯尔特使哲学价值论最终形成，而且，在他们看来，价值论是哲学在现代的唯一形态。

价值论在英文中有两种翻译：theory of value 和 axiology。Value（价值）一词直到 19 世纪几乎完全与经济学特别是政治经济学有关，意指物的价格，或凝结在商品中的一般的、无差别的人类劳动。19 世纪末该词才成为一个哲学的概念。李凯尔特等人更愿意使用他们自己新造的词 axiology。该词源于希腊文 axios，英文一般译作 worth，单从英文 worthy 和 value 的区别也可意会，worthy 意指的价值含有高贵品质的意味，而 value 则完全没有这层意思。李凯尔特的用意非常明显，就是要与那些对价值的世俗的理解区分开来。在不太严格的意义上，价值泛指人们认为是好的东西，某种因为其自身的缘故而值得估价的东西，这种东西值得人们期望和追求。或者说，价值乃指包括人在内的事物和现象的意义。总的来说，价值论主要从主体的需要和客体能否以及如何满足主体需要的角度，考察和评价各种事物及主体行为对个人、社会的意义。说某种事物或现象具有价值，就是该事物和现象成为人们的需要、兴趣、目的所追求的对象。

价值问题不仅是人们生活中的极端重要的问题，也是哲学的核心问题。人们总是追求着自由的，自由本身就是一种价值。"生命诚可贵，爱情价更高，若为自由故，二者皆可抛。"裴多菲这首脍炙人口的小诗就说明了这一点。同时，自由总是意味着某种现实的选择。对于现实的日常生活中的人们来说，我们的人生都是选择的结果。但是，任何一次选择都是

---

① ［德］文德尔班：《哲学史教程》下卷，商务印书馆 1997 年版，第 927 页。

以价值判断为前提的，即以"值不值得""有没有意义"的判断为前提的。作为现世智慧的哲学的目的不仅仅是描述生活，不仅仅是揭示"是"（包括外部世界与人的思维）之规律，不仅仅是为了使思维更清晰、思维方式更有效，而且是要为它所处的时代创造出具有根本性的、能引导好生活的价值理念，以作为人们生活和社会发展的向导。哲学超越性品质就在于保证人和人类的社会历史始终拥有无限的可能性，开掘这种未来的、应然的可能性正是哲学价值论的核心任务。

在最一般的意义上，哲学价值论的研究主要包括价值的性质、构成、评价等问题。

价值的性质问题本质上是关于价值是什么，价值从何而来的问题。在哲学史上，大致有三种不同的观点。

第一种为客观价值论。这种观点认为，价值完全是独立于人之外客观存在的。即使世界上没有人类，甚至在人类出现以前，价值就存在于世界，存在于各事物本身。客观价值论又可分为两种观点：一种观点认为，每一个具体事物就是自然而然（自在地）具有价值的；另一种观点认为，各个事物的价值是由超自然、终极的实在（例如上帝）所赋予的，对于我们人类而言也是客观的。在哲学家中，英国伦理学家摩尔（G. E. Moore，1873—1958）认为不同的事物本身就是有善有恶的。马克斯·舍勒从现象学出发，认为价值是独立于评价主体之外的，是客观、绝对、先验的。佛教则以众生平等的方式确认了万物价值的客观存在。客观价值论大多强调价值不能定义，只能通过直觉来把握。

第二种为主观价值论。这种观点认为，价值完全是主观的，价值的主体是人，如果没有人类，就没有价值。进而，不同的人赋予同一事物以不同的价值。在西方哲学价值论中最为普遍的是主观价值论。休谟把价值判断理解为感情的表达，开了价值论情感主义的先河，成为西方价值论中影响最广泛的学说；文德尔班、李凯尔特以及西方实用主义等思潮则持满足需要说，即认为能满足人的需要的就是有价值的，否则就是没有价值。此外，兴趣价值说、心灵赋予说等都属于主观价值论范围。

第三种为实践价值论。这种观点主要是马克思主义的价值论。实践价值论认为，价值是客体满足主体需要的一种意义关系。价值源于客体，客体没有某种特定的属性，就不可能满足主体的需要；价值取决于主体，主体没有某种需要的话，价值、意义关系就不可能存在；价值产生于实践，世界不会主动满足人，人决心以自己的实践改变世界，使之满足人。因此，从归根结底的意义上，实践产生价值、实践创造价值、实践实现价值。因此，价值同时具有主体性、社会性和时效性。

价值世界是多样、多维的，人们关于价值的构成或形态有很多划分方式，我们拟从三个层面进行简单了解：

首先是自然价值、社会价值和人的价值。这一划分是就一般意义上世界三部分的划分而划分的。自然价值是价值生成、存在和演化的最初形态。自然对于人当然有价值，而关于这个问题的争论的焦点是自然自身是否是价值主体？它有无自在价值？一些宗教哲学和环境保护主义认为自然有自在的价值，需要我们尊重它、满足它。更多的价值论认为，价值主体只能是人，离开人无所谓价值，即使对自然环境的保护最终还是为了满足人。人是社会的存在物，全部人都是人类的一员，同时也从属于特定的民族、国家、组织，社会对于主体的价值是毫无疑问的。人的价值是最为特殊的价值，因为人是实践的存在物，人的价值在本质上是能创造价值的价值。一般来说，人们从生命价值、能力价值、道德价值、审美价值、个人价值与社会价值等多角度去把握人的价值（关于人的价值意义问题在下一讲还将展开讨论）。

其次是物质价值与精神价值。正如马克思所说，全部人类历史的第一个前提是有生命的个体的存在。有生命的保障就是物质生活。物质对于人而言无疑是有价值的。物质价值又称功利价值，体现的是对人的物质需要的满足，表现为效益和财富。生理需要、物质享受、经济利益、人身安全、生态条件等都属于此。物质价值的满足是人们从事社会、精神活动的基本前提。马克思主义哲学关于社会存在决定社会意识的唯物史观不过是从这一朴素的道理中生发出来的。精神价值是无形的价值，在现实中可以体现为对文化、艺术、科学、道德、宗教、哲学等方面需要的满足。知识价值（真）、道德价值（善）、审美价值（美）是精神价值的不同层次，利、真、善、美统一就达到了最高价值自由。从人之为人的角度看，精神价值的追求和满足显然要高于物质价值。作为现世智慧的哲学不可能直接提供或创造任何物质价值，它所能满足人们的恰恰是精神价值，并且是全部精神价值中最为精华的部分。

最后是工具价值和目的价值。在现实中，人们追求某种价值，往往不能直接达到目的，需要借助一些途径、中介。这些途径、中介本身也就具有了价值，成为人们追求满足的对象。作为目的而被追求的价值可以称为目的价值，具有终极性；作为手段而被追求的价值可以称为手段价值或工具价值，具有中介性。有一种观点认为，例如康德，认为人始终是目的，不能充当手段，既不能充当别人的手段，也不能充当自己的手段。另一种观点认为，例如萨特，个人总是倾向于把别人当作自己的手段，他因此借助戏剧发出了"他人是地狱"的警告。还有一种观点认为，任何价值，包括自然价值，都既有工具价值，又有目的价值。当然，如前所述，自然自身有无内在价值本身还是一个尚有争议的问题。有一种观点则认为，至少在社会与个人、个人与个人之间应该是工具价值与目的价值的统一。马克思的一段话对此做了精彩的说明：

"每个人为另一个人服务，目的是为自己服务；每一个人都把另一个人当作自己的手段互相利用。这两种情况在两个个人的意识中是这样出现的：(1) 每个人只有作为另一个人的手段才能达到自己的目的；(2) 每个人只有作为自我目的（自为的存在）才能成为另一个人的手段（为他的存在）；(3) 每个人是手段同时又是目的，而且只有成为手段才能达到自己的目的，只有把自己当作自我目的才能成为手段。"[①]

人人都追求价值，但不同的人在不同历史条件下的需要是不一样的，因而相对于大多数人认为真理是一元的而言，大多数人认为价值天然具有个体性、相对性、多样性。常言道：萝卜白菜，各有所爱！其实，当人们进行价值判断时总是依据着某个标准的。依照某个标准对价值进行认定就是人们的评价活动了。"我选择，我喜欢"表征自由的选择总是以评价为前提的。在生活中，人们总是自觉不自觉地进行着评价活动。现实的情况是，每个人的标准都是有着差异的：有些人注重物质，有些注重精神；有些人注重数量，有些人注重质量；有些人注重自我价值，有些人注重社会

[①] 《马克思恩格斯全集》第30卷，人民出版社1995年版，第198页。

价值；有些人注重人们活动的动机，有些人则注重行动的效果；有些人注重目前现实的标准，有些人注重长期的历史的标准；有些人则认为价值的标准就是良心，所谓"公道自在人心"……评价标准的差异其实是价值观差异的体现，价值观的差异就意味着价值冲突在根本上是不可避免的。人与人之间如此，社会组织之间，民族、国家之间也是如此。如何解决价值差异导致的价值冲突问题是价值论的重要内容。

二　哲学价值论的主要领域

哲学价值论在本质上与广义的实践哲学是等价的，人们实践活动的领域就是人们价值活动的领域，这些领域包括科学、经济、政治、文化、伦理、宗教、艺术等等。相应地，哲学价值论也涉及这些领域。在亚里士多德和沃尔夫的哲学学科划分中，实践哲学都包括政治学、伦理学、经济学等部分。鉴于历史传统和现实需要，我们将主要从伦理学、政治哲学、美学几个方面了解哲学价值论的具体领域及其话语体系。

价值论的伦理学传统

伦理学或道德哲学主要探讨与人的行为方式有关的那些价值问题。通俗地说，是为了探讨和解决如下一些价值问题：我们应当做什么？我们不应当做什么？我们应当怎样对待他人？我们应当如何生活？这些无疑都是人生在世的大问题。苏格拉底所说的"未经省察的人生是不值得度过的人生"其实也可以理解为，没有认真思考或领悟过以上这些道德哲学问题的人生是没有意义的人生。事实上，一个人可能终生也没有思考过诸如世界的本质之类的本体问题，但他一定在不同层次上多少思考过道德、伦理的问题，因为这些问题就如影相随地出现在人们的生活世界之中。从生活的逻辑来看，伦理道德的思考可能还要优先于其他的形而上学思考。法国当代哲学家列维纳斯（Emmanuel Levinas，1906—1995）甚至认为伦理学才是第一哲学。伦理学的哲学追问其实也可以归结为如下三个大的问题：什么是道德（what）？我们为什么要道德（why）？我们怎样做才称得上道德（how）？

在西方，道德（moral）与伦理（ethics）的原始含义既与风俗习惯有关，也与个人气质有关。在中国古代，伦理指人伦之理，即人际关系中的规范。"道""德"连用始于荀子，比之于伦理，道德更重个人的修养。《大学》所言"诚意、正心、修身"的"内圣"可划归道德，"齐家、治国、平天下"的"外王"则属于伦理。康德以后，西方哲学开始明确区分道德和伦理并被广泛接受，大致与中国哲学理解的一致：道德是关涉个人的内在法则，伦理则是关涉社会群体的外在规范。而在日常生活中，人们大都两者通用。与"什么是道德"密切相关的问题是"什么是善（good）""什么是恶（evil）"的问题。因为伦理学或道德哲学中最基本的问题就是善恶问题，伦理学和道德哲学的基本功用也就是帮助人们明辨善恶，追求善的价值。善是对人的行为或事件的肯定性评价，恶则是对人或事件的否定性评价。无论是西方哲学，还是中国哲学，围绕善恶展开的讨论几乎可以说是构成了伦理学的全部内容，人们也大致把善恶的划分与道德不道德的划分等价。

我们为什么应该做有道德的人呢？为什么道德自身是有价值的和值得追求的？这其实是伦理道德的正当性问题。对这一问题的回答是伦理、道德得以存在和发生作用的基础和根据。总的来说，主要有两种观点：一是神意论，认为"做有道德的人"是天、上帝、圣人的"立法"与旨意，人只能遵从。各种宗教的道德戒律和中国古代帝王"奉天承运"制定的金科玉律都属于此。二是人性论，认为道德正当性的根据就在人性之中。理性主义认为，人是理性的动物就决定了他追求"合理"的生活也即道德的生活，这是人生先验的"绝对命令"，代表人物有苏格拉底、康德。情感主义认为，人生来就具有的同情、怜悯、仁爱之心，不道德是不合乎人们的自然情感的，道德才是"合情"的。代表人物有孟子、休谟、卢梭。唯意志主义认为，道德不过是人的意志的表象，道德的正当性只有通过道德与意志的统一来证明，人有道德是因为道德"合意"，代表人物有尼采。总的看来，人性论的观点是主流，即使是神意论也必然涉及人性的问题。在道德正当性的追问中，中国哲学家的贡献尤为突出。他们认为，人之所以应该追求道德的根本原因是我们是人——人的本质是道德性的存在。理解了什么是人，也就理解了人的应该怎么做。孟子明确指出，"仁也者，人也。合而言之，道也。"（《孟子·尽心下》）认为人与仁合一，即道之所在。因此，在中国人眼里，与"做事"相对的是"做人"，并认为"做人"比"做事"更根本。

我们怎样做才是道德的呢？或者说，我们究竟应该如何判断行为的道德与否呢？在伦理学中大致有三种主要的回答：效果论、义务论和德性论。

效果论又叫目的论、功利论，认为人的行为道德与否关键看行为的结果是否有利于增进最大多数人的最大幸福或至少是达到不幸的最小化。也就是说，判断标准是最后的非道德的功利价值标准。用老百姓的话来说，道德不道德，关键看结果。边沁、穆勒等功利主义哲学家是效果论的典型鼓吹者。

义务论又叫责任论、原则论，认为人的行为道德与否不能从道德以外的价值来判断，道德是一种普遍的原则，遵守它乃是人的责任与义务，而无论遵守的结果是有利还是有害。中国古代哲学家董仲舒"正其义不谋其利，明其道不计其功"的说法很形象地阐述了一种原则论伦理观。形形色色的神意论，例如宗教的道德戒律都是义务论的。哲学上最著名的义务论者是康德。他在《实践理性批判》中提出了一条"纯粹实践理性的基本法则"：

>"要这样行动，使你的意志的准则在任何时候都能同时被视为一种普遍的立法的原则。"①

他认为，这种推己及人的以身作则是理性先天规定的基本道德规律。

在德性（arete/virtue，也作德行）论或存在论看来，效果论和义务论都太外在了。亚里士多德是西方德性伦理学的创立者②，按照他的观点，问题不在于"我应当怎么做"，而在于"我应当是什么样的人？""成为"一个有德者远比"做"道德的事更根本；"是（being）"比"做（doing）"优先。中国孔孟之说的基础乃是一种德性伦理学。德性论其实是要求人具有卓越品质、内在美德、高远境界。联系冯友兰所说哲学是使人成

---

① 《康德著作全集》第5卷，中国人民大学出版社2007年版，第33页。
② 德性是人所特有和能特有的品格、本性，亚里士多德将德性分为理智德性（intellectual virtues）和伦理德性（moral virtues），两者相成，是为完美德性。

为人的学问，我们可以说，这是真正的哲学境界。在此，德性与智慧同一了。

我们可以以对在公共场合吸烟者进行批评为例来理解上述观点的差异。效果论者认为，在公共场合吸烟使其他人因被动吸烟而身体遭受损害，所以吸烟的行为是不道德的；义务论者则认为，不能在公共场合吸烟是一条普遍规则，违反了规定就是不道德的；德性论者则认为，在公共场合吸烟这不是一个有德之人做的事，他的品质有问题，因而是不道德的。

价值论的政治哲学维度

人是社会的存在物，总是在一定的社会、国家中生活着的。人们的公共生活成为可能依赖于公共权力的运行，以公共权力运行为核心的公共生活技术（艺术）就是政治。政治哲学是对人们政治生活的规范性哲学反思，重在提出一种"应然"（ought）的构想，对现实的政治进行批判性的引导。因此，在本质上，政治哲学是一种价值学说。从价值哲学的角度看，政治哲学有两个核心的问题：什么样的政府是好政府？什么样的社会是好社会？

对于公共生活，有一种观点认为，根本就不需要一个凌驾于大众之上的公共权力运行机构，每个人的自由放任活动自然而然会导向美好的公共生活。这就是所谓的无政府主义的主张。但是，对于绝大多数人来说，人类历史也证明如此的是，社会生活得以可能就必须有政府来进行组织，或者说，社会总是要有一些人来进行所谓统治的，问题只在于我们想要哪种类型的统治或什么样的政府是我们所期待和愿意接受的。这就是政治合法性（legitimacy）的问题，政治合法性实质上是一种政治统治被认同的程度。

有些人从政府对社会干预的程度去考察政府的合法性，例如老子、杰斐逊、诺齐克（Robert Nozick，1938—2002），虽然都承认政府的必要性，但认为政府管得越少越好，管得最少的政府就是最好的政府。更多的人则是从民意的角度考察政治合法性。中国古代所谓"水能载舟，亦能覆舟""得民心者得天下"的训导都是获得和维护统治合法性的箴言。在哲学中，最早研究政治合法性的首推卢梭，他认为人民拥有的公意（general will）是政治合法性的唯一基础。霍布斯、卢梭、洛克等的社会契约论思想也奠定了现代宪法政治的基础。他们认为，人民与统治者之间是一种契约关系，根据契约，人民将一部分权力让渡给统治者，但统治者一方面必须保证人民的自由权利，另一方面必须对自己的权力进行节制和制衡，否则就是不合法的。迄今对统治合法性研究影响最大的是德国思想家马克斯·韦伯（Max Weber，1864—1920），他把合法性统治分为三种类型：传统型、魅力型和法理型。传统型认为合法性来自传统，如宗法、血缘、习惯、神授等；魅力型的合法性是民众崇拜和服膺政治领袖的超凡个人魅力；法理型的合法性是统治地位因法律而获得，政治权力因法律而保障。在现代社会，人们普遍地倾向于认为，一切公共权力都应该来自宪法并受到宪法的严格约束，这种合法性类型被称为宪政（constitutionalism）。其实，无论什么类型，最终要获得被统治者的认同是合法性（正当性）的关键。

被统治者认同统治的核心在于统治者能否保障一个美好社会的可能。

社会是人们生活的现实共同体，相对于政府，社会是恒常存在的基础，政府可以经常更换，而社会相对稳定。追求一个美好社会，这是自有人类以来就有的理想。西方有所谓对理想国、乌托邦的追求，中国古人有所谓对世外桃源、王道乐土、大同世界的向往。美好社会可以有很多特点，但正如亚里士多德指出的，政治学上的善就是正义（公正），诚却以正义为原则。当代政治哲学家罗尔斯（Rauls John，1921—2002）认为，政治哲学家们大多直觉地确信"正义是社会制度的首要价值（也有译作：首要美德——引者注），正像真理是思想体系的首要价值一样"[①]。"正义（justice）"一词，在中国最早见于《荀子》："不学问，无正义，以富利为隆，是俗人者也。"在西方，正义最初是从"置于直线之上的东西"这个意义引申出来的。柏拉图在《理想国》中对社会正义做了最早描述，他认为自制是欲望的德性，勇敢是激情的德性，智慧是理性的德性。同时，在一个国家中，民众代表着欲望，武士代表着激情，统治者代表着理性。若一个国家有了自制、勇敢、智慧这三种德性，即社会各阶层都能拥有各自的德性，也就有了正义。同时拥有自制、勇敢、智慧、正义这四种德性的国家就是理想的国家。可见，柏拉图的正义更多意味着社会各等级各司其职、和谐相处。在亚里士多德为事，正义以公共处益为依归，分为

[①] [美]罗尔斯：《正义论》，中国社会科学出版社1988年版，第1页。

普遍的正义和特殊的正义。普遍的正义是指农民与社会的关系,以守法为原则;特殊的正义是指公民个人之间的关系,体现各取所值的原则。特殊的正义又有三种形式:分配的正义、矫正的正义和回报的正义。在现代社会,正义通常分为两种情况,"报应的正义:确保恶人和做坏事的人得其应得。分配的正义:对物资、利益和社会责任的公平配置。"① 当然,在现实生活中,人们更为普遍关心的是分配的正义。尽管现代人们对正义的理解殊异,但给予每个人以其应得的东西的意愿乃是正义概念的一个重要的和普遍有效的组成部分。

自由和平等是正义最为基本和重要的两个方面。现代自由的传统一般认为是洛克奠定的,强调财产权、生命权、自由权及保护思想自由、信仰自由、崇尚法治的传统。平等传统则一般认为是从卢梭开始的,强调平等价值即同等的政治自由和公共生活的传统。一如英国哲学家伯林(Isaiah Berlin,1909—1997)的划分,自由自身又可以区分为消极自由和积极自由。所谓消极自由是免于限制的自由,积极自由则是主动创造、努力解放获得的自由。平等也可以区分为机会平等和结果平等。罗尔斯认为他自己概括了以往的正义、自由、平等的学说,提出了著名的正义的两大原则:

"第一原则:每个人对与其他人所拥有的最广泛的基本自由体系相容的类似自由体系都应有一种平等的权利。第二原则:社会的和经济的不平等应这样安排,使它们被合理地期望适合于每一个人的利益;并且依系于地位和职务向所有人开放。"②

这就意味着,所有社会价值——自由和机会、收入和财富、自尊的基础——都要平等地分配,除非对其中的一种价值或所有价值的一种不平等分配合乎每一个人的利益。其实,现实中人们对自由和平等的追求往往可能是相互冲突的,人们在追求正义社会的前提下,对自由、平等的含义及其各自的价值地位与制度安排的认识也总是不一致的。这也就形成了所谓

---

① [美] 罗伯特·所罗门:《大问题:简明哲学导论》,广西师范大学出版社2004年版,第310页。

② [美] 罗尔斯:《正义论》,中国社会科学出版社1988年版,第56页。

不同倾向的政治哲学，本质上是人们对"什么是好的社会"的不同回答。在现代的政治哲学中，主要有自由主义、保守主义、社会主义三种思潮。

自由主义（Liberalism）产生于18世纪的欧洲，是西方社会的主导政治哲学，经历了古典自由主义与新自由主义的发展，在价值理念上倡导个人主义、普遍主义、改良主义，在社会制度上崇尚保障个人的消极自由、私有财产，推行市场经济、代议制政府等。保守主义（Conservatism）在西方也是发端于自由主义（也有人称之为自治的自由主义），在价值观念上认为自由优先于平等，反对"全面的"与"激进的"变革，致力于维护现存的制度，注重社会发展的连续性，认为国家的政治、经济、社会生活，都应该以个人自由为最终目的，强调有限政府的原则。社会主义（Socialism）被认为是这样一种政治哲学：视整个社会为一个有机整体，崇尚积极自由和现实的平等，倾向于强调经济上的计划性、公有制，相信解放学说，认为激进的社会变革甚至是革命对于人的解放来说是不可避免的。当然，现实中的政治哲学思潮都有着众多的面相和衍生，彼此之间还相互批判、学习和促进，形成了色彩斑斓的多棱光谱。

关于"什么是好的政府""什么是好的社会"，争论永远在开放地进行着。人们以各自的理想标准——核心是价值标准——对现实的政治生活进行着不断的批判，引导着现实的政治不断完善。这正是政治哲学自身的价值所在。

价值论的美学视阈

爱美之心，人皆有之。我们在生活中经常会对遇到的事、物、人进行真理、善恶之外的审美评价，而参与各种艺术活动，如倾听音乐、观赏戏剧、欣赏美术等，更是最集中、最纯粹的审美活动了。而且，人们不仅追求美，还创造美。马克思曾经说：

> "动物只是按照它所属的那个种的尺度和需要来构造，而人却懂得按照任何一个种的尺度来进行生产，并且懂得处处都把内在的尺度运用于对象。因此，人也按照美的规律来构造。"[1]

---

[1] 《马克思恩格斯全集》第3卷，人民出版社2002年版，第274页。

因此，美无疑是有价值的，美是人类行为的重要原则。不少哲学家把审美看成人类价值心理的最高表现形式。尼采甚至认为，只有作为审美现象，世界才能被永恒地辩护。

人们都追求美，但美是什么呢？至今没有共识。庄子体认："天地有大美而不言"，苏格拉底感叹"美是难的"。在现实生活中人们也是"各美其美"。大致来说，关于"美是什么"或美的本质的看法可以归纳为三种重要的观点：主观论、客观论、主客统一论。主观论认为，美在于对象呈现了人的主观情感、观念、心理、欲望，美是由人的主观感觉、情感所创造的，柳宗元所谓"美不自美，因人而彰"，审美对象则不过是被移情了。诗人之谓"感时花溅泪，恨别鸟惊心"。俗谚之谓"美不美家乡水""情人眼里出西施"。这些都似乎确证了美是主观的。客观论则认为，美要么是对象的自然属性或规律，如事物的比例、秩序、和谐等等，要么是对象体现了一种独立于个人的客观理念与精神，例如柏拉图就认为美是一种理念，符合这一理念的才是美的。主客统一论又包含着两种观点：一种观点可以称为实践创造说或实践融贯说。主要以马克思为代表，认为美是人在主观见之于客观的实践过程中产生的，劳动实践创造了美，美是人的本质力量的对象化。另一种观点可以称为主客超越说或主客融合说。主要代表人物有庄子、王阳明、尼采、海德格尔，认为美是超越主客二分的，乃是一种天人合一、万物一体的境界。《传习录》记载，王阳明一次和朋友在山中游玩见到美丽的山花，因为王阳明主张"心外无物"，朋友就诘问他，花在深山自开自落，与我们的心有什么关系呢？王阳明作了如下著名的回答：

"你未看此花时，此花与汝心同归于寂。你来看此花时，则此花颜色一时明白起来。"

那么，什么是美的呢？或者怎样才是具有审美价值的呢？这无疑与对美的本质的不同理解有关，因此也难以定于一尊。不过，在长期的探索中，美学中逐渐形成了一些规范性的范畴和标准，达到这些标准的或者说合乎这些话语的就被认为是美的。或者说，人们倾向于用这些话语来表达什么是美的。

优美与壮美（崇高）。优美是最符合人们审美习惯的美，它呈现着美的自由的形式，在感性形式上往往以小巧、柔和、精致、轻盈、秀丽、曲线、匀称为特征，造成人们感官上的宁静和谐，情感上的平和愉快。壮美（崇高）呈现的是美的冲突、动态的一面，在外在形式上往往表现为数量与力量的庞大、粗犷，在社会实践中表现为矛盾、斗争的艰巨与挫折。壮美使人产生庄严肃穆的感觉和奋发向上、积极进取的力量。

悲剧与喜剧。悲剧是壮美的集中形态，它源于西方古代的悲剧艺术形式。亚里士多德、黑格尔、尼采、马克思等哲学家都很重视悲剧的审美价值。鲁迅先生曾经说，悲剧就是把有价值的东西撕毁给人看。恩格斯关于悲剧的著名论断是"历史的必然要求和这个要求的实际上不可能实现之间的冲突"①。悲剧所表现的是好人遭受厄运与不幸，善良受挫、正义失败、英雄牺牲，目的却在于激发人们崇高之壮美，净化和陶冶人的情操。与悲剧相反，喜剧则对矛盾冲突中陈旧、过时的生活方式进行揭露、批判、讽刺，用使人发笑的方式来愉快地和过去告别，体现历史的进步。鲁迅先生曾经说，喜剧就是把没有价值的东西撕毁给人看。同时，正是在悲剧、喜剧的冲突中，我们还看到了丑的审美价值——丑也是重要的审美范畴。

典型、意境与显隐。在西方，从亚里士多德开始，就讲究艺术创造一定要从特殊的感性事物中反映出普遍性的本质来，这就是所谓的艺术创造的典型说。用恩格斯的话来说，就是要塑造典型环境中的典型人物，实现共性与个性的统一。在中国，艺术创造自古以来讲究意境。意境注重的是人的心灵境界的呈现，讲究传神、有味以及言外之意、弦外之音、韵外之旨。与意境相关的是，古代中国的艺术创造（如书法、山水画）很推崇显（直接）与隐（间接）的统一，讲究朦胧、含蓄之美。海德格尔把哲学与艺术统一起来，讲求存在的诗意，认为诗意就在于有所隐蔽，隐蔽事实上是敞亮的途径。有人断定，海德格尔的思想代表着美学的发展方向，"美的定义是由普遍概念在感性事物中的显现转向为不出场的事物在出场

---

① 《马克思恩格斯选集》第 4 卷，人民出版社 1995 年版，第 560 页。

的事物中的显现"①。

当然,也有哲学家把美完全看成是个人的事情,所谓"一千个观众就有一千个不同的哈姆雷特"或"萝卜白菜,各有所爱"。休谟则被认为是哲学上主观经验主义美学的奠基人。现代社会,在艺术、美的旗帜下存在着各种形形色色、光怪陆离的"审美"现象,例如各种选美、选秀、人体艺术、行为艺术、"酷""炫"的衣着举止,等等,人们可能在这个被称为后现代的生活中模糊了美是什么和什么是美。前卫的艺术创造者对传统文化所认定的美与艺术的价值不断进行质疑甚至是颠覆。当代的美学家或艺术哲学家们也越来越领悟到美的不可定义性和审美价值的不可捉摸。维特根斯坦就认为,"美的"这个词不过是个形容词,它与感叹词"呵"一样没什么确定意义。艾耶尔更是认为审美判断就是一个情感判断,永远不会比表达"哇!""呸"这种情感的词有更多的意义。

毫无疑问,美是一种超越功利的价值。但人们追求美总是在具体的社会历史条件下进行的,它与人们求真向善的活动紧密地结合在一起。古希腊,从柏拉图开始就认为美是从属于真与善的。在柏拉图的理想国中,诗歌因不说真话而被禁止,艺术家也不许吹笛子,因为这会使人心性放荡。在中国古代则认为诗可言志,音乐有助于德行。儒家还明确主张"志于道、据于德、依于仁、游于艺"(《论语·述而》)。这些看似相反的观点却共同表明,他们都关注美与真、善的关系。康德凸现美的重要性,把它看成是沟通真与善的桥梁。席勒(Schiller,1759—1805)把美看成德行的象征,认为"审美的人才是完全的人"。尼采、海德格尔其实都倾向于用审美价值代替道德价值,前者强调把人生看成艺术品,后者追求诗意的栖居。更多的哲学家把真、善看成美的前提,美是比真、善更高的境界。例如,马克思把美看成是合规律与合目的的统一,美是一种自由的境界。

三 哲学价值论的前沿问题

哲学价值论或价值哲学存在的时间并不长,许多基本理论还有待廓清。但是,哲学价值论自身的特点就决定了它对时代和实践有着极强的敏

---

① 张世英:《哲学导论》,北京大学出版社2002年版,第151页。

锐性。21世纪，人类生活发生了翻天覆地的变化，面临着许多本质上关涉价值的问题，哲学价值论自身也积极地适应着这种变化。它从关注价值论的一般理论向问题意识转变，专注于如何把现实的价值问题上升为哲学的问题，并致力于使这些问题得到更好的解决。价值中立、风险与代价、个人主义与集体主义、价值共识、文化批判等问题成为当前哲学价值论的热点与前沿问题。

"价值中立"（德文 Wertfreiheit，英文 value neutrality 或 value free）问题最早可以追溯到英国哲学家大卫·休谟提出的"是"与"应该"的划分，他认为，事实判断与价值判断之间有着不可逾越的鸿沟，我们并不能简单地从"是"与"不是"推论出"应该"与"不应该"。康德进而将这种思想引入了学科划分，他认为科学（自然哲学）就在于认识"是什么"，而"应该怎样"的价值判断则是属于道德哲学的事情。孔德、斯宾塞所创立的实证主义认为科学的任务就在于描述和陈述客观事实，寻找客观规律，"实证"是科学唯一的也是最高的原则。按照实证主义原则建立起来的社会学被看成是以人和社会为研究对象的自然科学，其方法在本质上是与价值判断无关的经验实证与分析。在与强调价值因素的历史学派进行论争中，著名社会学家马克斯·韦伯明确地提出了"价值中立"说，并把它作为科学研究必须遵守的方法论规范原则（regulative principle），认为"一名科学工作者，在他表明自己的价值判断（value judgment）之时也就是事实充分理解的终结之时"[①]。后来的逻辑实证主义和技术统治论更加强化了韦伯的命题。

对于价值中立的问题，存在几个层面的争论。首先，从根本上存不存在价值无涉的客观认识、真理发现的事实？这一点已经为现代的科学哲学证明是不存在的。人们常说，科学无国界而科学家有国籍。科学哲学也表明，维系科学共同体（范式）的关键是一种共同的信念、传统、习惯，其核心便是价值观。其次，价值观念应不应该积极地干预科学研究？一些人认为，既然从根本上不可能是价值无涉的，那么价值观念的干预就是正常的。尼采明确地认为，"科学的全部目标和方法都是以哲学的意见为转移的，虽然它常常忘掉这一点。但是那获得控制的哲学也必须对科学的必

[①] [德] 马克斯·韦伯：《学术与政治》，生活·读书·新知三联书店1998年版，第38页。

要发展问题加以考虑：它必须决定价值。"① 另一些人则认为，尽管从终极的意义上不可能价值无涉，但科学研究过程本身要尽量避免政治化和道德化倾向，客观地研究事实，乃是一种真正的科学精神——苏联的李森科事件就是一个反面的明证②。近些年来，人们围绕克隆人、机器人、转基因等问题的争论的实质皆在于如何处理价值观念与科学研究的关系。再次，在现代社会中，作为科学研究方法论的价值中立原则正日益被泛化为一般性的价值原则，越来越多的人——他们未必进行科学研究——在一个价值冲突日益复杂的时代信奉着价值中立的观点。他们对身边发生的事情，越来越只注意事实真假的方面，而拒绝作出一种政治、道德意义上的判断，并认为这是一种成熟、理性、客观的表现。也就是说，社会中存在一种"非道德化""去道德化"的倾向。这样的态度是否合适？它对我们的社会将产生什么样的影响？我们应该如何应对？这都是需要进一步研究的问题。

随着社会的发展和价值论自身的发展，人们逐步发现，人们在创造价值时往往要付出一定的代价，例如经济的发展可能付出自然环境恶化、道德伦理滑坡的代价；社会的整体发展可能以牺牲某一部分人的利益为代价。那么，创造价值与付出代价是必然的关系还是或然的关系？换而言之，代价是可以避免的还是只能尽量减少的？如果代价是不可避免的，如何才能保证社会可持续发展？在付出代价时如何保证社会的公平正义？

代价问题随着所谓风险社会（risk society）的来临而显得更加突出了。由于科学技术、生产力、社会交往的极速发展，在我们这个时代，个人、国家和整个人类的生存、发展都与整个世界（自然、社会、人的统一）的存在状态紧密相连，拥有着丰富、密集的联系，但同时这也导入了一些先前年代所知之甚少或者全然不知的新的风险参量。风险意味着未来不确定性的极度增长。这种不确定性的本质是一种复杂性，不能用简单的线性因果关系对行为的结果进行预测——人们常用所谓"蝴蝶效应"来生动地说明。人类及其个体的任何一个选择与行动都是充满风险的决

---

① ［德］尼采：《哲学与真理》，上海社会科学院出版社 1993 年版，第 14 页。
② 20 世纪 40 年代，苏联由党中央和斯大林出面，认定生物遗传学中的李森科派为无产阶级的、进步的，符合辩证唯物主义的，以行政力量加以推广，而批判与之相对的派别是资产阶级的、反动的、唯心主义和形而上学的，禁止其传播，并对该派学者进行迫害。

策，而人类只要存在就必须不断地进行选择和行动。在一定意义上我们可以说，人类文明往前增长一分，风险就增加一分。以高度发达的科学技术为支撑的现代文明，不仅创造了人们便捷、舒适的生活，同时也将人们置于不可预见和驾驭的、高度复杂的风险之中。有人形象地说，当代的人们已经"生活在文明的火山上"。对于价值活动而言，高度复杂的风险就意味着代价的极度不确定。这样，风险意识与代价意识反思性地成为了现代人行动的前结构。也就是说，人类及其个体在进行任何行动之前，都应该或必须充分考虑这一行动的所造成的风险与代价。

个人主义和集体主义是人类社会中两相对立的价值观。个人主义（individualism）认为，单个的人具有至高无上的和内在的价值与尊严，集体只是满足、实现个人价值的手段。利己主义、新旧自由主义、无政府主义都持这样的价值观。集体主义（collectivism）则认为，集体是第一位的，个人利益要服从集体利益，个人只有在增进集体利益和价值中才能实现个人价值。尽管个人主义与集体主义的思想古来就有，但直至近代才被从完整的意义上提出来。传统上认为，个人主义价值观是资本主义社会的核心价值观，集体主义价值观是社会主义的核心价值观。但事实上存在着十分复杂的情况。

一方面，在资本主义社会内部存在着集体主义价值观的诉求。例如，欧洲在20世纪上半叶就存在着所谓法团主义（Corporatism），强调国家在社会生活中的决定性作用。这一思想一度与法西斯政权结合在一起。在美国，在批判自由主义的过程中，产生了所谓社群主义（Communitarianism，又译公共社团主义），认为社群和公共利益是最高的善，个人只有通过社群其生命才有意义，其生活才有价值。另一方面，在全球化、市场化的背景下，个人主义价值观在社会主义国家也成了不可避免的存在，不少人天然地拥有着个人主义价值观。当然，无论是个人主义，还是集体主义，都在对方的批判中作出了一些修正，各自向着对方迈出了一步。个人主义不得不承认公共利益，集体主义不得不承认个人的价值。问题在于，真理究竟在哪一边？或者关于这一问题根本就没有对错之分？人类的基本价值倾向就是这样的二元选择吗？有没有第三条道路？个人主义与集体主义最终会融合吗？

相对于真理，价值观总是多元的。不同民族、国家、阶级、阶层、团体、个人的价值观往往是不尽相同的。但是，一个社会为了达到自己的生存、发展的目的，总是要在差异、多元的价值观中追求一种价值共识。在当代社会，不仅每个民族、国家有着这样的追求，全球化的迅猛发展导致全球治理的必要也蕴涵着这样的要求。因此，是否可能以及如何在价值差异、多元的条件下达致一种价值共识，即解决价值的"多"与"一"的问题，成为了价值论研究的一个重要问题。目前的讨论主要集中于一种极端情况，即有着完全不同的语言、文化传统的现代民族—国家之间是否可能形成一种价值共识？如果对此极端状况的答复是肯定的，那么多元、差异下的价值共识也就是可能的。

对于价值共识是否可能的问题，多元主义（pluralisms）者，例如维特根斯坦、奎因、库恩、杜威、罗蒂、伯林，都倾向于认为，不同语言、文化、范式之间的共识，尤其是价值共识是不可能的。多元主义者对价值共识进行质疑的核心点在于各种文化之间的可通约性（commensurability），最终质疑的是能否有一种普遍适用的话语的合理性。更多的学者尽管同样看到达致价值共识的非常难度，但还是承认不同语言、文化传统之间是可能达成价值共识的。在追问价值共识何以可能时，有的认为要依靠意识形态的建构与渗透；有的认为应该像进行法律契约一样进行共同价值的契约；有的认为应该寻找不同价值观的重叠共识；有的认为价值共识是一个视阈融合的过程；有的则认为达致价值共识的关键在于构建合理的交往；还有的认为人们本有着价值共识，不过是被遗忘和遮蔽了，我们只要使之澄明就是了。当然，还有一些国家、宗教和政治团体，他们认为自己信奉的价值观乃是一种普世价值（universal value），让全世界的人们都接受这一普世价值是他们奋斗的重要目的。

价值注意的是存在的应然维度，具有理想性和超越的指向，因此，价值往往成为对现实进行批判的尺度。同时，价值观在文化中居于核心的位置，人们对社会现实的批判往往也容易成为一种广义的文化批判。20世纪以来，法兰克福学派对异化、大众文化、消费主义的批判，乃至整个现代人文主义思潮、后现代思潮对社会现实的批判都逐渐汇集到了文化批判之中。当然，正如罗蒂所言，这可能意味着"大写"的哲学的终结，一种后哲学文化论争时代的到来。现代市民社会和网络、传媒的发展及自由、民主的制度化，在公共权力（政府）与私人领域（社会）之间逐渐形成了人们社会生活的第三领域，即所谓公共领域（public sphere）。在公共领域中，人们通过公共媒体展现自己的观点，彼此交换意见，从而形成对一些问题的质疑或共识。理想的公共领域是一个向所有公民自由开放的，旨在形成公共舆论，体现公共理性精神的公开批判空间。成熟、健康的公共领域的发育与维继是现代社会成熟、健康的重要标志。不过，不少人指出，由于受到无孔不入的现代资本逻辑的操纵，当代的文化批判已经走向没落，只剩下了文化消费。或者说，有些看似热闹、深刻的文化批判本身成为了一种文化消费。当然，这本身又是一种文化批判的观点。

思考：

1. 在哲学与真理、哲学与价值的关系中，你认为何者更为根本？为什么？

2. 在道德效果论、道德义务论、道德德性论中，你更愿意接受和履践哪种？为什么？

3. 当今政府是如何促进自己的统治合法性的？评价其成功与不足之处。

4. 如何看待当代社会生活中的"后审美"（审丑）现象？

5. 存不存在普世价值？在价值多元的时代，如何才能达致一种价值共识？

第十一讲　人性论与人的哲学

西方一直流传着一个源自古希腊的神话：狮身人面的妖怪司芬克斯（Sphinx）盘踞在悬崖边上，让过往的行人猜同一个谜语，猜对的就放行，猜错的就被它吞食。这个谜语的谜面是：有一物，早上四条腿走路；中午两条腿走路；傍晚三条腿走路。谜底是人！其实，这个司芬克斯之谜是一个千古的文化之谜、哲学之谜。人生天地间，为了更好地在世，必须去把握世界和改变世界，但人们往往在把握世界和改变世界的过程中遗忘或迷失了自身，认识不清自己。正如卢梭所言："人类的各种知识中最有用而又最不完备的，就是关于'人'的知识。"① 在现代社会，我们的科学技术在宏观上可以把宇航员送上太空，向遥远的火星发射探测器；在微观上可以观测到量子，可以在纳米的层面进行工作。但是，我们却不能一劳永逸地回答"我是谁""我从哪里来""我到哪里去"这样的问题，而这些问题恰恰是哲学中最为根本的问题。"认识自我乃是哲学探究的最高目标——这看来是众所公认的。"② 甚至有不少人认为：哲学即人学。

一　走向人的自我理解

人是思想的动物，当人在世界中进行思考时，人、世界、人与世界的关系成为了人最原始的思想对象。无论人们思考的是世界，还是人与世界的关系，核心都在于人。或者说，当人们思考世界时，无论自觉与否，人都是在场的，并且是以人为目的的。回顾中外哲学的历史，我们会同意卡西尔的下述结论：

---

① ［法］卢梭：《论人类不平等的起源与基础》，商务印书馆1997年版，第62页。
② ［德］恩斯特·卡西尔：《人论》，上海译文出版社1985年版，第3页。

"在各种不同哲学流派之间的一切争论中,这个目标(认识人或自我——引者注)始终未被改变和动摇过:它已被证明是阿基米德点,是一切思潮的牢固而不可动摇的中心。"①

对人的哲学理解贯穿哲学史

与斯芬克斯之谜的隐喻一起作为西方文化及其哲学的核心启示的是,古希腊德尔菲城阿波罗神庙大门上镌刻着的箴言:认识你自己!这句箴言成为绝对命令与道德法则,也是哲学的合法性标准。卢梭更认为,这句箴言比伦理学家们的一切巨著都更重要、更深奥。在古希腊哲学早期关于宇宙的探索之时,就包含着对于人的起源、本质的猜想,例如,阿那克西曼德(Anaximandros,公元前610—前546)关于人是从鱼产生而来的猜想,毕达哥拉斯认为人的本质是灵魂的观点。人的主题在古希腊很快就被突出出来。赫拉克利特认为自己的全部哲学可以用一句话概括:"我已经寻找过我自己"。雅典大政治家伯里克利(Pericles,公元前495—前429)明确提出"人是第一重要的"的命题。普罗泰戈拉(Protagoras,公元前490—前420)则认为,"人是万物的尺度,是存在者存在的尺度,也是不存在者不存在的尺度"。人成为万物的中心与尺度,真正标志着古希腊哲学从自然哲学转向了人本哲学。伟大的哲学家苏格拉底认为自己所探索的唯一问题只是"人是什么",他对人之外的世界几乎不感兴趣。据说他一次偶然出城游玩,显得十分新奇,朋友就问他:"你从未出过城吗?"苏格拉底回答说:"因为我是一个好学的人,而田园草木不能让我学得什么,能让我学得一些东西的是居住在城市里的人民。"不少西方学者都认为,从苏格拉底开始,古希腊进入了人类学时期。

中世纪基督教用上帝创始的神话给予人以起源、本质的解释,总的来说,尽管奥古斯丁很早就提出"自我之谜"的问题,但是后续无人问津,因为哲学关注的焦点是上帝。不过,一方面,如费尔巴哈、马克思认为的那样,上帝本身不过是人的本质的异化,把人所能的和不能的都赋予了上

---

① [德] 恩斯特·卡西尔:《人论》,上海译文出版社1985年版,第3页。

帝，人们对上帝的研究就是间接地研究人；另一方面，在尊崇基督教教义的前提下，宗教哲学也给予人很高的地位。教父哲学家格里高利认为，上帝创造人的目的就是要他来统治万物，"最完美的在最后才出现"，人是上帝最后创造的，而且是按照上帝的形象创造的，所以人是万物中最完美的，也是最适合于做万物之王的。文艺复兴时期最为引人注目的是人文主义思潮的出现，人文主义思潮的共同点是，把焦点集中于人，而不是上帝；人要享受尘世的感性生活，而不是来世的天堂；以人性论反抗基督教神学，确认和讴歌人类在宇宙的独一无二的地位。彼得拉克甚至直接主张，哲学研究的主要对象应该是人。正如文德尔班所说的，文艺复兴时期的人文主义"共同因素是它们的世界观中的人类中心主义的性质，此性质是将哲学作为人生观和人生艺术（必然的）发展结果。"不仅如此，"文艺复兴时期各条战线的自然哲学在组织自己的问题时均以人类在宇宙中的地位为其出发点。"①

启蒙哲学时期，人，特别是人的理性特征和主体地位被极度地凸显出来。蒙田有句名言：世界上最重要的事情就是认识自我。近代哲学的真正奠基人笛卡儿那个众所周知的"我思故我在"的命题，以天赋理性的方式确认了人在宇宙中的主体地位，哲学发生了一种向主体的转向。法国和德国启蒙思想尽管有些反对的观点，但共同的精神实质是人本主义。赫德尔认为，"如果哲学想要成为对人们有益的哲学，它就应当把人作为自己的中心问题"。理想的哲学应该是"全部哲学成为人本学"。②康德明确地把"人是什么？"作为他思考的四大哲学主题之一——另外三个问题是：我可以认识什么？我应该做什么？我能够希望什么？康德哲学中一切都围绕"人"这个轴心旋转，他第一次全面地从哲学上论证了人在世界中的主宰地位和最高价值地位。他的所谓哥白尼式革命应该理解为把人作为世界的主体放到了哲学的聚光灯下。康德的著作《实用人类学》，按其内容而言，是哲学史上第一部专门的人学著作。费尔巴哈把人代替了神，"将人连同作为人的基础的自然当作哲学唯一的，普遍的，最高的对象"③。

---

① ［德］文德尔班：《哲学史教程》（下），商务印书馆1997年版，第477页。
② ［德］阿·符·古留加：《赫德尔》，上海人民出版社1985年版，第91、92页。
③ 《费尔巴哈哲学著作选集》（上），生活·读书·新知三联书店1962年版，第184页。

他非常鲜明地把自己的哲学称为"人本学"(Humanism,有时就翻译为人学)或"人类学"(Anthropology)。因此,有人将费尔巴哈看成是西方人学的真正奠基人。

现代西方哲学的人文主义思潮包括唯意志主义、生命哲学、现象学、存在主义、弗洛伊德主义、西方马克思主义、哲学人类学、解释学等流派,其共同特点是认为哲学要研究人本身,人成为哲学的唯一主题。在现代人文主义哲学思潮中,萨特值得重点提及。因为他明确提出了"人学本体论""人学辩证法""历史人学"等一系列思想,并强调要用他的作为一种人道主义的存在主义去弥补马克思主义哲学的"人学"空场。科学主义经过一段时间的发展后,也与人文主义开始融合,人的问题在其哲学中的地位逐渐突出。后现代主义表面上反对现代人文主义的一些"宏大""本质"的叙事,例如,福柯耸人听闻地宣称"人死了",不过是意欲开启对人的另一种哲学理解。

中国哲学的生命实践特征使得其一以贯之地把哲学的焦点放在人的现实生活和现实生活中的人,始终非常明确地贯彻"为天地立心,为生民立命"的使命。在最早的哲学著作《易经》中,世界分为三部分,所谓天地人三材(才)。什么是人?《说文解字》的解释是"人,天地之性最贵者也。"早在春秋战国时期,中国哲学就对人的地位、本质做了十分丰富多彩的探讨。《尚书》记载周武王说:"惟天地万物父母,惟人万物之灵。"人在宇宙独一无二的地位说得十分到位。《左传》更告诫我们:"天道远,人道迩。"要求我们把哲学的目光更多地集中于身边的人。老子认为,域中有四大,人居其一。孔子开创的儒家哲学的核心思想在于"仁",什么是仁呢?孔子说:"仁者,爱人";"仁者,人也"。我们也可以说,儒家思想乃是以"人"为主题的哲学。孟子更是认为,"万物皆备于我",尽心、知性便可知天。儒家"格物、致知、诚意、正心、修身、齐家、治国、平天下"的渐次境界都是在"自我"身上下功夫。荀子则这样突出人在宇宙中的地位:"水火有气而无生,草木有生而无知,禽兽有知而无义,人有气有生有知亦有义,故最为天下贵也。"(《荀子·王制》)春秋战国其他诸子百家,如道家、法家、墨家,都各有一套社会政治哲学,但都蕴涵着一种人性之说,是以其对人的不同哲学理解为前提的。

汉唐哲学的主旋律依然是儒家思想。董仲舒提出"天人感应"说，认为"仁"是"天心"，人受命于天，也禀有"仁义"，这正是人高于万物的地方："唯人独能为仁义"，故"天地之精所以生物者，莫贵于人。"（《春秋繁露·人副天数》）经董仲舒神化了的儒家思想成为以后近两千年的正统思想。道家王弼也明确提出"天地之性人为贵"的观点。但在道教产生以后，更多地追求长生不老，形成了道教独特的人学思想。佛教传入中国后，逐渐被中国化，尤其是产生了中国特色的禅宗，可以理解为佛教对中国民族性或人性的一种妥协。儒、释、道三家并立，中国百姓无论信奉何者，其实本质上都是接受一种人生哲学，或者说是一种人学。

宋明理学依然以人性论为基础，但其"存天理，灭人欲"的总体倾向事实上制造了一个中国的"中世纪"时期。从明朝中期开始，就逐渐形成了对理学的反叛，直至20世纪的五四新文化运动。这个漫长的反叛或启蒙运动乃是人性解放的过程。这一思潮出现的标志，首推王阳明。他发扬陆九渊"宇宙便是吾心"的思想，认为人心是宇宙本体，"人者，天地万物之心也；心者，天地万物之主也，心即天，言心，则天地万物皆举之矣。"（《王文成公全书》卷六）以主观唯心主义的方式重新确立了人在宇宙中的当然主体地位。近代哲学家则多受西方哲学中的人学思想影响，以之批判和改良中国传统哲学。康有为接受西方资产阶级的人道主义学说，称："人道者依人以为道"；谭嗣同用"天赋人权"思想改造孔孟的"性善论"；王国维受叔本华、尼采唯意志主义影响；章炳麟受西方无政府主义影响，片面发展了个人主义；孙中山、蔡元培皆以"自由、平等、博爱"为中心，阐述和倡导自己的"三民主义"或"人道主义"。

五四新文化运动把几千年的儒家文化定性为"吃人的礼教"，在"科学""民主"的旗帜下借助西方学说追求个性自由与解放。这是中国思想（当然包括人学思想）脱胎换骨的时期。马克思主义哲学在中国的最终胜利，也就意味着马克思主义人学在中国的胜利。在20世纪六七十年代，中国发生了"文化大革命"这样摧残人性的惨剧。从70年代末到80年代初，中国思想界掀起了一场声势浩大的关于人性、人道主义和社会主义异化问题的大讨论。正是在这场讨论中，现代西方人文主义哲学资源被广泛运用，马克思早期手稿被深度挖掘和诠释，哲学界对于现实的人的研究热情高涨，出现了很多人学研究著作。2002 年，经过近十年的筹备，中国人学学会（China Hominology Society）成立。在中国，人学作为一门正式的人文学科宣告诞生。

"人"是当代哲学的突出主题

如果说东、西方哲学史都贯穿着对人的哲学理解的话，在当代社会和哲学中，对人的自我理解则更为自觉与必须。这可以从哲学自身逻辑中心的转移和当代现实问题的焦点两个方面来理解。

从应该状态来说，哲学是一种人在世界中的现世的智慧。无论是本体论的追求、认识论的探索，还是历史哲学的研究、价值论的思考，其实都是为了获得人与世界关系上的贯通，最终是为了人在世界中安身立命。也就是说，哲学的出发点和归宿都是人。但是，当人们去进行具体的哲学研究时，总是不可避免地发生了目标置换，把本来是手段的部分、阶段当作了哲学的全部。各部分、阶段的哲学不得不在其自身的发展中重新去发现和接近"人"这一最终目的。

本体论的追求最早可以追溯到神话，正如卡西尔所言："在对宇宙的最早的神话学解释中，我们总是可以发现一个原始的人类学与一个原始的宇宙学比肩而立：世界的起源问题与人的起源问题难解难分地交织在一起。"① 不过，哲学诞生后，宇宙论及严格的本体论在相当长时间里都是与人无涉的。"本体"——无论是物质、精神，还是上帝，都是外在于人的客观存在。经由笛卡儿，黑格尔确认"实体即主体"，才将本体与人的主体性结合起来。现代哲学中存在主义促使本体论向生存论转向，马克思主义促使本体论向实践论转向，本体论才真正地与现实的人的存在状态即在世状态紧密地结合在一起。换言之，人们对终极的追求与对人的自我理解交织在了一起。

广义的认识论探索本来就是从认识人自身开始的。可是，当认识论发展到它的经典时期时，它所谓的认识主要指对自然的认识。罗蒂因此将认识论哲学称为"自然之镜"。而且，无论是经验论，还是唯理论，都在追求一种纯粹的认识。然而，在现代哲学中，科学哲学发现认识是以范式存

---

① ［德］恩斯特·卡西尔：《人论》，上海译文出版社 1985 年版，第 5 页。

在的，而范式的核心在于人们的信念、习惯与传统；语言哲学最终发现，语言是生活形式的一部分，语言的意义随人们交往的"语言游戏"（Language-game）而定；现象学最后则把科学、哲学还原到人们可以直观的生活世界；解释学强调成见在认识中的不可避免性，任何认识都是不同的视阈的融合……在现代哲学中，纯粹的认识论消失了，认识的历史、价值因素被着重凸显出来了，而从根本上说，是对作为认识主体（也可能是客体）的人的因素的突出。

历史哲学在其奠定之时与对人的理解也是一体的。例如，维柯开启历史哲学大门的"咒语"就是：人只能认识自己创造的东西，而历史是人创造的。但是，思辨的历史哲学把焦点放到人之外的历史客体上，忽视了人。批判和分析的历史哲学把焦点放在主体上，但更多是把主体理解为认识历史的主体，主题是研究认识历史的方法。存在主义特别是海德格尔对存在的历史性揭示使得历史哲学与人的哲学合而为一；马克思哲学认取历史不过是人的活动而已，在历史、人、实践的解释学循环中构建的唯物史观既可以称为一种实践哲学，也可以称为人学——现实的人及其历史发展的学说。

哲学价值论主要从主体的需要和客体能否以及如何满足主体需要的角度，考察和评价各种物质的、精神的现象及主体的行为对个人、社会的意义。从归根结底的意义上说，价值是人创造的，也是满足人的需要的，由人来享用的，离开了人，就无所谓价值。在各种价值中，人的价值是唯一可以创造价值的价值，无疑是哲学价值论的重点，对人的理解是进行价值论研究的前提和基础。可以说，哲学价值论的关键问题是对人的理解。

黑格尔曾经说：

> "哲学开端所采取的直接的观点，必须在哲学体系发挥的过程里，转变为终点，亦即成为最后的结论。当哲学达到这个终点时，也就是哲学重新达到其起点而回归到它自身之时。"[1]

现代哲学从整体上呈现出向生活世界回归，向人及其存在聚焦的趋

---

[1] [德] 黑格尔：《小逻辑》，商务印书馆2003年版，第59页。

势——似乎又回归到了哲学诞生时的情景。当然，这一趋势也与现代社会面临的现实问题不无关系，因为真正的哲学是时代精神的精华，是思想中把握的现实。"爱人者人恒爱之"。只有在内容上始终关注人们现实生活的哲学才可能真正受到人们的接受和喜爱。

现代社会的诸多现实问题纷繁复杂，归结起来主要表现在四个方面：自然环境问题、社会问题、人自身的问题、科学技术发展的问题。自然环境问题主要是指资源枯竭、环境污染、生态失衡等问题，人们往往称之自然环境危机。其实，自然界本无所谓危机，造成这些危机的是人，这些危机也是对人而言的，所谓危机也就是危及到了人的存在与发展。因此，自然环境危机本质上是人的存在危机，用马克思的话说，是狭隘的人与人的关系造成了狭隘的人与自然的关系。在当代人类社会的经济、政治、文化、军事各个领域都存在着各种各样的问题，如经济危机、政治腐败、文明冲突、恐怖主义威胁等。但是，社会在本质上是处于关系中的人自身，社会问题的根源在于人与人的关系。全球化与现代性的发展，促使现代人的活动方式发生了根本性的变革，个体的生存焦虑、自我认同危机、虚拟依赖、意义迷失等问题十分突出。这直接就是人自身的问题。而在世界的三部分——自然、社会、人——的问题中，迅猛发展的当代科学技术起着决定性的作用。科学技术是人们把握世界、改变世界最为现实的，甚至是第一位的力量。但是，科学技术自身是盲的，对于人类而言，它具有双刃剑的作用。科学技术究竟是拯救的力量还是毁灭的力量，关键取决于人。只有对人的深刻的自我理解才可能渐次解决这些现实问题，为人类争取一个好的可能、一个可以期待的未来。

尽管人们对于人学或对人的自我理解的重要性有着广泛的共识，但如何对这一学问进行学科定位却是莫衷一是。在西方哲学的传统中，对人的自我理解被称为人性（humanity）论，属于广义的形而上学中特殊形而上学的一部分。在近代的学科划分中，关于人的体质、语言、社会文化等具有很强科学性的研究逐渐从哲学中分离出来，成为独立的人类学（Anthropology）。但是，即使是在现代西方，很多学者仍然把人类学（尤其是其中的哲学人类学）、人性论和我们称之为人学的学问不加区分。中国人学学会将人学的英语译名确定为hominology（homonology），认为人学是整体地研究人及其存在、本质和发展一般规律的科学。有人认为，人学应该是跨学科的综合科学；甚至有人说，现代学术中哲学已经"终结"，人学代替哲学出场了。我们认为，人学本质上还是哲学，而且比之于将人学称为人类学、人的科学等说法，我们更愿意将人学定位于对人的自我理解或对人的哲学思考。人的哲学可以就是人学，但与科学保持一定的距离，强调反思、批判的哲学特质，打开的是关于人的问题的开放性空间，本质上是对人的哲学理解、解读，或对人进行整体性的哲学思考，目的在于领悟和了解人的整体存在图景，为人的发展与完善作出探索。

二　人性与人的本质

人是什么？这是人学最为核心的问题。对于这一个问题的回答事实上可分为三个层面：一是人的天性是什么？二是人与万物尤其是动物相区别的特性是什么？三是人之为人的内在根据是什么？这些都属于广义的人性论的内容，但就现代哲学的观点来看，第一、二层面的内容属于狭义的人性论内容。第一层面"人性"是与生俱来的属性，正如中国古代哲学家荀子的理解："生之所以然者谓之性"（《荀子·正名》），"凡性者，天之就也，不可学，不可事……不可学、不可事而在人者，谓之性。"（《荀子·性恶》）《中庸》也有云："天命之谓性。"在西方，这种意义上"人性"以 human nature 称之。第二层面的"人性"是侧重于人与动物区别的类特性，在西方以 humanity 称之。第三个层面事实上就是所谓的人的本质的问题，它是在追问人成为人的内在根据或本体，其对应的西文是 essence of human。不过，在长期的哲学历史中，这三个层面往往是交织在一起的，只是到了现代才有比较明晰的区分。

在相当长的时期内，中西方对"是什么人"的追问集中在第一个层面，此即传统的人性论。人生来是什么样的呢？他具有什么样的天赋秉性？长期以来，人们对这个问题的讨论又总是和道德判断交织在一起。各种不同的观点大致可以归纳为四类：人性善论、人性恶论、人性无善无恶论、人性有善有恶论。

中国哲学中孟子是人性善的主要代表。孟子认为，"人之性善也，犹水之就下也。人无有不善，水无有不下。""仁、义、礼、智，非由外铄我也，我固有之也。"（《孟子·告子上》）孟子的人性论思想成为中国古代人性论的主流。宋代编就的启蒙读物《三字经》开篇就说："人之初，性本善"。教育了无数代中国人。西方古希腊斯多葛学派认为人虽然有自利要求，但人天生具有理性，能把自身利益与他人利益按照理性的原则进行协调，从而取得和谐。十八世纪法国思想家卢梭则认为人性原来都是善的，天生具有同情心和利他倾向，处于自然状态的原始人都生活平等之中，快乐、天真而自由，只是由于历史发展与社会制度等原因才使人变恶了。

荀子旗帜鲜明地反对性善论而主张人性恶，他说："人之性恶，其善者伪也。"（《荀子·性恶》）"伪"是人为的意思，也就是说，荀子认为人性本恶，善是后天人为的结果。西方基督教的原罪说是一种典型的性恶论。它认为人类的祖先亚当和夏娃因违背了上帝的意愿而偷吃禁果，犯下了罪错，亚当和夏娃的子孙们，自从来到这个世界即负有深重的罪恶——"原罪"。因此，人要用忏悔和努力的工作以及服从某种禁忌、戒律等来赎罪。霍布斯则认为，人性是自私或利己的，趋利避害是人的本能。经济学（亚当·斯密）坚持自利的经济人假设，认为人总是追求自己的利益最大化。此外，奥古斯丁、马基雅维利、休谟、叔本华的人性论思想都可以归结到人性为恶的观点。

中国最早提出性无善无恶论的是与孟子同时代的告子，他认为，"性犹湍水也，决诸东方则东流，决诸西方则西流。人性之无分于善不善，犹水之无分于东西也。"（《孟子·告子上》）后世王安石、王阳明等皆持此观点。西方主张性无善无恶的，首推英国近代思想家洛克的人心白板说。该学说认为人之初，心都是空如白板，根本不存在善与恶的问题。善与恶的心理观念和道德品质，都是后天的因素造成的，尤其是教育因素造成的。杜威站在实用主义的立场上，认为善仅仅是能满足人们的需要的事物而已，是相对的价值判断，而人性都有发展成善的可能性，只要有适当的教育，人是能养成善良的品性的。

中国哲学中主张性兼善恶说的代表人物有周代的世硕，汉代的董仲舒、扬雄、王充，唐代的韩愈等。王充在《论衡·本性》中说："周人世硕，以为'人性有善有恶，举人之善性，养而致之则善长；恶性，养而致之则恶长'。如此，则情性各有阴职，善恶在所养焉。"董仲舒则有所谓性三品说，即人分善品、恶品、中品。西方哲学中柏拉图、亚里士多德的人性观也可以归纳到性兼善恶说。柏拉图认为人有欲望、激情和理性。当理性能驾驭欲望和激情情时，就能获得善。反之，就是恶。亚里士多德也认为人有理性和情欲，人生的目的在于用理性节制情欲于一个合理的状态，从而获得幸福。

在与生俱来的人性中，很多人都把人的自然属性看成是不同的人以及人与动物的共同属性。所谓人的自然属性，指的是人的生理构造和自然本能方面的属性。例如，饿了要吃饭、遇到威胁要躲避、性成熟了要找配偶等。中国战国时期的告子早就说："食色，性也"。但是，不少哲学家把人性理解为人与动物相区别的特质、基本属性。这就属于第二层含义上的"人性"（humanity）了。这些观点归结起来主要有两类，一类强调人的精神属性；一类强调人的社会属性。

把精神属性看成是人与动物的区别，或从精神属性角度来定义人、揭示人性，这是哲学史上最为常见的方式。所谓人的精神属性是指人是有意识的存在物，是有精神需要、精神能力以及精神生活的存在物，表现在人具有自我意识，能思维，有理性，具有情感、意志等非理性因素。从亚里士多德开始，西方大多数哲学家都认同"人是理性的动物"这一观念。近代启蒙运动，更是以高扬人的理性为旗帜，而且往往把理性与思维、思想等同。"人的全部尊严来自思想""人是会思想的苇草""我思故我在"都是"人是理性的动物"的另一种表述。中国古人把人看成万物之灵，尤其是王充把人看成是"万物之中有智慧者也"，这些思想比较接近西方把理性看作人性的思想。人们也把常把情感作为人性的标志，常言道：人非草木，孰能无情。康德、费尔巴哈等还比较明确地把人性归结为知、情、意的统一。在现代哲学中，还有些哲学家认为，人与动物的区别在于语言、符号。卡西尔就提出了"人是符号的动物"的命题。这些都是从精神属性的角度揭示人性。

社会是人类生活的共同体，人是社会的存在物。强调人性的社会属性，即突出人的群体性、交往性、合作性和归属性。在西方亚里士多德最早认为，人是天生的政治城邦动物，天生具有社会本能。中国古代人性论一般强调从道德规范的角度与动物区分，即人是讲究礼、义、廉、耻的。这些思想也可以归结为对人的社会属性的强调。中国古代思想家中，最早直接把社会属性看成人与动物的根本区别的是荀子，他认为，"人之所以为人者，非特以其二足而无毛也，以其有辨也……人道莫不有辨，辨莫大于分"（《荀子·非相》）①；又说，人与动物的差别在于，"人能群，彼不能群也。人何以能群？曰分。"（《荀子·王制》）也就是说，荀子看到了人与动物不同的合群、分工的根本特点。马克思主义十分强调人的社会属性，认为即使是人的精神属性，从根本上也从属于社会属性，因为人的思想、意识、情感、语言等都是在社会中形成并在社会中发生作用的。而且，人的自然属性也与动物的自然属性有着很大的区别，那就是人的自然属性也打上文化进而是社会属性的烙印。比如，同样是为了满足吃的欲望，与动物不同，人类发明了各式各样的食品、吃法和与之相应的礼仪。这些都是社会的产物，是人的社会属性的体现。

那么，人之为人的内在根据又是什么呢？这就是人性论的第三层含义了，这直接地是人的本质的问题。人的本质问题最早由费尔巴哈提出，在此之前，人的本质问题与人性问题是混同的。总的来看，长期以来，人们无非是把人的本质归结为理性与非理性的两个方面，前者是主流，后者有如尼采、伯格森、弗洛伊德等非理性主义思潮。不过在马克思看来，这些都是一种寻求人的固定不变的人的本质的观点，是形而上学的。在马克思看来，人根本就没有固定不变的本质。或许卡西尔的一段话是比较合乎马克思的思想的。他说：

"如果有什么关于人的本性或'本质'的定义的话，那么这种定义只能被理解为一种功能性的定义，而不能是一种实体性的定义。我们不能以任何构成人的形而上学本质的内在原则来给人下定义；我们也不能用可以靠经验的观察来确定的天生能力或本能来给人下定义。"②

在马克思关于人的本质的论述中，有两个著名的观点：一是人的本质在其现实性上是一切社会关系的总和；二是人是实践的类存在物。显然，

---

① 有意思的是，在荀子生活的一百多年前，古希腊的柏拉图曾经说人是两足无毛的动物；另一位哲学家第欧根尼相传曾把一只鸡的毛拔了，说这就是柏拉图的"人"！

② ［德］恩斯特·卡西尔：《人论》，上海译文出版社1985年版，第87页。

马克思并没有给我们一个明确的答案——人的本质到底是什么，而只是告诉我们应该以什么样的途径、方法去寻找人的本质，那就是在人的实现的社会关系和人的实践中去寻找。换而言之，要了解人的本质，除了了解他的现实的社会关系和实践活动之外没有别的可能。这同时也就意味着，人的本质是会随着现实的社会关系、实践方式及其水平的变化而变化着的，根本不存在不变的人性与人的本质。应该说，马克思关于人的本质的论述深刻揭示了人的存在的历史性，达到了目前所知的最高水平。

当然，有些哲学家，尤其是后现代哲学对人的本质问题本身就颇不以为然，认为人根本就没什么本质。法国哲学家福柯就认为，人的问题既不是人类知识中最古老的问题，也不是最持久的问题；我们所理解的那些对于人的规定性都是人们新近的发明，是一种自欺欺人。如今，这样的人已经如沙滩上的印记，完全被海水销蚀。他说：

> "人可能只是物之序中的某种裂缝，或者，无论如何，也只是一个构型，其轮廓是由他近来在知识中所占据的新位置所确定的。……想到人只是一个近来的发明，一个尚未具有 200 年的人物，一个人类知识中的简单褶痕，想到一旦人类知识发现一种新的形式，人就会消失，这是令人鼓舞的，并且是深切安慰的。"①

事实上，这样的观点只能合理地理解为：批判以往人们对人的本质的揭示之谬误，提醒了人本身是一种生成的存在，并没有固定不变的本质与人性。

三 自我及其认同

个体是一切社会关系的承担者，他分有了作为种类的"人"的特性。许多人并不一定自觉地以人类的立场去追问"人是什么"，但对于每个个体来说，可能都会不自觉地把这个问题转化为"我是谁"。换言之，"我

---

① [法] 福柯：《词与物——人文科学考古学》前言，上海三联书店 2001 年版，第 12—13 页。

是谁"是在个体层面追问的"人是什么",而"人是什么"是在类的层面追问的"我是谁"。这个问题又至少包含着三个层面的问题：有我吗？我是什么样的？我如何成为自我？

中国古代有个很有名的笑话：一个差役押解一个犯罪的和尚。某日住店，和尚灌醉差役，并将他的头剃光后逃走。差役醒来摸着自己的头惊叫："和尚还在，我上哪里去了？"其实，在生活中，我们也经常说，某某人"迷失了自我"，某某人"忘我"地工作；我们说话、写文章，往往动辄"我认为"。那么真的有"我"吗？这个问题看似荒谬，而在哲学中却十分严肃而重要。当然，大多数哲学家，尤其是张扬人的主体性的哲学家都主张有我，例如笛卡儿，他事实上是把思维着的我作为把握、改变世界的阿基米德点。自我总是与世界、他者（others）相对而言的。主张有我的哲学的极端情况就是所谓唯我论（solipsism），认为世界及他人都是我的表象或我的创造物。唯我论最典型的代表是19世纪德国哲学家施蒂纳的观点，他认为，"我"是宇宙的"唯一者"，是最高的存在，是世界的核心、万物的尺度、真理的标准。法国思想家蒙田对古希腊普罗泰戈拉"人是万物的尺度"的质疑也许是对唯我论最好的讽刺：普罗泰戈拉给我们编了一个令人难以置信的故事，把人当作万物的尺度，却从来不曾量量他自己。

哲学史上也有不少哲学家强调无我。佛教就认为自我根本就不存在，试图确立自我、灵魂、自己之类的观念，就会扰乱真实的东西，阻碍与佛同在。因此，了悟"诸法无我"，看清自我的虚幻性乃是觉悟的最高境界。中国古代哲学家庄子也主张"无己""丧我"，认为"天地与我并生，而万物与我为一"，自我消失在无差别的万物之中，"物我两忘"也成为道家追求的境界。英国经验论哲学家休谟以其怀疑论的思想指出，根本就没有自我，很多哲学家所谓的自我不过是一个由不同的知觉组成的复杂集合。人们根本就不能从经验上证明自我的存在。尼采则认为我们所描述的那些自我都不过是修辞的结果——如同后来福柯把人看成是一种发明一样。萨特认为，根本就没有既定的自我，自我存在的最大特点就是非实在性，即虚无。加缪（Albert Camus, 1913—1960）认为，即使有我，也不可能认识。"我对我的存在的确信和我企图提供给这种确信的内容之间存在着不可逾越的鸿沟。我对于我自身将永远是陌生的。"他还批判苏格拉底所谓"认识你自己"是一种无知,是"对伟大论题玩弄的贫乏的游戏"①。在当代哲学特别是后现代哲学思潮中,我们经常会看到一些否定自我、批判自我的观点。

如何看待有我与无我的争论?从本体或逻辑前提上看,在世是人的基本状态,也就是说,我们思考、言说一切都是以自我存在为前提的。从这样的角度看,佛教和道家主张的无我其实是一方面强调没有恒常不变的自我,另一方面强调超越小我以保持心灵自由、追求天人合一的境界。休谟、尼采、萨特、加缪等西方哲人的观点不过是为了让人从经验、语言、实体及各种关于自我的成见中解脱出来。总之,对现实自我的否定是以反思性自我的存在为前提的。无我论的贡献不仅在于以当头棒喝的方式使人摆脱"唯我论",走向一种博大的境界,而且告诉我们没有既定的自我,自我永远是一个形成中的自我,不断超越的自我。

我是什么样的?这首先是关于自我性质、特征、状态判断的问题。归结先贤们的论述,我们能认识到:(1)自我既是肉身性的存在也是意识性的存在。我们的肉身与生俱来,是自我的基础和保障。虽然在人的一生中肉身会发生一些变化,但离开肉身也就没有了自我。同时,每个个体都具有或强或弱的反身意识或自我意识(self-consciousness),自我(self)因此是自己意识到的存在。(2)自我既是历史性的存在也是同一性的存在。在现实中,不仅自我的肉身始终处于变化之中,自我的经验、经历也总是变化着的,具体的经验、经历相对于整个人生而言都只是一些片断,自我是一个不断构建的过程。所以有"士别三日当刮目相看"之说,有"重获新生"之谓。但是,这些变动又不是"无物常在"的,自我有相对于肉身、经验的超越的方面,使自己作为一种前后一贯的持续的存在。也正是在这个意义上,我们才说今日之我与昨日之我是同一个我。一如佛教所启示的:生命相似相续、非断非常。(3)自我既是社会性的存在也是私人性的存在。个体来到世间,就无往而不在社会之中。自我是在社会中获得经验,从而历史性地形成真实的或想象的自我意识。但是,任何一个个体自我的存在都是独特性的存在,始终存在着不可公度的、别人难以"进入"的私人世界,对于这种私人性的尊重与保障正是现代社会政治生

---

① [法]加缪:《西西弗的神话》,西苑出版社2003年版,第23页。

活的前提。

我是什么样的？其实还关涉自我的内在结构（马克斯·舍勒称之为"心灵秩序"）与真实自我的问题。在古希腊，从毕达哥拉斯开始就认为每个人都是由灵魂和肉体两部分组成，并把灵魂看成是不死的，可以轮回的。在此基础上，柏拉图认为灵魂是最真实的，而肉体只是理念世界的影像；灵魂本身又由三部分构成：理性、激情和欲望。亚里士多德认为灵魂是肉体的本质，肉体和灵魂不可分离。灵与肉的关系也就成为西方人性论长期讨论的焦点。在基督教文化中，人是上帝创造的，由灵（spirit）、魂（soul）、体（body）这三个元素构成。佛教则认为，人是色（物质）、受（感受）、想（表象）、行（意欲）、识（心识）五蕴因缘和合而成，五蕴各自内部又有着十分复杂的构成，仅仅识就可分为所谓"八识"，即眼识、耳识、鼻识、舌识、身识、意识、末那识、阿赖耶识。中国传统哲学则多从身、心的角度去理解个体的人。

随着西方近代哲学中人的主体地位的凸显，自我问题才真正成为哲学问题。笛卡儿通过"我思故我在"的巧妙论证至少达到了三个效果：一是明确把身体与意识（心灵），即身心关系，作为思考问题的平台。此后形成身心一元论与二元论的形而上学争论；二是突出了自我的问题，自我原来是理解世界的阿基米德点；三是把自我理解为思维着的自我，或者说，真实的自我是作为意识的自我。当然，对于思维、意识的理解也有很大的分歧。从柏拉图以来的西方主流思想都把思维、意识主要理解为理性思维；叔本华、尼采等则把自我本质理解为意志；而克尔凯郭尔把自我定义为激情。18世纪以降，人的意识活动区分为认知、情感、意志的观点逐渐得到公认，自我被普遍认为是知、情、意的统一。在现代哲学中，詹姆斯、弗洛伊德与米德对自我进行的分析最为著名，堪称经典。

美国实用主义哲学家詹姆斯（William James，1842—1910）可以说是现代自我概念的真正创始人，他把自我分为纯粹自我和经验自我。纯粹自我是主动的我、自知的我，比方说，我们在看到东西或思考问题时，我就是通过纯粹的自我知道我在看、在思考。可见，詹姆斯的纯粹自我近于我们一般所说的灵魂。当然，詹姆斯最突出的贡献是对经验自我的分析。在他看来，经验自我包括所有一切个人可以称为属于他的东西，又分为物质自我（material self）、社会自我（social self）和精神自我（spiritual self）。

物质自我的核心部分是身体,社会自我是一个人在别人心目中的形象,精神自我则是一个人内心的主观存在。

弗洛伊德(Sigmund Frend,1856—1939)认为,我们所谓的"我"其实是由"本我"(Id)、"自我"(Ego)、"超我"(Superego)三部分构成。本我是"利比多"(Libido,性欲)的原始的、生理的永恒冲动,属于无意识范围,是欲望的我,遵循着快乐原则;超我是后天社会规范(法律、宗教、道德)中的是非标准与价值判断所构成的下意识,即"良心",是仲裁的我,遵循道德原则;自我就是我们一般理解的意识的自我,它是思维的主体,对本我和超我起着调节的作用,是主宰的我,遵循现实原则。弗洛伊德认为,本我、自我、超我协调的人就是心理正常的人,发生自我认同危机、患有精神疾病的人,其根源就在于这三者的失调。

米德(Mead,George Herbert,1863—1931)发展了詹姆斯的自我理论,他认为自我的基本结构是"主我(I)"和"客我(me,也译作宾我)"。"'主我'是有机体对其他人的态度作出的反应;'客我'则是一个人自己采取的一组有组织的其他人的态度。其他人的态度构成了有组织的'客我',然后,一个人就作为'主我'对这种'客我'作出反应。"[①]也就是说,客我是自我采取的"一般化的他者"的立场的自我——作为他者的自我、对象性的自我,而主我则是对这种客我的反应。米德还认为,自我并不是一个实体,而是一个过程,自我的产生是一个社会过程。社会过程先于个体自我而存在,有什么样的社会过程就会有什么样的自我。社会变迁(重建)与自我变迁(重建)之间的关系具有相互性、内在性、有机性——它们是同一人类社会过程的两个侧面。

一个人对"我是谁"这个问题的回答就是人的自我认同(self-identity)问题,追问这个问题这是人成之为人的一种特质。具体来说,人总是要依据某种描述去确知自身当下的行为及其原因,如果受到质询,能够给出有关自己所从事的活动的本质及原因的解释,尽管有些是意识的、话语的,有些是无意识的实践智慧。借此,人从不同的侧面确定了自我,知道自己从哪里来,自己是谁,自己在世界处于一个什么样的位置,知道自

[①] [美]乔治·赫伯特·米德:《心灵、自我与社会》,华夏出版社1999年版,第189页。

己的独特性和这些独特性与整个世界的关系。清晰和确定的自我认同是人存在的重要保障和安身立命的根本要求。

自我认同中最为突出的是社会身份认同。每个人都有自己的特殊身份，这也是人与人相区别的重要方面，有些哲学家甚至把这种身份看成人（个人）的本质。在传统社会中，个人的身份基本上是被先验地给定了的，人只有努力去认同和实现这一身份。例如中国古代的儒家思想，其三纲五常之礼的修养，都可以看成是增进身份认同的手段，最终要使得名实相符。在现代社会中，固然有些身份依然是先验的，但更多的社会身份是取决于自己的努力。存在主义哲学家萨特的相关观点很值得注意。萨特认为，我们每个人来到这个世界，都是被"抛入"的。除此一原初状态之外我们是绝对自由的，我们的本质完全是由我们自己选择决定的。他因此提出了著名的"存在先于本质"的命题，认为每个人的本质是自我选择、自我设计、自我实现的结果。萨特的观点无疑有些绝对化，忽视了社会对自我的能动与制约的方面。但是，他确实提醒每一个现代人进行思考：我是谁？我想成为谁？我是否已成为我自己？当我们对这些问题进行成熟的思考以后就将发现：成为自我其实就意味着一种自我承担的责任。难怪萨特特别强调自由选择与担当责任的一致性。

四　人生意义与存在的勇气

人最基本的状态是在世，即活着。但是，人为什么要活着？为什么而活着？活着又是为了什么？应该怎样活着？这些是人存在的意义问题，是人的哲学也是全部哲学的最终落脚之处。哲学的最终目的是通过人与世界的关系的探讨，增益智慧以安排人生，即中国哲学之所谓"为生民立命"。人存在的意义问题也可以渐次分解为这样几个问题：人生有无意义？人生的意义在于什么？我们应该怎样才能实现人生意义。

人的一生有意义吗？大多数哲学家都肯定人生的意义。但也有不少哲学家认为，人生在世是谈不上什么积极意义的。在这些哲学家看来，人生在世，遭受着不断的艰辛、痛苦、灾难、罪恶，最终撒手人寰。轻轻地走了，正如轻轻地来。甚至，死亡乃是一件值得庆贺的事情。这种思想在中西方的怀疑论者，例如皮浪、庄子那里可以看到，在现代则主要是一些存在主义哲学家的观点。作为存在主义哲学先驱的叔本华把人生看成是不折不扣的痛苦悲剧。雅斯贝尔斯则认为，人生是由一种混乱转向另一种混乱，由一种贫穷转向另一种贫穷；它只有短暂的幸福的闪光。它从整个说来犹如一个被死水包围的孤岛，总有一天要被死水所淹没。诺尔曼·布朗（Norman O. Brown，1913—2002）甚至说，人是一种疾病，无药可救，全部人类文明都是神经病的产物。克尔凯戈尔、海德格尔都把存在的基本经验归结为烦、忧虑、孤寂。加缪、萨特在此基础上直接点出人生是荒谬的。

"起床，乘电车，在办公室或工厂工作四小时，午饭，又乘电车，四小时工作，吃饭，睡觉；星期一、二、三、四、五、六，总是一个节奏，在绝大部分时间里很容易沿循这条道路。一旦某一天，'为什么'的问题被提出来，一切就从这带点惊奇味道的厌倦开始了。"[1]

荒谬，归根结底是一种无意义感。

当然，我们也可以把那些认为人生无意义的哲学家的观点理解为是从一个相反的方向以极端的方式凸显了人生意义的重要性：人生本身无所谓意义，需要我们给予意义。或者，一如加缪所说，人生的价值和意义就在于证明人生并非荒谬。对于认为人生有意义的人来说，人生意义可能有不同的回答。但在古往今来的哲学家们看来，人生的意义最终可以归结为"幸福"二字。亚里士多德对此做过十分精彩的论述：

"我们把那些始终因其自身而从不因它物值得欲求的东西称为最完善的。与所有其他事物相比，幸福似乎最会被视为这样一种事物。因为，我们永远只是因它自身而从不因它物而选择它。""不仅如此，我们还认为幸福是所有善事物中最值得欲求的，不可与其他的善事物并列的东西。"[2]

---

[1] ［法］加缪：《西西弗的神话》，西苑出版社 2003 年版，第 15—16 页。
[2] ［古希腊］亚里士多德：《尼可马可伦理学》，商务印书馆 2003 年版，第 18、19 页。

也就是说，幸福是人类一切活动的最高、最终的目的。也许有人把幸福寄托于来世——例如一些宗教徒，但只要确认了对幸福这一最终目的的追求，人生的意义就开显出来了。

问题在于，人们对幸福的理解也是不一样的。不仅不同的人对幸福的理解不同，而且同一个人在不同的时间会因为自己的情感、需要、境界的变化而给出不同的理解。中国古人讲究"五福"：长寿、富贵、康宁、好德、善终。古希腊的圣贤梭伦认为幸福应该包括五个要素：中等财富、没有疾病、心情舒畅、有好儿孙、寿终正寝。看来中西方的理解既有差异也有不少相通之处。在哲学史上，哲学家们关于幸福的不同观点大致可以归结为快乐主义幸福观和道德主义幸福观两类。

快乐主义幸福观认为，幸福和人生的意义在于趋利避害、趋乐避苦。增加利益、享受快乐就是幸福的。古希腊哲学家伊壁鸠鲁就认为，快乐是幸福生活的开始和目的。我们的一切取舍都从快乐出发，快乐乃是至善。而且，肉体的快乐和器官的满足是一切快乐的基础，没有感性的快乐就不会有其他一切快乐或幸福。英国经验论哲学家洛克也把幸福理解为快乐，认为爱慕、欲望、欢乐、希望等是快乐的情感。功利主义哲学家边沁、穆勒则阐明他们的功利主义幸福观：功利主义原则就是增加幸福的原则，而幸福就是指快乐和免除痛苦。弗洛伊德则认为，我们所说的幸福产生于被深深压抑的那些需要的满足。在欧洲中世纪曾经经历了一个相当长的禁欲时期，而西方文艺复兴运动一个重要鹄的就是反对中世纪的禁欲主义，很多哲学家颂扬世俗的情欲之爱、肉体之欢。比之于禁欲主义，快乐主义无疑具有极大的解放意义。但是也容易矫枉过正地走向享乐主义、纵欲主义。文艺复兴时期的爱拉斯谟（Desiderius Erasmus，1466—1536）就认为，人生的目的就在于寻欢作乐，最幸福也是最快乐的生活就是没有节制的生活。中国古代的杨朱曾经这样说：人生"十年亦死，百年亦死，仁圣亦死，凶愚亦死……腐骨一也，孰知其异？且趣当生，奚遑死后？"（《列子·杨朱》）应该说，在当代社会，及时行乐的物质享受主义幸福观有着很大的市场。

在西方，很早就有哲学家反对功利主义、快乐主义的幸福观。赫拉克利特曾经尖刻地说：如果幸福在于肉体的快感，那么就应当说，牛找到草料吃的时候是幸福的。德谟克利特也曾说过：幸福不在于占有畜群，也不在于占有黄金，它的居处在我们的灵魂之中。苏格拉底、柏拉图、亚里士多德事实上奠定了西方道德主义的幸福观。亚里士多德承认人是追求快乐的，但认为只有最为平庸的人才会把快乐和幸福等同。真正的幸福乃是至善，"是灵魂的合德性的实现活动，如果有不止一种德性，就是合乎那种最好、最完善的德性的实现活动。"① 中国以孔子为代表的儒家认为只有修德才能得福，孔子特别赞赏他的学生颜回"一箪食，一瓢饮，住陋巷，人不堪其忧，回也不改其乐。"因为儒家认为"仁者无忧。"（《论语·雍也》）各种宗教教义也是持这种道德主义幸福观。其中有一种极端的观点则认为，只有限制甚至消灭自己的物质欲望，才能获得真正的幸福。这其实就是一种所谓禁欲主义。大多数的宗教都倡导禁欲、苦行，例如中世纪的基督教和印度的诸多宗教。在西方哲学中，首开禁欲主义幸福观的是毕达哥拉斯，他认为物质欲望越少，灵魂就越能净化。柏拉图强调用理性节制情欲，甚至对那些可以激起情欲的诗歌都要禁止。《圣经》甚至教导说："智慧人的心，在医丧之家；愚昧人的心，在快乐之家。"（《圣经·旧约·传道书》第7章）深受宗教思想影响的叔本华说："最高尚的〔人物〕或是在漫长的斗争和痛苦之后，最后永远放弃了他们前此热烈追求的目的，永远放弃了人生一切的享乐；或是自愿的，乐于为之而放弃这一切。"② 在中国哲学中，宋代理学"存天理、灭人欲""饿死事小、失节事大"的思想也可归于禁欲主义。

就哲学的本真精神而言，享乐主义和禁欲主义都不是幸福的合理选项。人生的幸福首先当然是体现在个体的生命安顿上。就个体而言，知情意、感性与理性、身与心的安顿是缺一不可的。其实，即便是持快乐主义幸福观的伊壁鸠鲁也认为，幸福不仅仅在感性、肉体的快乐，同时达到肉体的无痛苦与灵魂的无纷扰才是真正的幸福。肉体的无痛苦需要借助物质生产、科学技术的进步来解决，而灵魂的无纷扰则需要一种思想的功夫、智慧的境界。难怪包括亚里士多德在内的很多哲学家都认为，从事哲学思考、追求智慧是最幸福的事情。不过，个体的生命安顿从来都是在社会中

---

① ［古希腊］亚里士多德：《尼可马可伦理学》，商务印书馆2003年版，第20页。
② ［德］叔本华：《作为意志和表象的世界》，商务印书馆1982年版，第351页。

获得的，因此个人的幸福必然与社会、他人有着勾连。离开了个人与社会的良好互动，个人就无所谓幸福可言。当然，一个良好的社会必然把增进每个个体的福祉作为根本目标，而个体也应该在增进全体社会成员的福祉中获得幸福。人们常说："人生的意义在于奉献"，只有从这样的角度看才是可以理解的。

其实，不仅灵魂的宁静需要智慧，在追求幸福的全过程中，如何很好地处理肉体快乐与灵魂宁静的关系，功利追求与遵守道德的关系，个人幸福与他人幸福、群体幸福乃至人类幸福的关系，等等，都需要"极高明而道中庸"的智慧。佛教中把佛陀尊称为"二足尊"，意思是佛陀是具有圆满的幸福和圆满的智慧的人。的确，在真正领悟到幸福的真谛的人看来，幸福、德性、智慧是同在的。自古以来，在哲学家眼中，幸福（eu-daimonia, wellbeing）就是一种理想的、好的存在状态，是人的本质得到圆满实现的状态。人们存在的意义乃是为了更好的存在[①]。幸福乃是生命意义的自澄明。

人为什么要追求幸福？或者，人为什么要思考人生的意义？回到原点，这起于人对自己在世状态的省悟与反思。正如我们在第一讲中说的，人一旦对自己的在世状态进行反思，就将领悟到自己是有限性的存在，但人会借助自己思想与实践的力量试图去超越自己实存的有限状态，而努力达到价值意义上的伟大与不朽。换言之，人是在命定的有限性中开掘生命的丰富可能性，从而使得生命富于价值、充满意义。在此意义上，幸福不在于终点，而在于过程。幸福生活往往是在追求幸福生活的过程中度过的生活。

人在各方面都是有限的，但作为个体的人都有一个共同的大限，那就是人注定有一死。这是确定无疑的。因此，人生可以说是立基于这一确定大限的无限可能性。也就是说，在终极的意义上，人生的意义是来自于对死的领悟与反思。凡俗的人很少能洞明到这一点，哲学就当然地承担了这一任务。从苏格拉底开始，很多哲学家都确认，真正从事哲学就是学习死

[①] 康德说："幸福是我们一切偏好的满足（既在广度上就满足的杂多性而言，也在深度上就程度而言，还在绵延上就存续而言）。"（《康德著作全集》第3卷，中国人民大学出版社2004年版，第514页）

亡，学习处于死的状态。加缪则认为，

> "真正严肃的哲学问题只有一个：自杀。判断生活是否值得经历，这本身就是在回答哲学的根本问题。其他问题……都是次要的，不过是些游戏而已"①。

弗洛伊德也认为，人总有一种死亡冲动，而全部生活的目的就是死亡。海德格尔认为，当人一出生，他就立即老得足以死去了。也就是人从出生那天起就向着死亡迈进。人只有自由地去就死，才能赋予存在以至高无上的目标。在中国传统哲学中，也特别强调参透生死方得人生的大智慧。在佛教看来，三千繁华，弹指刹那，烟云散尽，不过一捧黄沙，了悟生死才能大彻大悟。用雅斯贝尔斯的话来说，哲学"要求采取高傲的人生态度，这种态度虽然并不'盼望'死亡，但把死亡当做一种一直渗透到当前现在里来的势力而坦然承受下来"②。归根结底，人生幸福并不能从自然意义上超越死亡，人生意义的真谛在此乃是向死而生，生而幸福。

推而广之，哲学意义上的死亡不仅仅指自然生命终结的那个端点与时刻，而且还指那些终我一生一直在威胁着我们，试图使我们丧失本真的存在状态，成为非存在的那些东西。例如焦虑、空虚、无聊、罪过、孤独、荒谬等等。这种意义上的死亡威胁并不是病态的，而是现实的存在。无论这些威胁是否会变成一种现实的灾难，我们一生中每天都或多或少、这样或那样地面对这些威胁。它们是我们日常生活中的一部分，是我们存在的真实和不间断的一部分。面对这种危险，极度追求享乐、放纵只能证明威胁是多么深重，并且还会放大它的程度和加速它的进程。依照弗洛伊德的理论，快乐原则的背后隐藏着的是人的死亡冲动。当今时代极致地追求娱乐的氛围，被美国学者尼尔·波兹曼从文化精神的高度判定之"娱乐至死"（Amusing Ourselves to Death）。

面对非存在的危险，我们应该像梯利希（Paul Tillich, 1886—1965）启示的一样，鼓足勇气去生存，而不顾这些非存在的威胁。存在的勇气包

---

① [法]加缪：《西西弗的神话》，西苑出版社2003年版，第4页。
② [德]卡尔·雅斯贝尔斯：《生存哲学》，上海译文出版社2005年版，第73页。

括个性的勇气和参与的勇气,而拥有最大的勇气是既作为一个个人同时又作为一个参与者而存在。简单地说,你所做的一切不只是对你来说是重要的,在某种更大的意义上,它本身就是很重要的。这种勇气的源泉来自基础存在或自在存在、最纯粹意义上的"上帝"——信仰。在现实生活中,人们在被追问人生的意义的时候也许都能列举出人生的众多理由或意义。但是,为什么生活中有不少人最终会迷失人生的意义呢?原因在于,生活中具体的理由、意义太过于狭小,甚至是自相矛盾的,当然也是脆弱的。因此,生存的勇气需要一种终极性的意义,它能把生活中的各种小意义统领起来,或者说能在这些小意义遭受倾覆时始终保有一个坚实的根基。基于自由意志而服膺信仰,我们才能获得一种本体性的安全、存在的勇气。信仰照耀和意义牵引下的生活,才可能是最好的生活。

不过,正如罗蒂指出的:

"对知识分子而言,'哲学'变成了宗教的替用品。它们成为这样一个文化领域,在这里人们可以脚踏根基,在这里人们可以找到用以说明和辩护他作为一名知识分子的活动的语汇和信念,从而可以发现其生命的意义。"[①]

哲学智慧不仅包含着对人生的系统反思,它更从一种超越、终极的意义上观照、牵引着人生。对于从事哲学学习、研究的人而言,无论自己是否拥有独特的信仰背景,通过哲学的学习、研究与领悟发现自己人生的意义,这正是哲学的大用所在。在哲学的学习和研究中,当我们读得更多、思考得更多、交流得更多,甚至写作得更多的时候,我们就成为拥有特质的人,我们就"改造"了我们自己。正是在自我的不断生成与自觉努力中,人生的意义得以逐渐澄明。当然,关于人生意义的讨论一经开启,就永远也不会终结。但是,从踏入哲学殿堂的那一刻起,我们其实就有了自己的信念:相信思想与智慧的力量!在切近人生问题的诸多方式中,哲学无疑是不可或缺的,甚或是最好的。

---

① [美]理查德·罗蒂:《哲学和自然之镜》,商务印书馆2003年版,第2页。

思考：

1. 结合哲学史和当代社会现实问题，思考为什么说"人"是哲学的阿基米德点？
2. 如何理解"human nature""humanity""essence of human"之间的差别？
3. 应该如何理解哲学家福柯所说的"人死了"的含义？
4. 如何理解"向死而生"？
5. 思考幸福与快乐、德性、智慧的关系。
6. 结合中国的现实，思考应该如何看待信仰问题。

主要参考书目

《大问题：简明哲学导论》，罗伯特·所罗门，广西师范大学出版社2004年版。

《哲学要义》，叶秀山，世界图书出版公司2006年版。

《哲学与人生》，傅佩荣，东方出版社2005年版。

《哲学导论》，张世英，北京大学出版社2002年版。

《哲学通论》，孙正聿，辽宁人民出版社2000年版。

《哲学导论》，孙正聿，中国人民大学出版社2000年版。

《哲学导论》，王德峰，上海人民出版社2000年版。

《哲学引论》，曾志，中国广播电视大学出版社2003年版。

《哲学概论》，邬昆如，中国人民大学出版社2005年版。

《哲学概论》，罗伯特·保罗·沃尔夫，广西师范大学出版社2005年版。

《哲学概论》，沈清松，贵州人民出版社2004年版。

《哲学概论》，张天飞、童世骏，华东师范大学出版社1999年版。

《思想的力量：哲学导论》，布鲁克·诺埃尔·穆尔、肯尼思·布鲁德，上海社会科学院出版社2009年版。

《哲学导论——智慧的典范》，道格拉斯·索希奥，北京师范大学出版社2014年版。

《智慧之路》，雅斯贝尔斯，中国国际广播出版社1988年版。

《大哲学家》，雅斯贝尔斯，社会科学文献出版社2005年版。

《苏菲的世界》，乔斯坦·贾德，作家出版社1996年版。

《哲学的故事》，布莱恩·麦基，生活·读书·新知三联书店2002年版。

《你的第一本哲学书》，托马斯·内格尔，当代中国出版社2005

年版。

《图解哲学入门》，大成信哉，台湾究竟出版社2004年版。

《思想的功夫》，赵汀阳，生活·读书·新知三联书店（中国香港）有限公司2001年版。

《哲学是什么》，胡军，北京大学出版社2002年版。

《中国大百科全书·哲学》第1、2卷，中国大百科全书出版社1985年版。

《中国哲学简史》，冯友兰，新世界出版社2004年版。

《东西文化及其哲学》，梁漱溟，商务印书馆2005年版。

《印度哲学》，德·恰托巴底亚耶，商务印书馆1980年版。

《哲学问题源流论》，劳思光，香港中文大学出版社2001年版。

《西方哲学智慧》，张志伟、欧阳谦，中国人民大学出版社2000年版。

《中国哲学智慧》，向世陵，中国人民大学出版社2000年版。

《哲学史讲演录》第1—4卷，黑格尔，商务印书馆1997年版。

《西方的智慧》（上、下），罗素，文化艺术出版社1997年版。

《西方哲学史》（上、下），罗素，商务印书馆2005年版。

《西方哲学史》，梯利、伍德，商务印书馆2006年版。

《哲学教程》（上、下），文德尔班，商务印书馆1997年版。

《西方现代思想史》，罗兰·斯特龙伯格，中央编译出版社2005年版。

《二十世纪哲学经典文本·欧洲大陆（哲学卷）》，复旦大学出版社1999年版。

《全球通史——1500年以前的世界》，斯塔夫里阿诺斯，上海社会科学院出版社1988年版。

《全球通史——1500年以后的世界》，斯塔夫里阿诺斯，上海社会科学院出版社1999年版。

《老子注释及评价》，陈鼓应，中华书局2001年版。

《论语译注》，杨伯峻，中华书局2004年版。

《理想国》，柏拉图，商务印书馆1996年版。

《斐多》，柏拉图，中国国际广播出版社2006年版。

《形而上学》，亚里士多德，商务印书馆 1996 年版。
《尼可马可伦理学》，亚里士多德，商务印书馆 2006 年版。
《思想录》，帕斯卡尔，商务印书馆 1997 年版。
《新科学》，维柯，人民文学出版社 1986 年版。
《实践理性批判》，康德，商务印书馆 2005 年版。
《历史理性批判文集》，康德，商务印书馆 1997 年版。
《小逻辑》，黑格尔，商务印书馆 2003 年版。
《历史哲学》，黑格尔，上海书店 1999 年版。
《马克思恩格斯选集》1—4 卷，人民出版社 1995 年版。
《哲学与真理》，尼采，上海社会科学院出版社 1993 年版。
《生存哲学》，卡尔·雅斯贝斯，上海译文出版社 2005 年版。
《人文科学导论》，韦尔海姆·狄尔泰，华夏出版社 2004 年版。
《人论》，恩斯特·卡西尔，上海译文出版社 1985 年版。
《形而上学导论》，海德格尔，商务印书馆 2005 年版。
《林中路》，海德格尔，上海译文出版社 1997 年版。
《存在与时间》，海德格尔，生活·读书·新知三联书店 1987 年版。
《西西弗的神话》，加缪，西苑出版社 2003 年版。
《历史的观念》，柯林武德，商务印书馆 1997 年版。
《正义论》，罗尔斯，中国社会科学出版社 1988 年版。
《历史哲学导论》，沃尔什，广西师范大学出版社 2001 年版。
《哲学和自然之镜》，理查德·罗蒂，商务印书馆 2003 年版。

中外重要哲学家简介

1. 泰勒士（Thales，约公元前624—前550），古希腊最早的哲学家，米利都学派的创始人。他提出的"水是万物的本原"被认为是西方第一个哲学命题。

2. 毕达哥拉斯（Pythagoras，约公元前580—前500），古希腊哲学家，毕达哥拉斯学派的创始人。提出数是万物的本原，认为世界上所有事物都是和谐的，相信灵魂不朽和轮回。

3. 老子（公元前571—前471），姓李名耳，字聃，中国春秋时期思想家，道家学派的创始人。其学核心观念是"道"，主张天道无为和无为而无不为。留有五千字的《道德经》，也叫《老子》。

4. 释迦牟尼（Sākyamuni，公元前565—前486），本名乔达摩·悉达多，印度佛教创始人。生前并无著作，死后其言行由弟子记录整理汇编为经、律、论三藏。主要学说有四谛说、缘起说、无常说、无我论、业报轮回论和涅槃论。

5. 孔子（公元前551—前479），名丘，字仲尼，中国春秋末期思想家、教育家，儒家学派的创始人。其学以仁为核心，以孝悌为仁之本，崇尚忠恕之道；政治上提出正名的主张，提倡德治和教化；教育上主张有教无类、因材施教。曾经修订六经，主要思想保存于其弟子编撰的《论语》中。

6. 赫拉克利特（Heraclitus，约公元前535—前475），古希腊哲学家，爱菲斯学派的代表人物。他认为火是万物的本原，宇宙是一团永恒燃烧的活火；万物皆流，无物常在；火的燃烧、万物变化都有一定的尺度即logos。著有《论自然》一书，现有残篇留存。

7. 巴门尼德（Parmenides，约公元前515—前450），古希腊哲学家，爱利亚派的哲学思想的主要代表人物。认为存在是永恒不变的，我们的感官只能认识变化的现象，获得是意见；思想才能把握不变的存在，获得真理。著有哲学诗《论自然》一书。

8. 苏格拉底（Socrates，约公元前469—前399），古希腊哲学家、教育家，被视为西方哲学的奠基人。从他开始将哲学对象从自然界转向人类，提出了"认识你自己""美德即知识"等重要哲学命题。其生平事迹和思想主要记载在他学生著作中。

9. 墨子（约公元前468—前376），名翟，中国春秋末战国初思想家、教育家，墨家学派创始人。思想学说收录在《墨子》中，主要包括兼爱非攻、天志明鬼、尚同尚贤、节用等理论。

10. 柏拉图（Platon，公元前427—前347），古希腊哲学家，苏格拉底的学生。提出理念论，认为理念是一，万物是对理念的分有，并指出灵魂是不死的，一切学习都是在回忆。著作多为对话录形式，主要有《巴门尼德》、《理想国》、《斐多》等。

11. 第欧根尼（Diogenes，约公元前404—前323），古希腊哲学家，犬儒学派代表人物。他认为除了自然的需要必须满足外，其他的任何东西，包括社会生活和文化生活，都是不自然的、无足轻重的。他揭露大多数传统标准和信条的虚伪性，号召人们回归简朴自然的生活。

12. 亚里士多德（Aristotle，公元前384—前322），古希腊哲学家、科学家、教育家，柏拉图的学生，百科全书式思想家。他否定柏拉图的"理念论"，认为具体的单个事物是独立存在的第一实体；肯定认识来源于感觉；提出形式、质料、动力、目的的"四因说"；创立形式逻辑。著有《工具篇》、《物理学》、《形而上学》、《伦理学》、《政治学》等。

13. 孟子（约公元前372—前289），名轲，字子舆，中国战国时期思想家，儒家的主要代表之一，继承和发展孔子思想，有"亚圣"之称，与孔子并称"孔孟"。他持性善论；强调法先王、行仁政和王道；提出"民贵君轻"说；主张尽心知性知天；倡导舍生取义。其思想主要体现在弟子编撰的《孟子》中。

14. 庄子（约公元前369—前286），名周，字子休，中国战国中期著名思想家、文学家，道家思想主要代表人物，与老子并称"老庄"。认为道是无限的、"自本自根""无所不在"；道法自然就是要达到"天地与我并生，万物与我齐一"的境界，追求"无待"的逍遥与自由。著有

《庄子》。

15. 伊壁鸠鲁（Epicurus，公元前 341—前 270），古希腊哲学家、唯物论者，伊壁鸠鲁学派创始人。他发展了德谟克利特的原子论；认为幸福就是快乐，快乐乃是人生的至善，但他又认为真正的幸福在于肉体健康和内心宁静。论著甚丰，但仅存题为《格言集》和《学说要点》的残篇。

16. 荀子（公元前 313—前 238），名况，号卿，中国战国末期思想家、教育家，儒家学派重要代表人物。他提出性恶论，相信人定胜天，主张礼法兼治，坚持"正名"之说，强调"学"的重要性。现存《荀子》三十二篇。

17. 董仲舒（公元前 179—前 104），中国西汉思想家、经学大师。他根据《公羊春秋传》，以儒家宗法思想为中心，杂以阴阳五行说，把神权、君权、父权、夫权贯串在一起，形成大一统思想；提出"天人感应"学说；把人性分为上、中、下三品；明确"三纲五常"的封建伦理。著有《春秋繁露》、《天人三策》等。

18. 司马迁（公元前 145—前 90），字子长，中国西汉史学家、文学家、思想家。首次廓清了中国学术（哲学）"通古今之变，究天人之际"的格局与任务。还认为谋利是人的天性，社会发展即人们对"利"的追求，经济生活水平提升就会导致社会道德提高。著有中国最早的纪传体通史《史记》。

19. 奥古斯丁（Aurelius Augustin，354—430），罗马帝国基督教思想家，教父哲学的重要代表。他将教父们制定的基本信条全面系统化、理论化。主要有"三位一体"说、"创世"说、"原罪"说、"天国报应"说和"教权至上"说。著有《忏悔录》、《论自由意志》、《论三位一体》、《上帝之城》等。

20. 慧能（638—713），即惠能，俗姓卢，中国唐代僧人，中国禅宗的实际创始人。他以"菩提本无树，明镜亦非台，本来无一物，何处惹尘埃"的著名诗偈表达了对佛理的体会；弘扬"直指人心，见性成佛"的思想。其说教在死后由弟子汇编成书，称《六祖坛经》。

21. 张载（1020—1077），字子厚，世称横渠先生，中国北宋哲学家，理学创始人之一。讲学关中，故其学派称为"关学"。他以"为天地立心，为生民立命，为往圣继绝学，为万世开太平"四句话高度概括了儒家的宏愿和中国传统哲学的抱负；他批判佛、道两家关于"空""无"的观点，肯定"气"是充塞宇宙的实体，并认为气是永恒的、不生不灭的。著有《正蒙》、《经学理窟》、《易说》等，后世编有《张子全书》、《张载集》。

22. 安瑟伦（Anselm, Canterbury, 1033—1109），中世纪意大利神学家、哲学家，极端唯实论重要代表，人称"最后一个教父和第一个经院哲学家"。他提出了关于上帝存在的本体论证明；认为信仰高于理性。著有《论真理》、《独白》、《上帝为何化身为人》等。

23. 朱熹（1130—1200），字元晦、仲晦，号晦庵，别称紫阳，中国南宋哲学家、教育家，儒家理学之集大成者。建立唯心论的理气二元论体系，认为理、气不离，但理在气先，理是世界本体。其学承程颐、程颢一脉，世称程朱理学。著述颇丰，有《四书章句集注》、《周易本义》、《诗集传》、《楚辞集注》以及后人编撰的《晦庵先生公文集》和《朱子语类》等多种。其中《四书章句集注》后成为钦定的教科书和科举考试的标准。

24. 陆九渊（1139—1193），字子静，号象山先生，世称存斋先生，中国南宋哲学家，"心学"创始人。以"心"为构成宇宙万物本原，提出"心即理"的命题，强调"宇宙便是吾心，吾心便是宇宙"，认为万物都包罗在我心中。其学由王守仁继承发展，世称"陆王学派"。著作经后人编为《象山先生全集》、《陆九渊集》。

25. 托马斯·阿奎那（Thomas Aquinas, 1225—1274），中世纪意大利神学家、经院哲学之集大成者。倡导自然神学，认为哲学应为神学服务，哲学是神学的奴仆；保存、修改和评注亚里士多德哲学，提出著名的关于上帝存在的五个证明。其思想为天主教长期提供了哲学依据。著有《反异教大全》、《神学大全》等。

26. 王守仁（1472—1529），字伯安，谥文成，世称阳明先生，中国明代哲学家、教育家、军事家。发展陆九渊的心学，与之并称陆王心学。认为"心外无理、心外无物、心外无事"，整个自然界以及人类社会一切事物都是"心"的表现；提出"知行合一"说。著作由门人辑成《王文成公全书》，其中在哲学上最为重要的是《传习录》和《大学问》。

27. 马丁·路德（Martin Luther, 1483—1546），日耳曼人，欧洲宗教

改革运动的发动者，基督教新教路德宗的创始人。提出"因信称义"说，认为信徒人人可以通过信仰与上帝相通，无须神父的中介。著有《九十五条纲领》、《致德意志基督教贵族公开信》、《教会的巴比伦之囚》、《论基督教的自由》等。

28. 培根（Francis Bacon, 1561—1626），英国哲学家、科学家。他最早表达了近代科学观，阐述了科学的目的、性质，发展科学的正确途径，首次总结出科学实验的经验方法——归纳法，开创了研究感性自然的经验哲学的新时代；提出了认识的四假象（种族假象、洞穴假象、市场假象、剧场假象）说。著有《论学术的进展》和《新工具》等。

29. 霍布斯（Thomas Hobbes, 1588—1679），英国经验主义哲学家、政治家。认为宇宙是所有机械地运动着的广延物体的总和，一切知识和观念起源于感觉经验；人性趋利避害，自我保存是个人最基本的自然权利；提出著名的"社会契约论"思想以解释国家和社会的起源。著有《论公民》、《利维坦》、《论物体》、《论人性》等。

30. 笛卡儿（René Descartes, 1596—1650），法国数学家、物理学家、哲学家，被称为西方现代哲学的奠基人。认为人类应该可以使用数学的方法也就是理性来进行哲学思考，创立了一整套理性主义哲学体系，提出著名的"我思故我在"命题，主张心物二元论。著有《方法谈》、《第一哲学的沉思》、《哲学原理》等。

31. 王夫之（1619—1692），字而农，号姜斋，又称船山先生，中国明清之际思想家。他承宋代张载之学，认为宇宙是由"气"构成的物质实体，"气"和客观规律"理"两者不可分离，总结和发展了中国传统的朴素辩证法和唯物论。著有《周易外传》、《尚书引义》、《张子正蒙注》、《思问录》、《老子衍》、《庄子通》等。

32. 帕斯卡尔（Blaise Pascal, 1623—1662），法国数学家、物理学家、哲学家。继承理性主义传统，对于人性、人生、社会、哲学和宗教等问题进行了深入的探讨，尤其是对人的理性能力问题的探讨影响深远。哲学思想集中体现在《思想录》一书中。

33. 斯宾诺莎（Baruch de Spinoza, 1632—1677），荷兰哲学家，唯理论主要代表之一。他认为实体是唯一不变的无限的存在，没有超自然的上帝存在，实体本身就是上帝。坚持彻底的决定论，认为世界上发生的每件事都是必然的。著有《神学政治论》、《伦理学》、《知性改进论》等。

34. 洛克（John Locke, 1632—1704），英国哲学家，经验论主要代表之一。他发展了培根的哲学体系，提出著名的"白板"说，认为一切知识起源于感觉经验，在政治上提出了分权理论。著有《人类理智论》、《政府论》、《论宽容》等。

35. 莱布尼茨（Gottfried Wilhelm Leibniz, 1646—1716），德国哲学家、数学家，唯理论的主要代表之一。他提出了单子论，以单子作为构成万物的基础，说明事物的运动变化，以无限的单子序列和单子序列变化的前定和谐说明事物运动发展的连续性和变化的规律性；认为人类推理可以归约为运算，相信我们所在的世界是可能世界中最好的世界。著有《单子论》、《人类理智新论》。

36. 维柯（Giovanni Battista Vico, 1668—1744），意大利哲学家、历史学家、美学家和法学家，西方历史哲学的奠基人。他认为，由于人的意志决定行动，因而人类自己创造历史，人类也能正确地认识历史，找出历史的规律性，使历史成为一种"新科学"。其代表作是《新科学》。

37. 贝克莱（George Berkeley, 1685—1753），英国哲学家、基督教主教，经验论中主观唯心主义的重要代表。提出"存在就是被感知"，并认为物质是虚无，我们所感知到的一切都是上帝力量的作用。代表作有《视觉新论》、《人类知识原理》、《论运动》等。

38. 孟德斯鸠（Baron de Montesquieu, 1689—1755），法国启蒙思想家、社会学家、资产阶级国家与法学理论的奠基人。他提倡政府的行政、立法及司法三权分立和互相制衡，以此作为保证个人自由的手段。他同时也是有名的"地理环境决定论"者。著有《波斯人信札》、《论法的精神》等。

39. 伏尔泰（本名弗兰苏阿，马利·阿鲁埃，伏尔泰是笔名）（Voltaire, 1694—1778），法国启蒙思想家。信奉自然权利说，主张在法律面前人人平等，但又认为财产权利的不平等是不可避免的；承认物质世界的客观存在，肯定认识源于感觉经验；崇尚理性，主张开明君主政治。著有《哲学通信》、《形而上学论》等。

40. 休谟（David Hume, 1711—1776），英国哲学家，不可知论哲学代表。他从怀疑论出发，认为实体是否存在是不可知的，因果联系只是一种"习惯性联想";提出著名的"休谟问题"即"是(is)"和"应该(ought)"的关系问题。代表作有《人性论》、《人类理智研究》等。

41. 卢梭(Jean-Jacques Rousseau, 1712—1778),法国启蒙思想家、教育家,自然神论者。认为人性本善,私有制是人类不平等的根源,主张社会契约论,强调人民主权和公意,反对专制与暴政,崇尚回归自然。著有《人类不平等的起源和基础》、《社会契约论》、《爱弥儿》、《忏悔录》等。

42. 康德(Immanuel Kant, 1724—1804),德国启蒙思想家,德国古典哲学奠基人。他综合唯理论、经验论的矛盾,构建了全新的先验哲学体系,认为人只能认识现象,而不能认识"自在之物",人的认识是天赋理性与后天经验的综合;道德与否取决于动机而不是效果,提出永恒不变的道德原则,即绝对命令;要真正能做到有道德,必须假定上帝的存在。著有《纯粹理性批判》、《实践理性批判》、《判断力批判》和《道德形而上学原理》等。

43. 赫尔德(Johann Gottfried Herder, 1744—1803),德国哲学家、诗人。他继承并发展维科的历史哲学思想,认为历史发展遵循一定的规律,时间、空间和民族特性决定着历史的面貌,历史进化的目的是人道的实现,也就是理性和正义的实现。主要著作有《批评之林》、《论语言的起源》和未完成稿《关于人类历史哲学的思想》等。

44. 黑格尔(Georg Wilhelm Friedrich Hegel, 1770—1831),德国古典哲学集大成者,辩证法大师,创立了迄今最庞大的唯心主义哲学体系。他认为绝对精神是世界本原,绝对精神经过逻辑学、自然哲学、精神哲学三个阶段的自我发展,整个世界充满矛盾,按照辩证法原则处于不断运动、变化、发展中。在庞大的哲学体系中,黑格尔几乎对所有的哲学问题都有独到和影响深远的见解。著作主要有《精神现象学》、《逻辑学》、《历史哲学》和《哲学全书》。

45. 叔本华(Arthur Schopenhauer, 1788—1860),德国哲学家,黑格尔哲学的激烈反对者,唯意志主义的创始人。认为"世界是我的意志和表象",归根结底意志是世界的本质,人生一切活动都受生存意志的支配,欲望因条件所限不能满足,因此人生是痛苦的;他认为我们所在的世界是可能世界中最坏的世界。著有《论充足理由律的四重根》、《作为意志和表象的世界》等。

46. 孔德（Auguste Comte，1798—1857），法国哲学家，实证主义的奠基者、社会学的创立者。反对神学和形而上学，将自然科学实证方式引入社会科学，认为哲学不是抽象的推理而应以实证的事实即经验事实和经验现象为依据。倡导建立人道宗教。著有《实证哲学教程》、《实证主义概论》等。

47. 费尔巴哈（Ludwig Andreas Feuerbach，1804—1872），德国唯物主义和人本主义哲学家。批判黑格尔哲学，肯定人是自然的产物，是思维和存在、理性与感性的统一体，对宗教别是基督教的本质进行探讨，指出上帝是人按照自己的本质幻想出来的。著有《黑格尔哲学批判》、《基督教的本质》、《未来哲学原理》等。

48. 马克思（Karl Marx，1818—1883），德国哲学家和革命家，马克思主义哲学的创始人。一般认为，他的理论和学说主要由哲学、政治经济学和科学社会主义三部分构成。实践性是马克思主义哲学最突出的特征，在实践的基础上实现了彻底的唯物论和辩证法的统一，实现了历史观领域的伟大变革，创立了历史唯物主义。著有《资本论》、《共产党宣言》、《德意志意识形态》、《1844年经济学哲学手稿》、《法兰西内战》、《政治经济学批判》等。

49. 恩格斯（Friedrich Engels，1820—1895），德国马克思主义哲学家、革命家，他作为马克思的合作者，阐发了马克思主义理论体系，提出了哲学的基本问题，批判了唯心论和不可知论，论证了唯物史观的基本原理，创立了自然辩证法，发展了马克思主义哲学。著有《反杜林论》、《自然辩证法》、《家庭、私有制和国家的起源》、《路德维希·费尔巴哈与德国古典哲学的终结》等。

50. 斯宾塞（Herbert Spencer，1820—1903），英国实证主义哲学家，被称为"社会达尔文主义之父"。他认为以进化论为基础的综合哲学，可以解释一切自然现象和社会现象，并主张不可知论，只能认识现象而不能认识实在。著有《第一原理》、《社会学原理》、《伦理学原理》等。

51. 狄尔泰（Wilhelm Dilthey，1833—1911），德国哲学家、历史学家，生命哲学创立者，解释学重要代表。认为只有生命才是哲学研究的对象，生命是世界的本原，万事万物都是生命冲动的外化或客观化；生命的经验和意义才使历史成为可能；与自然科学方法不同，人文社会科学的方法是理解和解释。著有《精神科学导论》、《黑格尔青年时代的历史》等。

52. 尼采（Friedrich Wilhelm Nietzsche，1844—1900），德国唯意志主义哲学家、诗人。明确反对苏格拉底以来的理性主义哲学传统，认为自然和社会进化的决定力量是非理性的意志，历史的进程就是意志实现其自身的过程。主张彻底的虚无主义，强调重估一切价值。认为强力意志是人生的最高的价值尺度，提出建构理想人生的"超人"哲学。著有《权力意志》《悲剧的诞生》《查拉图斯特拉如是说》等。

53. 弗洛伊德（Sigmund Frend，1856—1939），奥地利心理学家、精神病医师，精神分析学派创始人。提出了人格的本我、自我、超我学说，认为存在于无意识中的性本能是人的心理的基本动力，是支配个人命运，决定社会发展的力量。著有《梦的解析》、《日常生活心理病理学》、《精神分析引论》、《图腾与禁忌》等。

54. 胡塞尔（Edmund Gustav Albrecht Husserl，1859—1938），德国哲学家，现象学之父。提出现象学还原方法，强调悬置判断，排除一切经验，以达到"纯粹意识"或"先验意识"，使知识的客观性或确定性建立在纯主观性的基础上。著有《算术哲学》、《逻辑研究》、《作为严格科学的哲学》、《纯粹现象学和现象学哲学的观念》、《欧洲科学的危机与先验现象学》等。

55. 杜威（John Dewey，1859—1952），美国实用主义哲学家、教育学家、伦理学家和社会活动家。建立了"经验的自然主义"或工具主义，认为哲学的任务不在于给自然界提供某种解释，而应当探究解决人的问题的方法；宣扬多元论的唯心史观和"新人性论"。著作有《哲学的改造》、《经验与自然》、《确定性的追求》、《知与所知》。

56. 泰戈尔（Rabindranath Tagore，1861—1941），印度作家、诗人、哲学家。继承印度古代梵我合一思想，更加突出人的作用，承认自然界和人类社会存在着相互对立和矛盾的现象，但矛盾是暂时、相对的，统一和谐才是永恒、绝对的，主张通过"泛爱"调和社会的各种矛盾。著有《人生的亲证》、《人格》、《创造的统一》、《人的宗教》、《国家主义》、《文明的危机》等。

57. 辨喜即维韦卡南达（Swami Vivekananda，1863—1902），辨喜是法号，印度哲学家、印度教改革家，新吠檀多派的首倡者。他认为世界的最高本质是"梵"（宇宙理性），物质世界和精神世界是平行关系，而且都起源于梵；主张以印度教为基础建立人类宗教，号召印度各种力量应在"印度精神"的基础上统一起来。著有《业瑜伽》、《主瑜伽》、《智瑜伽》、《吠檀多哲学》、《理性与宗教》等。

58. 马克斯·韦伯（Max Weber，1864—1920），德国社会学家、历史学家、哲学家。他反对以实证主义方式研究社会，开创了现代社会学，主张探寻经济生活发展变化背后的精神驱动力量特别是宗教伦理；对官僚制度、统治合法性问题进行了开创性研究。著有《学术与政治》、《新教伦理与资本主义精神》、《儒教与道教》等。

59. 章炳麟（1869—1936），初名学乘，字枚叔，别号太炎，中国思想家、革命家、国学大师。早期哲学具有唯物论倾向，认为"以太"是构成万物的基本物质；后期受佛教思想影响，强调"万法唯一"和"自贵在心"。著述极丰，有《章氏丛书》、《章氏丛书续编》、《章氏丛书三编》等，后世编有《章太炎全集》。

60. 伯特兰·罗素（Bertrand Russell，1872—1970），英国哲学家、数学家、逻辑学家，逻辑原子主义创立者，现代分析哲学创始人之一。他认为世界与语言是逻辑同构的，所以可以通过语言和逻辑的分析达到对世界的了解，哲学问题也就转变为了逻辑符号分析的问题。在数理逻辑中提出了著名的"罗素悖论"。著有《西方哲学史》、《我的哲学发展》、《幸福之路》、《自由之路》、《哲学问题》、《数学原理》等。

61. 梁启超（1873—1929），字卓如，号任公，又号饮冰室主人，中国思想家、大学者。曾与康有为倡导变法维新，被合称"康梁"。哲学上认为"境由心造"，强调心力是宇宙间最伟大的东西，持英雄史观，崇陆王心学。著述宏富，合编为《饮冰室合集》。

62. 恩斯特·卡西尔（Ernst Cassirer，1874—1945），德国哲学家，人类文化哲学奠基人。他认为，人具有创造"理想世界"的能力，人的本质就是人的无限的创造活动，并独树一帜地把人定义为"符号的动物"，而文化乃是符号的形式，人类活动是符号活动。著有《人论》、《语言与神话》、《神话思维的概念形式》等。

63. 雅斯贝尔斯（Karl Theodor Jaspers，1883—1969），德国哲学家，存在主义重要代表。他认为哲学的任务是揭示存在，描述存在的意义，而存在是一个无所不包的"大全"。存在蕴含着自由，存在意味着相互交往，人通过交往实现自由，由此他建立了新人道主义。同时，他还提出了著名的文化"轴心时代"命题。著有《世界观的心理学》、《哲学》、《生存哲学》、《论历史的起源和目的》、《时代的精神状况》等。

64. 熊十力（1884—1968），原名升恒，字子真，中国哲学家，现代新儒家开创者。其哲学思想以儒为宗，糅合佛学。主要发挥《周易》、陆王心学和佛教唯识之学，融贯进柏格森的直觉主义，自建"新唯识论"体系。著有《新唯识论》、《十力语录》、《佛家名相通释》、《原儒》、《体用论》、《乾坤衍》等，今编有多卷本的《熊十力论著集》。

65. 维特根斯坦（Ludwig Wittgenstein，1889—1951），生于奥地利，英国哲学家、逻辑学家，语言分析哲学主要代表。早期受弗雷格、罗素影响，主张逻辑原子主义，提出了语言图像论；后期提出了语言游戏论，是日常语言哲学的奠基人。著有《逻辑哲学论》、《哲学研究》等。

66. 海德格尔（Martin Heidegger，1889—1976），德国哲学家，存在主义、现象学、解释学等流派的重要代表。他认为柏拉图以降都误把存在者当成了存在，只有通过特殊的存在者即此在——人才能真正领悟存在的意义，他揭示了存在的历史性，提出了基础本体论和本体论解释学。著有《存在与时间》、《形而上学导论》、《林中路》、《路标》等。

67. 胡适（1891—1962），字适之，中国哲学家、思想家、学者，新文化运动代表人物。师从杜威，受实用主义影响，以纯粹经验论为其哲学基础，提出"大胆假设，小心求证"的治学方法，并首先采用西方近代哲学的体系和方法研究中国传统哲学。著有《中国哲学史大纲》、《胡适文存》等。

68. 梁漱溟（1893—1988），中国哲学家、思想家，现代新儒家重要代表。糅合柏格森生命哲学、佛教哲学和孔子、孟子、王守仁儒家思想，提出以"意欲"为根本的哲学体系，提倡直觉主义和人我一体、物我一体的境界；对东西文化传统进行了著名的划分和比较。著有《东西文化及其哲学》、《中国文化要义》、《印度哲学概论》、《人心与人生》、《中国文化的命运》等。

69. 毛泽东（1893—1976），字润之，中国政治家、军事家、思想家、马克思主义哲学家，毛泽东思想的主要创立者。他在哲学上最大的贡献就是将马克思主义哲学中国化并对之进行了发展，奠定中国共产党理论的哲学基础。著有《实践论》、《矛盾论》等，论著已合编为《毛泽东选集》、《毛泽东文集》。

70. 冯友兰（1895—1990），字芝生，中国哲学家，现代新儒家重要代表。早期糅合西方新实在论和程朱理学，创建新理学体系。1949年后努力接受马克思主义的观点和方法，以中国哲学为中心，从中国哲学传统看哲学，致力于"阐旧邦以辅新命"。著有《贞元六书》、《中国哲学史》、《中国哲学史新编》、《中国哲学简史》等，论著已合编为《三松堂全集》。

71. 马尔库塞（Herbert Marcuse，1898—1979），德裔美籍哲学家，西方马克思主义及法兰克福学派主要代表。主张马克思主义与弗洛伊德思想的结合，强调哲学对社会现实的批判，认为现代社会是单向度社会，现代人是单向度人，拯救之途在于以艺术、美学的方式解放爱欲。著有《单向度的人》《理性与革命》《爱欲与文明》等。

72. 伽达默尔（Hans-Georg Gadamer，1900—2002），德国哲学家，哲学解释学的创立者。他师承海德格尔，以此在即人的存在为本体论，以实践为基础，聚焦于对话和理解如何可能。著有《真理与方法》、《柏拉图与诗人》、《美学与诠释学》、《短论集》、《科学时代的理性》、《诗学》等。

73. 贺麟（1902—1992），中国哲学家，现代新儒家重要代表。早期提出"新心学"，主张中国文化的哲学化、宗教化、艺术化。1949年后专注于西方哲学，特别是黑格尔哲学的教学、翻译、研究。著有《文化与人生》《当代中国哲学》《现代西方哲学演讲集》《黑格尔哲学讲演集》等。

74. 波普尔（Karl Popper，1902—1994），出生于奥地利的英籍哲学家。提出著名的"证伪主义"，认为科学与非科学的区分不在于能否被经验"证实"，而在于能否被"证伪"；坚定地反对历史决定论，认为历史发展动力在很大程度上是不可预测的知识增长；捍卫开放的社会，主张渐进式改良。著有《开放社会及其敌人》、《历史决定论的贫困》、《科学发现的逻辑》、《猜想与反驳：科学知识的增长》、《客观知识——一个进化论的观点》等。

75. 萨特（Jean-Paul Sartre, 1905—1980），法国存在主义文学家、哲学家，西方马克思主义主要代表。认为人的问题是哲学的根本问题，主张人道主义，强调人的存在的独特性、主体性和人的存在自由，提出"存在先于本质"等著名命题，努力探索人在荒诞世界里的出路与归宿。著有《存在与虚无》、《想象》、《存在主义是一种人道主义》、《辩证理性批判》等。

76. 奎因（Willard van Orman Quine, 1908—2000），美国逻辑学家、分析哲学家逻辑实用主义创始人。批判经验实证，强调方便实用，提出整体论的意义检验理论、"本体论承诺"、译不准原理和本体论的相对性理论。著有《从逻辑的观点看》、《词和对象》、《本体论相对性和其他论文》、《逻辑哲学》等。

77. 罗尔斯（John Bordley Rauls, 1921—2002），美国哲学家、伦理学家、法学家，新自然法学派代表。继承洛克、卢梭和康德所开创的社会契约传统，强调政治权利与基本公民自由的神圣性，突出论述了社会正义问题，提出区分制度正义和个人正义的不同原则。著有《正义论》、《政治自由主义》、《万民法》、《作为公平的正义》等。

78. 福柯（Michel Foucaul, 1926—1984），法国哲学家、历史学家，后现代主义重要代表。着重研究知识与权力的关系，认为权力通过话语权表现出来，并配合各种规训的手段将权力渗透到社会的各个细节中，认为真理不过是运用权力的结果。著有《知识考古学》、《疯癫与文明》、《词与物》、《规训与惩罚》、《性史》等。

79. 哈贝马斯（Jürgen Habermas, 1929— ），德国哲学家、社会理论家，西方马克思主义法兰克福学派第二代主要代表。认为西方理性化导致技术理性的全面统治，生活世界被殖民，试图通过批判理论的"语言学转向"，以交往理性来解决晚期资本主义危机。著作甚丰，主要有《公共领域的结构转型》、《理论与实践》、《知识与兴趣》、《晚期资本主义的合法性危机》、《交往行为理论》、《现代性的哲学话语》、《后形而上学思想》、《在事实与规范之间》、《历史唯物主义的重建》等。

80. 雅克·德里达（Jacques Derrida, 1930—2004），法国哲学家、美学家，解构主义创始人、后现代主义重要代表。反对西方哲学史上自柏拉图以来的逻各斯中心主义传统，强调文本的歧异、分延，认为永远开放正是文本的生命所在。著有《人文科学话语中的结构、符号和游戏》、《声音与现象》、《写作与差异》、《散播》、《哲学的边缘》、《马克思的幽灵》等。

后　　记

"道可道，非常道；名可名，非常名。"作为一门追求智慧的学问，哲学之被介绍或"导论"本身在逻辑上就有些悖谬。然而，除开极少数哲学天才外，绝大多数哲学爱好者、学习者都必须在入门时借助一些以知识方式呈现的哲学"说明书"。从事哲学教育的人也不得不进行注定是费力不讨好的冒险——以喋喋不休的知识方式去讲授本质上并不是知识的东西。也许正如冯友兰先生在《中国哲学简史》结尾处所说的：我们往往需要说很多话，然后才归入潜默。

对于哲学的了解，从宫墙外望到初识门庭，甚或是登堂入室，其路径一定是多样的。哲学犹如一个公共世界，问题不在于我们能否获得一致的看法，而在于我们能否始终从不同的角度关注着同一个它。当我们只从一个角度去看，或者只允许它从一个角度展现自己时，哲学就走到了尽头。这样的理由也是不同的《哲学导论》、《哲学概论》的合法性源泉。本书提供的只是走进哲学的众多路径之一的例子。由于笔者水平的限制，本书的错谬之处必定不少，敬请读者、专家指正！

本书在写作过程中参阅了国内外众多相关文献，吸收了学界的很多研究成果，谨向相关学者致以谢意！我的硕士研究生邹丽春、闫立新、钟光丽、梁爱兰等帮助我编写哲学家简介、核对引文，特此致谢！中国社会科学出版社的冯春凤女士，为本书的出版付出了大量的辛劳，并致谢忱！

沈湘平
2008 年 2 月 28 日于京师园

修订后记

就中国而言，学科意义上的哲学本是舶来品。在西方哲学传入与中国哲学反思建构的过程中，20世纪20、30年代，中国出现了一批最早的"哲学概论"，严格说来这些主要还是"西方哲学概论"。随着马克思主义的广泛传播，也出现过一些主要介绍马克思主义哲学的"哲学概论""大众哲学"。1949年以来，马克思主义哲学居于国家哲学地位，事实上长期充当了哲学原理、一般哲学。改革开放以降，思想解放促使哲学自由发展，逐渐形成了马（克思主义哲学）、中（国哲学）、西（方哲学）并立的格局。然而，哲学的公共性本质使得超越这种格局成为一种必然和应该。20世纪90年代以来，一批中国学者立足当代中国，撰写了各自理解的一般哲学的"说明书"（An introduction to philosophy），即各种版本的"哲学导论""哲学概论"和"哲学通论"。尽管背负"打通中西马，吹破古今牛"的揶揄与嘲讽，然而这一努力恰恰是当代中国人对哲学理解不同于甚至优越于西方的地方，既是哲学自我理解的自觉，也是哲学教育的自觉，对当代中国的哲学发展、哲学教育以及中国人的哲学素养都产生着深远的影响。

15年前，刚刚留校任教的我受命为所在哲学系本科生一年级学生讲授"哲学导论"课，从此开始了对这一主题的学习和研究。2008年，以课堂讲义为基础的这本《哲学导论》有幸在中国社会科学出版社出版，使之能与更多的朋友见面。2010年底起，我一度离开高校，也一度以为这本书泥牛入海、消于历史。然而，不少朋友和读者给予了这本书以肯定和鼓励，出版社也在2014年和2015年进行了两次重印。于我这无疑是令人慰藉的事情。但是，在欣慰之余我又满是愧疚，因为8年前出版此书时确实有些急功近利，很是仓促，书中存在诸多不严谨甚至谬误的地方，流传开来真是误人子弟。为了求得自己的心安，也为了向读者负责，我越来越觉得尽快作出修订是极其必要的。

终于，中国社会科学出版社给了我这个修订和补过的机会。

这次修订主要包括如下几个方面：一是订正文字、标点、引文、外文拼写等方面的错误；二是重述了某些重要哲学家的重要观点，使之更为准确和通俗；三是增加了中国哲学方面的内容，尽量稀释目前从根本上还无法摆脱的西方中心话语；四是对版式进行了重新设计。但是，修订完了，反复核校后，心下并未释然。我深深感到，文字总有无法驾驭的魔力，细节中总是隐藏着魔鬼。修订版必定还会有这样或那样的问题，敬请读者、专家继续指正。

中国社会科学出版社社长赵剑英先生一直关心本书的出版和修订，给予诸多鼓励和帮助；冯春凤编审亲自设计、审阅，思虑周到、一丝不苟。谨向他们致以诚挚谢意！

夫人乔雁群女士特意题写书名以示支持，感激！

沈湘平

2016 年 8 月 1 日于京师园